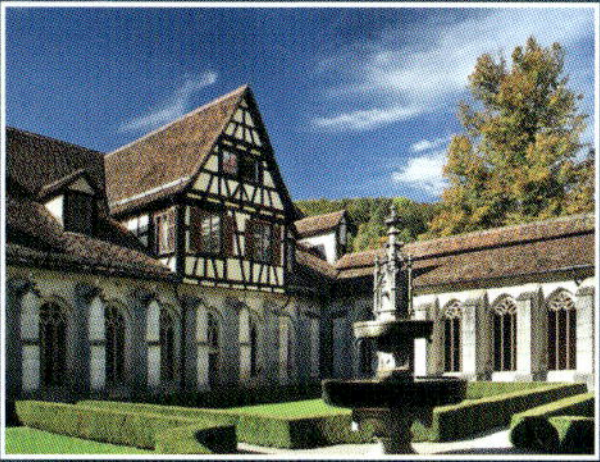 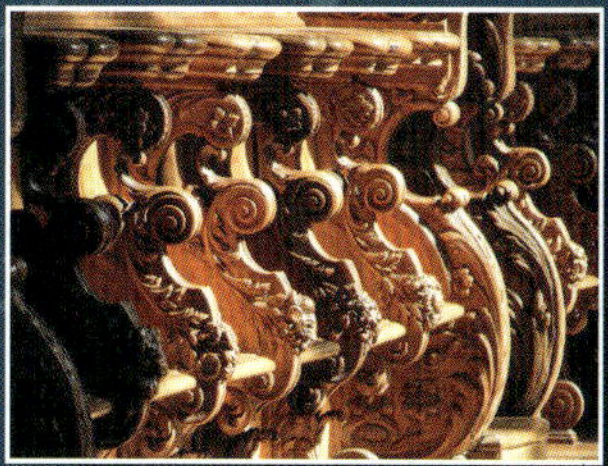

Andrea Hahn

Poesie im Kreuzgang

Andrea Hahn

Poesie im Kreuzgang

Literarische Spaziergänge
durch Klöster in Baden-Württemberg

Silberburg-Verlag

Die Textautorin:
Andrea Hahn, geboren 1960 in Weiden in
der Oberpfalz, studierte Germanistik und
Geschichte an der Universität München und
lebt als freiberufliche Literaturwissenschaft-
lerin und Lektorin in Marbach am Neckar.
Sie ist Verfasserin von Büchern, Aufsätzen
und Artikeln in Sammelbänden, Zeitungen
und Zeitschriften sowie Hörfunk-Features.
Als Geschäftsführerin der »Literatur-Spaziergänge Hahn, Kusiek & Laing« hat sie seit
über zehn Jahren reiche Erfahrung in Bezug
auf literarische Spurensuche – unter anderem
in Maulbronn, Murrhardt und Hirsau.
Literatur-Spaziergänge, Hahn, Kusiek &
Laing, Mainzer Straße 42, 71672 Marbach,
Telefon (0 71 44) 1 30 08 10; info@litspaz.de;
www.litspaz.de

Der Fotograf:
Chris Korner, geboren 1968 in Nürnberg,
absolvierte eine Lehre in einem Studio für
Werbefotografie, arbeitet als Fotograf am
Deutschen Literaturarchiv Marbach am
Neckar und lebt in Warmbronn und Avila
(Zentralspanien).

Bild auf Seite 2:
Brunnen im Kloster Maulbronn

Bildnachweis:
Deutsches Literaturarchiv Marbach am
Neckar: *12, 22, 39, 40, 41, 42, 48, 51, 63, 64,
71, 79, 81, 85, 87, 89, 95, 96, 98, 103, 105, 107,
108, 110, 119, 121, 123, 126, 127, 129, 131, 133,
134, 135, 136, 143, 145, 146, 149, 161, 169, 189,
201 (rechts), 208.*
Archiv Silberburg-Verlag: *16 (links), 26, 29, 35,
46, 75, 155, 166, 183, 185, 186, 193, 195, 196,
199, 204.*
Rainer Fieselmann: *157, 191.*
Peter Sandbiller: *197, 198.*
Ernst Waldemar Bauer: *163.*
Stadtmuseum Baden-Baden: *141.*
Alle anderen Abbildungen:
Chris Korner.

1. Auflage 2011

© 2011 by Silberburg-Verlag GmbH,
Schönbuchstraße 48, D-72074 Tübingen.
Alle Rechte vorbehalten.
Umschlaggestaltung:
Anette Wenzel, Tübingen.
Druck: Gulde-Druck, Tübingen.
Printed in Germany.

ISBN 978-3-8425-1102-6

Besuchen Sie uns im Internet
und entdecken Sie die Vielfalt
unseres Verlagsprogramms:
www.silberburg.de

Inhalt

Maulbronn

Schöntal

Stift Neuburg

Baden-Baden

Von Allerheiligen nach Zwiefalten

Vorwort

Und auch der hat sich wohl gebettet,
Der aus der stürmischen Lebenswelle,
Zeitig gewarnt, sich herausgerettet
In des Klosters friedliche Zelle.

(Friedrich Schiller, *Braut von Messina*, V. 2569–72)

Das Kloster als Hort des Friedens, der Einheit mit Gott, der Natur und sich selbst, als Rückzugsort vor den Gefahren und Gefährdungen der Welt da draußen, Trost spendende Klause in schmerzvoller Zeit – auch wenn diese Bilder nicht immer der Wirklichkeit entsprechen, sondern Klöster mit ihren Bewohnern durchaus inneren wie äußeren Kämpfen ausgesetzt waren und sind, werden sie gern von Dichtern und Dichterinnen so gezeichnet. Klöster sind poetische Orte, Orte, die in der Poesie gepflegt werden und die Poesie pflegten und pflegen. Und selbst wenn ihre Gemäuer längst einer anderen Nutzung zugeführt wurden, blieben sie auf gewisse Weise Klöster und für die Literatur als solche interessant.

Im Mittelalter waren Klöster die Bewahrer der abendländischen Kultur. Hier konnte das Schreiben und Lesen erlernt werden, kopierte man vor der Erfindung des Buchdrucks Bücher und Dokumente und legte den mündlichen Erzählschatz schrift-lich nieder – herausragende Beispiele auf baden-württembergischem Boden sind die Klöster Weingarten und Reichenau, wobei Letzteres nicht nur für seine Buchkunst berühmt ist, sondern mit Walahfrid Strabo auch den ersten bedeutenden deutschen Dichter hervorbrachte.

Eintritt zur Poesie im Kreuzgang und zu poetischen Kreuzgängen in Baden-Württemberg – Türklopfer an der Nordfassade der Klosterkirche Denkendorf

Spätestens mit der Reformation brach für die Klöster eine neue Zeit an. In den protestantischen Ländern wurden sie nicht mehr gebraucht und säkularisiert. Herzog Christoph von Württemberg erließ 1556 eine Klosterordnung, durch die eine Reihe ehemaliger Klöster zu evangelischen Klosterschulen umgewidmet wurde – er schuf damit aufs Neue einen Ort, der mit der Literatur in enger Verbindung stand. In ehemaligen Klöstern untergebrachte Schulen wie Bebenhausen, Blaubeuren, Denkendorf, Maulbronn und Schöntal entwickelten sich zu Eliteschmieden sondergleichen, die bis ins 20. Jahrhundert hinein das geistliche und kulturelle Leben Württembergs prägten. Die typische »schwäbische« Karriere führte über das berühmt-berüchtigte »Landexamen« auf die niedere und anschließend die höhere Klosterschule und nach einer weiteren bestandenen Prüfung aufs Tübinger Stift. Die Schüler mussten sich verpflichten, später als Pfarrer oder Lehrer ihrem Land zu dienen, kamen dafür aber in den Genuss eines Stipendiums. Hölderlin, Vischer, Strauß, Hauff, Mörike, Hermann Kurz, Hesse, Goes – nicht wenige der Dichter und Denker, die über die Landesgrenzen hinaus berühmt wurden, hatten die in ehemaligen Klöstern untergebrachten evangelischen Seminarschulen besucht, dort gelernt und gelitten, gedichtet und ab und an auch gezecht.

Baden-württembergische Klöster gingen aber nicht nur als Schulstätten bekannter deutscher Autoren in die Literaturgeschichte ein. Insbesondere in Empfindsamkeit und Romantik entwickelten sich Klöster oder Klosterruinen zu den besagten Orten innerer Einkehr und sehnsüchtiger Träume, zu poetischen Orten eben. Kein Wunder also, dass etwa Kerner, Schwab, Uhland und Mörike Klöster wie Bebenhausen, Hirsau und Lichtenthal besangen, wobei auch Schriftsteller des 20. Jahrhunderts – allen voran Reinhold Schneider in Lichtenthal – hinter Klostermauern Zuflucht suchten und literarische Betrachtungen anstellten. Die Stauferbegeisterung der Romantiker und nachfolgender Generationen machte aus Lorch eine Wallfahrtsstätte nicht wegen geistlicher Wundertaten, sondern weil dort Mitglieder des glanzvollen Kaisergeschlechts ihre letzte Ruhe gefunden hatten. Das bei Heidelberg gelegene Stift Neuburg wurde zunächst als »Romantikerklause« bekannt, 100 Jahre später war es Treffpunkt für illustre »Dichter und ihre Gesellen«, darunter Karl Wolfskehl und Stefan George.

Manchmal sind es ganz und gar unklösterliche Gründe, die ins Kloster führten. So wurde in Denkendorf eine Senffabrik innerhalb der säkularisierten Klostermauern eingerichtet, dank der Fritz Alexander Kauffmann seine Kindheit dort verlebte, die er in seinem autobiographischen Roman *Leonhard* wiederaufleben ließ. Max Eyth verbrachte als Lehrersohn einen Teil seiner Jugend in Kloster Schöntal. Diese Erfahrungen sowie Impressionen aus Blaubeuren, wo sein Vater später ebenfalls unterrichtete, flossen in die

*Anziehungspunkt für Literaten und literarische Spaziergänger gleicher-
maßen – der Innenhof des Klosters Bebenhausen mit seinem Brunnen*

Geschichte seines Schneiders von Ulm ein. Murrhardt geriet einen Wimpernschlag lang in den Blickpunkt der Literaturgeschichtsschreibung, als Friedrich Wilhelm Joseph Schelling die Muse der Jenaer Romantiker, Caroline Schlegel, hier heiratete und Literatenbesuch empfing. Nicht immer lässt sich zwischen Kloster und dazugehörigem Ort oder wie im Fall der Reichenau zwischen Kloster und Insel trennen. Zu schade wäre es, würden nicht auch diejenigen einbezogen, die zwar nicht hinter Klostermauern, so doch in deren unmittelbarer Nähe lebten und wirkten, zumal oft gerade das Flair, das von einem Kloster ausging, die ganz besondere Atmosphäre schuf, die die

Literaten und Literatinnen in die Gegend lockte.

Es gibt viele Klöster auf baden-württembergischem Boden, die in der einen oder anderen Weise Poesie im Kreuzgang zu bieten haben, nicht alle konnten in dem vorliegenden Band Platz finden. Ziel war es nicht, einen Folianten zu präsentieren, der zumindest von der Größe her den Erzeugnissen aus klösterlichen Skriptorien würdig gewesen wäre; ein handlicher Band sollte es sein, der sich trotz ausführlicher Kommentare und reicher Bebilderung mit auf einen Spaziergang durch Kreuzgänge und Klostergärten nehmen lässt. Aufgenommen wurden deshalb nur Klöster, über die

Geistlicher Beobachter des irdisch-literarischen Treibens zu seinen Füßen –
Giebelfigur auf der Hauptfassade der Basilika von Weingarten

in Sachen Poesie eine ausführliche Geschichte zu erzählen ist, und selbst da fanden nicht alle den ihnen angemessenen Raum. So musste zum Beispiel Bad Urach mit relativ wenigen Zeilen vorliebnehmen, da sonst die württembergischen Seminarschulen, auf denen dank ihrer berühmten Absolventen sowieso schon eine gewisse Konzentration liegt, allzu überrepräsentiert gewesen wären. Andere Klöster, und darunter fallen vor allem die Schwarzwald- und oberschwäbischen Klöster, weisen zwar eine reiche kulturelle Tradition auf, nicht aber unbedingt eine weltlich-literarische, sie wurden entweder ganz weggelassen oder, wenn einzelne aussagekräftige Quellen sich auftaten, summarisch im letzten Kapitel beleuchtet.

Beschäftigt man sich mit Klöstern, und sei es auch nur aus poetischem Blickwinkel heraus, begegnen einem gehäuft die Worte »Dank«, »Dankbarkeit« und »Verzeihen«, sie sollen hier an letzter und wichtigster Stelle stehen. Mögen mir alle verzeihen, die der Meinung sind, dass das eine oder andere Kloster zu kurz gekommen ist, die Fehler entdecken oder über Unklarheiten stolpern – es mag sich um Sünden handeln und manchmal auch dem Fehlerteufel anzulasten sein, böswillige Absicht aber steckt nicht dahinter. Mein Dank gilt dem Silberburg-Verlag und hier stellvertretend für alle Titus Häussermann und Martin Klaus, die sofort die Idee zu diesem Buch begeistert aufgriffen und geduldig auf das Manuskript warteten. Selten hat mir das Büchermachen und -schreiben so viel Vergnügen und Spaß gemacht wie mit ihnen. Ganz besonders trifft Letzteres auch auf die Zusammenarbeit mit Chris Korner zu, Fotograf am Deutschen Literaturarchiv Marbach am Neckar, der nicht nur das Konzept mitentwickelte, wertvolles Feedback gab und die unschätzbare Suche nach Abbildungen leistete, sondern der mit seinen wunderbaren Fotos die Texte mehr als nur illustriert. Ich hoffe sehr, dass es nicht unser einziges gemeinsames Werk bleibt. Seiner Lebensgefährtin Julia Müller, Kunsthistorikerin, sei gedankt für fachliche Hinweise sowie vielfältige Hilfeleistungen auf fotographischem Sektor. Zahlreiche Genehmigungen waren nötig, um Fotos, Abbildungen und Zitate hier präsentieren zu können, für den meist reibungslosen und zügigen Ablauf danken wir allen Beteiligten. Die Mitarbeiterinnen und Mitarbeiter in Magazin und Ausleihe des Deutschen Literaturarchivs sorgten mit nicht ermüdender Freundlichkeit und Energie dafür, dass Unmengen von Büchern, die ich oft genug nachts online bestellte, schon am nächsten Morgen für mich bereitlagen, meine Dankbarkeit ist ihnen sicher. Zuletzt danke ich von Herzen meinem Mann Heiko Kusiek und unseren Söhnen Tim und Mika. Sie begleiteten mich bei Orkan, Regen, Kälte und ab und zu auch Sonnenschein zu manchem baden-württembergischen Kloster und mussten – sie mögen es mir verzeihen – oft auf mich verzichten, wenn ich mich am Schreibtisch oder in der Bibliothek in Klausur begab, um auf poetischen Spuren im Kreuzgang zu wandeln.

Die Reichenau

Schlangengrube und Garten Eden

Ein »blaßblauer Traum« war die Reichenau für Marie von Bunsen, Erich Bloch erschien sie als eine »traumgebor'ne Insel«, Ricarda Huch wurde vom »Inselzauber gefangen«, und Gustav Schwab sah in ihr ein »lachendes Eiland« und einen »schwimmenden Garten«, dem es nicht an Ernsthaftigkeit gebrach. Der Wanderer in seinem 1821 erschienenen Handbuch für den Bodenseereisenden wird von der »wechselreichen Fruchtbarkeit« der Insel und der Fülle an »lauschender Vergangenheit« ganz und gar in Bann gezogen, »so erzählen ihm die hallenden Tritte von Königsgräbern, von frommen Verbreitern des Christenthums, von Tempelhütern der Wissenschaft und der Geisteskultur lange und dunkle Jahrhunderte hindurch«. Das »sinnliche Leben der Insel« und die »große

Wilhelm Hausenstein (1882–1957)

geistige Überlieferung« machten für Wilhelm Hausenstein den besonderen Reiz der Reichenau aus: »Eins ist mit dem andern, das Sinnliche mit dem Übersinnlichen zur Einheit verwoben [...]. Die Zartheit der Landschaft und die sittigende Innigkeit religiösen Geistes halten und bestimmen einander.« Das Inseldasein, die Schätze der so fruchtbaren Natur und die Existenz eines weltberühmten Klosters locken seit Jahrhunderten die Menschen über das Wasser des Untersees auf die größte Insel des Bodensees – die seit 2000 zum Weltkulturerbe der Unesco zählende Reichenau.

Funde aus der Steinzeit beweisen, dass ihre Qualitäten schon früh von Siedlern geschätzt wurden, doch der Wanderbischof Pirmin, der 724 hier ankam, um der Muttergottes sowie den Aposteln Petrus und Paulus zu Ehren ein Kloster zu errichten, fand eine unwirtliche und unbewohnte Insel vor. Nicht ganz unbewohnt allerdings, denn glaubt man der Gründungslegende, muss das Eiland eine rechte Schlangengrube gewesen sein: Schlangen, Kröten, Würmer sollen angesichts des

Pirmin, Zähmer der Schlangengrube, Gründer des Klosters – die 1969 von Gisela Bär geschaffene Statue des Wandermönchs vor St. Georg in Oberzell

Heiligen ihr Heil in der Flucht gesucht haben, ein Exodus, der angeblich ganze drei Tage dauerte und später auf einem Ölgemälde im südlichen Seitenschiff des Münsters festgehalten wurde. Auch Joseph Victor von Scheffel kannte die Legende, in seinem *Ekkehard* schildert er die Anfänge der Klosterinsel: »Der austrasische Landvogt Sintlaz aber wies den wandernden Bischof Pirminius hinüber, der sprach schweren Segen über das Eiland, da zogen Schlangen und Würmer in vollem Heereshaufen aus, die Tausendfüßler im Plänklerzug voran, Ohrklemmer, Skorpione, Lurche und was sonst kreucht, in geordneten Säulen, mit Kröten und Salamander in der Nachhut.«

Damals war noch nicht von der »reichen Aue« die Rede, die Insel bedurfte erst der mühsamen Rodung und

sorgsamen Pflege, um zu einem wahren Garten Eden zu werden. Auch errichteten Pirmin und seine Mönche nicht die imposanten Bauten, die heute den Besucher erwarten; einfache Holzgebäude auf der Nordseite des jetzigen Münsters mussten es tun. Drei Jahre nur hatte er Zeit für die Gründung seines Benediktinerklosters, bevor politische Spannungen ihn zwangen, die Insel in Richtung Elsass zu verlassen. Seine Mühen sollten nicht vergebens sein, die Reichenau konnte sich kulturell wie politisch zu einem der bedeutendsten Klöster des deutschen Reiches entwickeln.

Die Insel war nicht nur von Natur aus reich gesegnet, das Kloster wurde unter den Karolingern auch mit reichlich Besitz ausgestattet. Die Verbindung zwischen Kaiserhaus und

Links: Romanisches Münster St. Maria und Markus in Mittelzell
Rechts: Kräutergarten vor dem Münster nach Walahfrid Strabos
Gedicht Hortulus

Konvent war sehr eng, die Äbte Waldo und Heitto gehörten zum Beraterstab der karolingischen Kaiser. Ihre zahlreichen Reisen hinterließen manche Spuren auf der Reichenau, am deutlichsten in dem 816 geweihten Münster St. Maria und Markus, das unter Waldo, der 810/811 in diplomatischer Mission in Konstantinopel unterwegs war, erbaut wurde. Viele Große des Reiches beehrten das Kloster mit ihrem Besuch, der eine oder andere ließ sich hier bestatten, und auch um Asyl wurde gebeten. Während Waldos Amtszeit etwa klopfte Egino, Bischof von Verona und wie der Inselherr im Beraterstab von Karls Sohn Pippin, an und wurde nicht abgewiesen. Wo sich inzwischen in Niederzell St. Peter und Paul erhebt, ließ er eine Basilika mit standesgemäßen Ausmaßen erbauen, die die Abteikirche in Mittelzell überragte. Auch Ratold, einer von Eginos Nachfolgern im Veroneser Bischofsamt, wollte hier unterkommen, wurde aber stattdessen mit Grund und Boden auf dem Festland abgefunden, worauf er Radolfzell gründete. Ratold brachte 830 Reliquien des Evangelisten Markus als Gastgeschenk auf die Insel mit, für die zwischen 1303 und 1305 der Markusschrein gefertigt wurde, der heute in der Schatzkammer zu sehen ist, während sich eine Kopie mit den Gebeinen im Markusaltar des Münsters befindet. Alljährlich am 25. April wird der Schrein in einer Prozession über die Insel getragen. Die Schweizer Autorin Jutta Motz inspirierte dies zu ihrem Krimi *Das Wunder von der Reichenau*, in dem allen voran die Bild-Zeitung ihr blaues Wunder erlebt.

Auch die dritte bedeutende Kirche, St. Georg in Oberzell, ist einem solchen Geschenk zu verdanken. Abt Hatto III. ließ die Kirche nach 896 erbauen, um dort Reliquien des heiligen Georg, die ihm der Papst übereignet hatte, unterzubringen. Sie mögen in der Folge viele Gläubige angezogen haben, die gut erhaltenen Wandbilder mit Darstellungen aus dem Leben Jesu allerdings gelten als die eigentliche Attraktion der Säulenbasilika. Untersuchungen ergaben deutliche Parallelen zwischen diesen Wandgemälden und der Buchmalerei, die im Reichenauer Skriptorium entstand. Der Ruf des Letzteren reichte schon seit Langem weit über den Bodenseeraum hinaus. Nach der Ordensregel musste jedes Benediktinerkloster über eine hauseigene Bibliothek verfügen, eine Forderung, die dem Bildungsplan der Karolinger sehr entgegenkam. Vor dem Regierungsantritt Kaiser Karls des Großen war das Gebiet des fränkischen Reiches in einem kulturellen Niedergang begriffen, den aufzuhalten er sich erfolgreich zum Ziel gesetzt hatte. Die Klöster, ihre Schulen und Bibliotheken, spielten die Rolle von Kulturvermittlern. Für diese Aufgabe war der Schreiber und Bibliothekar Reginbert, der zwischen dem Ende des 8. und der

Nach Kriegszeiten zurück aus sicherem Hort, Rückholung der Heiligblutreliquie im Jahr 1738 – Ölgemälde im nördlichen Seitenschiff des Münsters

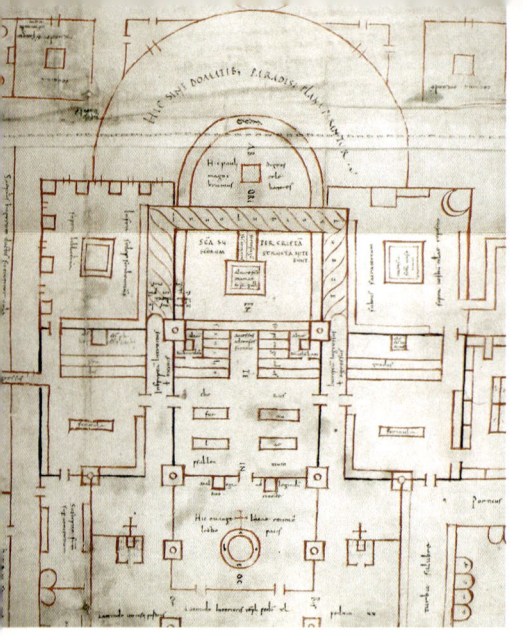

Links: Ideales mittelalterliches Kloster, der St. Galler Klosterplan
Rechts: Offenbarungen in der Schatzkammer des Münsters –
der Markusschrein

Mitte des 9. Jahrhunderts auf der Reichenau wirkte, der richtige Mann an der richtigen Stelle. Schon Pirmin hatte erste Codices mitgebracht, seine Nachfolger erweiterten die Sammlung durch Erwerb, Schenkung, Tausch, Abschrift und – zur damaligen Zeit war dies nur noch in Fulda und St. Gallen der Fall – durch Eigenproduktion. Der engen Verbindung zum Herrscherhaus, der wirtschaftlichen Blüte, der Beziehung zu anderen Klöstern und Reginberts unermüdlicher Arbeit war es zu verdanken, dass sich die Reichenauer Bibliothek zu der wohl bedeutendsten Bibliothek der Karolingerzeit entwickelte. Er war der große Sammler und Bewahrer, der Liebhaber der Schriftwerke. Immer wieder wird sein umfangreiches lateinisches Exlibris zitiert, in dem er zum

verantwortungsvollen Umgang mit den Schätzen aufruft und dessen letzte Zeilen lauten: »Du, lieber Leser, vergiß nicht die schwierige Mühe des Schreibens: / Öffne das Buch und lies, mach es zu, gib's zurück ohne Schaden!« Unter den Werken, die im wahrsten Sinn des Wortes seine Handschrift aufweisen, ist das wohl bekannteste der *St. Galler Klosterplan*, die detaillierte und genau beschriftete Zeichnung einer beispielhaften Klosteranlage. Auch erstellte Reginbert 821/822 den ersten bis jetzt überlieferten Bibliothekskatalog des deutschsprachigen Raums, der über 400 Codices verzeichnet und den er immer wieder aktualisierte. Das Dokument ist Ausweis des außerordentlichen Umfangs der Reichenauer Bibliothek, so finden sich darin unter anderem christlich-lateinische Schriften, Werke der großen Kirchenautoren der Karolingerzeit, naturwissenschaftlich-medizinische Abhandlungen, Geschichtswerke und Grammatiken, darunter auch ein Werk zum Erlernen der deutschen Sprache, die offensichtlich neben dem in Klosterschulen gängigen Latein auf der Reichenau gelehrt wurde.

Um die Wende vom 10. zum 11. Jahrhundert waren für Skriptorium und Bibliothek Mönche tätig, die Meisterwerke der abendländischen Buchkunst schufen. Sie arbeiteten nicht nur für den Hausgebrauch: In der Reichenauer Malerschule entstanden zugleich Prachtbände meist liturgischen Inhalts für Auftraggeber aus höchsten Kreisen, etwa die römischen Kaiser Otto III. und Heinrich II. Rund 40 Codices sind noch heute erhalten, wenn auch längst nicht mehr auf der Insel zu finden. Im Lauf der Zeit wurden sie wie ein Großteil der Bibliothek in alle Winde zerstreut, ein bedeutender Bestand ging 1803 mit der Säkularisation in den Besitz Badens über und wird heute in der Landesbibliothek Karlsruhe aufbewahrt.

Die Klosterbibliothek war das eine Standbein, um dem karolingischen Bildungsauftrag nachzukommen, die Klosterschule das andere. Hier unterrichtete bis 824 Wetti. Eines Nachts von Jenseitsvisionen geplagt, deren Inhalt er verkünden sollte, rief er mehrere Brüder an sein Bett, um ihnen diese zu Protokoll zu geben. Einen Tag später, am 4. November, verstarb er. Sein 18-jähriger Schüler Walahfrid Strabo, seinen Beinamen verdankte er der Tatsache, dass er schielte, sollte sich daranmachen, den Bericht in Versform zu bringen, und so entstand in über 900 Hexametern die *Visio Wettini*. Dem Erstlingswerk folgten Legenden und Gedichte, doch dann kam es zu einer großen Zäsur in Walahfrids Leben: Der wahrscheinlich aus einfachen Verhältnissen stammende Jüngling vom Bodensee wurde 827 ins ferne und kalte Fulda zu Hrabanus Maurus und damit in eine der besten Klosterschulen des Reiches geschickt. Sehnsüchtig erinnert er sich in einem Gedicht an die »augia felix«, die glückliche Insel Reichenau.

Schwester Muse, hilf mir klagen,
Melde, wie vom Heimatlande,
Ich geschieden trüb und traurig,
Tief gebeugt von bitterer Armut ...

Meine Tränen fließen, denk' ich
Wie mir einst so wohl gewesen,
Da die Reichenau dem Knaben
Noch, die sel'ge, Obdach gönnte ...

Rings von Wassern wild umbrandet,
Stehst du fest, ein Feld der Liebe,
Streuest weit und breit der Lehre
Samenkörner, sel'ge Insel

Immer steht nach dir mein Sehnen,
Dein gedenk ich tags und nächtens,
die du uns versorgst mit allem,
Das wir brauchen, sel'ge Insel

Mögest fröhlich du gedeihen,
Stets dem Willen Gottes folgend.
Dass die Reichenau man selig
Preisen mög' und ihre Söhne.

Also füg' es Christi Gnade,
Daß ich einst dich wiedersehe
Und begrüße: » Sei gesegnet
Immerdar, erhabne Mutter « ...

Sein Weg führte Walahfrid aber nicht zurück in den Süden, sondern nach Westen an den königlichen Hof in Aachen, wo er sich der Erziehung Karls des Kahlen, des jüngsten Sohns Ludwigs des Frommen und späteren römischen Kaisers, widmete. Die Sehnsucht nach der Heimat schien ihn nicht loszulassen, so schrieb er die Biographien des heiligen Gallus und Otmars, des Gründers vom Kloster St. Gallen. Auch entstand hier vielleicht das Gedicht *De cultura hortorum*, kurz *Hortulus*, das sich dem Gartenbau widmete. Nach den 24 darin beschriebenen Pflanzen wurde inzwischen nördlich des Reichenauer Münsters ein *hortulus*, ein »Gärtchen«, eingerichtet. In dem nach wie vor bekanntesten Werk Walahfrids wird unter anderem der Freuden und Leiden des Gärtners gedacht und die sicher auf Erfahrungen mit der Garteninsel Reichenau fußende Ermahnung ausgesprochen, bei der Gartenarbeit nicht zu erlahmen, sich nicht zu scheuen, »die schwieligen Hände / bräunen zu lassen in Wind und Wetter«, und nicht zu versäumen, »Mist zu verteilen aus vollen Körben im trockenen Erdreich«. Mitten unter den gärtnerischen Hinweisen verbirgt sich nach einhelliger Meinung allerdings auch ein politischer Rat an Ludwig den Frommen, der gerade im Begriff war, seine Nachfolge zu regeln. So heißt es vom Salbei: »[...] Manche

Gebresten der Menschen zu heilen, erwies sie sich nützlich, / Ewig in grünender Jugend zu stehn, hat sie sich verdienet. / Aber sie trägt verderblichen Zwist in sich selbst: denn der Blumen Nachwuchs, hemmt man ihn nicht, vernichtet grausam den Stammtrieb, / Läßt in gierigem Neid die alten Zweige ersterben.« Offensichtlich fruchtete der Wink mit dem Zaunpfahl nicht wirklich, denn der Ratgeber geriet prompt zwischen die Fronten des Blumennachwuchses. Als Walahfrid 838 die Erlaubnis erhielt, auf die geliebte Insel zurückzukehren – nicht etwa als einfacher Mönch, sondern als Abt –, sollten die politischen Querelen unter Ludwigs Söhnen dies vorerst verhindern. Vermutlich sah es Ludwig der Deutsche, Bruder des erstgeborenen Lothar, nicht gern, wenn ein seinem Konkurrenten treuer Abt auf der Reichenau, die auf dem von ihm beanspruchten Herrschaftsgebiet lag, den Stab schwang. Walahfrid musste bis 842 im lotharingischen Speyer warten, bis er sein Amt antreten konnte. Diese Zeit nutzte er, um etwa die erste Liturgiegeschichte des Abendlandes zu verfassen. Zurück auf der Reichenau schrieb er unter anderem Einleitungen zu den von Einhard und Thegan verfassten Biographien Karls des Großen und Ludwigs des Frommen. Sieben Jahre blieb Walahfrid auf der Reichenau Abt, 849 ertrank er während einer Gesandtschaftsreise zu Karl dem Kahlen in der Loire. Hrabanus Maurus würdigte seinen ehemaligen Schüler in einem Epitaphium: »Er unterrichtete viele, kannte die Gesetze der Me-

Links: Abendlicher Blick von Allensbach auf St. Peter und Paul in Niederzell. Rechts: Romanisches Antlitz: der Ostteil von St. Peter und Paul mit den beiden Türmen

trik, / schrieb Verse und war beredt in der Prosa.« Mehr als 1000 Jahre später, im Jahr 2009, ermahnt Walter Helmut Fritz in seinem Gedicht *Reichenau*: »Vergiss die Mauern von Oberzell nicht. / Noch immer / Schreibt Walafried Strabo seine Verse.«

Während die Reichenauer Malerschule sich mit leuchtenden Farben zu Weltruhm emporarbeitete, war für das Kloster das »goldene Zeitalter« unter den Karolingern vorbei und das nicht minder bedeutende »silberne Zeitalter« angebrochen. Hatte man sich früher an die Karolinger angelehnt, so gelang unter den Ottonen und Saliern erneut eine enge Verbindung zum Kaiserhaus. Wieder waren unter den Beratern der Kaiser die Äbte des Inselklosters zu finden – allen voran Berno, der den allzu weltlich gewordenen Konvent mittels einer gemäßigten Durchführung der cluniazensischen Reform in geistlichere Bahnen lenkte, das Kloster wirtschaftlich stabilisierte und gleichzeitig zu seiner letzten großen kulturellen und wissenschaftlichen Blüte führte. Während seiner vierzigjährigen Amtszeit, er starb am 7. Juni 1048, förderte er Kunst und Wissenschaft und trug selbst einen nicht geringen Teil zum Schrifttum bei, darunter geistliche Dichtung, Heiligenviten und ein nach Tonarten gegliedertes Verzeichnis der gregorianischen Choräle.

Unter diesem letzten großen Abt sollte auch der letzte große Gelehrte und Schriftsteller des Klosters heranwachsen. Hermann, schwerbehinderter Sprössling aus dem Adelsgeschlecht Altshausen, kam im Alter von sieben Jahren ins Kloster, konnte sich nicht

Links: Der wahre Schatz in Niederzell – die Hauptapsis und ihre Fresken
Rechts: Ein weiterer Reliquienhort – St. Georg in Oberzell

selbständig fortbewegen, was ihm dem Beinamen »der Lahme« oder *contractus* einbrachte, und sich nur mühsam verständigen. Trotz allem wurden seine herausragenden Geistesgaben erkannt und gefördert. Seine besonderen Interessen galten der Mathematik, Astronomie und Musik, aber auch in der Geschichtsschreibung tat er sich hervor. So verfasste er eine von Christi Geburt bis in das Jahr 1054, sein Todesjahr, reichende Weltchronik. Ob er auch der Komponist des *Salve Regina* war, wie immer wieder vermutet, ist umstritten.

Mit Berno und Hermann ging die silberne Zeit des Klosters zu Ende. Politische Querelen, Misswirtschaft, die ausschließliche Rekrutierung der Konventualen aus dem Hochadel und der Aufstieg der Zisterzienser, die im 11. Jahrhundert Kloster Hirsau zu einem bedeutenden Stützpunkt der von Cluny ausgehenden Reformbewegung machten, ließen die Reichenau zur Bedeutungslosigkeit herabsinken. Besann man sich in den Zisterzienserklöstern auf die ursprüngliche Benediktsregel und ein bescheidenes, arbeitsames Gemeinschaftsleben, schlug man auf der Reichenau den entgegengesetzten Weg ein: Nach einem verheerenden Brand wurde das gemeinschaftliche Leben aufgegeben, stattdessen wurden repräsentative Häuser für die einzelnen Konventualen erbaut, der jeweilige Abt residierte in der Wasserburg Schopfeln. Die einst so reiche Au wurde zur armen Au, was in der ersten Hälfte des 13. Jahrhunderts auch Abt Konrad von Zimmern in einem langen *Klaglied auf die Reichenau* beweinte, in dessen erster Strophe es heißt: »Aue des Königs! Die ›reiche‹ – die bist du gewesen vor Jahren; / arm bist du heute, dieweil du Verluste in Menge erfahren. / Aue des Königs! Wie übel haben dich viele geschunden, / fruchtbar nur noch an Leiden, geschwächt durch zahllose Wunden.« Der Untergang war nicht aufzuhalten. 1542 erhielt der Konstanzer Bischof vom Kaiser die Abtei zum Lehen, aus dem Kloster wurde ein Priorat. Versuche zur Wiedererlangung der Unabhängigkeit scheiterten und gipfelten 1757 in der Vertreibung der Mönche. Nach Interimslösungen wurde das Kloster 1803 säkularisiert und dem Großherzogtum Baden einverleibt. Inzwischen wagte man einen Neuanfang: Seit 2001 leben wieder Benediktiner auf der Insel.

Nur zwei Jahre länger als Kloster Reichenau bestand Kloster St. Gallen, bevor es säkularisiert wurde. Angesichts zweier derart bedeutender Klöster in relativer Nähe zueinander waren Spannungen und Konkurrenz nicht ausgeblieben. In Victor von Scheffels *Ekkehard* wird eben diese Situation, wenn auch am Rande, thematisiert. Der Karlsruher Jurist und Dichter übersetzte das lateinische *Waltharius-Lied*, das eventuell von dem St. Gallener Mönch Ekkehard I. verfasst worden war, ins Deutsche. Im Zuge seiner Recherchen stieß Scheffel in der *Casus Sancti Galli* des Ekkehard IV. auf die Vita Ekkehards II., der um 973 als junger Mönch von Hadwig, Tochter des bayerischen Herzogs und Witwe des Herzogs Burchard III. von Schwaben, zu ihrem Lateinlehrer auf den Hohentwiel berufen und weiter an den kaiserlichen Hof empfohlen worden war. Fasziniert gestaltete Scheffel die (Liebes-)

Beziehung der beiden in einem historischen Roman, eben dem *Ekkehard*, der 1855 erschien und bis zum Lebensende Scheffels 90 Auflagen erfuhr. Als der gut aussehende und gebildete Protagonist Ekkehard auf seinem Weg von St. Gallen zum Hohentwiel an der Reichenau vorbeikommt, beschließt er »dieser Nebenbuhlerin seines Klosters einen Besuch abzustatten«: »Wie [...] das Schifflein angelegt, ging Ekkehard dem Kloster zu, das zwischen Obstbäumen und Rebhügeln versteckt inmitten des Eilandes aufgebaut steht. Es war die Zeit des Spätherbstes, alt und jung auf der Insel mit der Weinlese beschäftigt, da und dort hob sich die Kapuze eines dienenden Bruders dunkel vom rotgelben Reblaub ab. Auf der Hochwarte standen die Väter der Insel truppweise beisammen und ergötzten sich am Getrieb' der traubensammelnden Leute; sie hatten unter Umtragung eines mächtigen Marmorgefäßes, das für einen Krug von der kananäischen Hochzeit galt, die Einsegnung des neuen Weines abgehalten. Fröhlicher Zuruf und fernes Jauchzen klang aus den Rebbergen.« Später kehrt er wieder, um im Auftrag Hadwigs die Mönche vor den anstürmenden Hunnen zu warnen und zum Hohentwiel zu geleiten. Die Reichenauer danken es ihm nicht: Als sie ihn in flagranti in einer Umarmung mit der Herzogin erwischen, nehmen sie ihn gefangen und kerkern ihn ein. Mit Hilfe einer Magd entkommt er, zieht sich in die Berge zurück und dichtet – Scheffel vermischt hier die beiden ersten Ekkeharde – das *Waltharius-Lied*. Per Pfeil lässt er die Blätter Hadwig zukommen, die bis zu ihrem Lebensende immer wieder darin liest, und »nach einer unverbürgten Aussage der Mönche von Reichenau soll sie es sogar fast ganz auswendig gewußt haben«.

Scheffel ließ das klösterliche Leben auf der Reichenau wieder aufleben, und auch andere Autoren nahmen sich des Themas an. Heinrich Hansjakob befasste sich ebenso wie Albrecht Thoma und Agnes Herkommer mit Hermann dem Lahmen; der nach dessen Tod einsetzende Niedergang des Klosters ist Thema von Walther Burks Roman *Der Herr der Reichenau* (1921). Von Erich Bloch bis Martin Zürn wird die Reichenau in Gedichten besungen, wobei nicht nur den Mönchen das Interesse gilt: Das so friedliche Eiland wird zum Anziehungs- und Fluchtpunkt für den innerlich zerrissenen, umhergetriebenen Menschen der Moderne. Auch die Literaten selbst suchten und suchen die Idylle der Bodenseeinsel auf. Unmittelbar nach dem Ersten Weltkrieg hielt sich Horst Wolfram Geißler für einige Zeit hier auf: »Als Gast in einem Uferschlößchen auf der Insel Reichenau, mir selbst überlassen, erlebte ich den schönsten Frühling auf einsamen Fahrten und Wanderungen, nicht nur von der wahrhaft süßen Landschaft immer tiefer bezaubert, sondern auch mehr und mehr umdrängt von der Geschichte

Heinrich Hansjakob (1837–1916)

vieler Jahrhunderte und ihren Gestalten, die ja am Bodensee gegenwartsnäher erscheinen als anderswo.« Er stellte sich die Frage, ob man Charakter und Landschaft des Bodenseeraums in einem Buch wiedergeben könne, und tat genau dieses in seinem Erfolgsroman *Der liebe Augustin* (1921). In das Jahr von Geißlers erstem Besuch fiel der Umzug der Schriftstellerin Lilly Braumann-Honsell, die nach dem Tod ihres Mannes mit ihren Kindern ein Refugium suchte und bis zu ihrem eigenen Tod 1954 auf der Reichenau lebte. Ihre Liebe zum Bodensee drückte die gebürtige Konstanzerin, deren Familie auf der Insel ein Ferienhaus besaß und die als erste Seglerin auf dem Bodensee gilt, in Büchern wie *Bodensee ahoi!* (1937) und *Kleine Welt – Große Welt. Frauen erleben ein Jahrhundert am Bodensee* (1938) aus.

Längst lag und liegt die Insel nicht mehr »im Herzen Germaniens« wie bei Walahfrid Strabo, sondern am südwestlichen Rand der Republik. Nicht nur Klima und Ruhe mach(t)en sie zum idealen Refugium, während des Nationalsozialismus rückte sie auch die unmittelbare Nähe zur Schweizer Grenze ins Blickfeld von Autoren und Autorinnen. Der jüdische Journalist und Schriftsteller Walther Victor ließ sich im Oktober 1934 mit seiner Lebensgefährtin und späteren Frau Maria Gleit, ebenfalls Schriftstellerin, auf der Reichenau nieder. Er schrieb in dieser Zeit manchen Text über die Schönheiten seines neuen Wohnorts sowie seinen Roman *Marchese Spinola* über Anton van Dyck, zudem pflegte er regen Kontakt ins Nach-

Reichenauer Künstler am Werk – Kirchenschiff von St. Georg mit seinen wohl aus der zweiten Hälfte des 10. Jahrhunderts stammenden Wandmalereien

barland, wobei er Informationen zu den deutschen Zuständen über die Grenze schmuggelte. Als ihm der Boden zu heiß wurde, flüchtete er nach Locarno, Maria Gleit, wie er insgeheim politisch aktiv, folgte ihm wenig später. Diese ließ ihre Erfahrungen zu Untergrundarbeit, Flucht und Exil in ihren autobiographisch gefärbten Roman *Du hast kein Bett, mein Kind* (1938) einfließen. Nach dem Krieg zog die Schauspielerin und Schriftstellerin Ellen Delp zusammen mit ihrem Mann ins Haus »Eilandsfrieden«. In jüngeren Jahren war sie mit Lou Andreas-Salomé und Rainer Maria Rilke gut bekannt und in Kontakt mit zahlreichen der prominenten Wiener Autoren der Jahrhundertwende sowie Gerhart Hauptmann, dessen Hannele sie auf der Bühne verkörpert hatte, gekommen. Auf der Reichenau wurde sie mehrmals von Werner Bergengruen und Carl Jacob Burckhardt besucht. Kurz nach ihrem hundertsten Geburtstag starb sie am 25. Februar 1990.

Nicht alle länger oder kürzer auf der Reichenau weilenden Literaten sind hier genannt, doch die Beispiele zeigen, dass – auch wenn die goldene und silberne Ära des Inselklosters lange vorbei ist – aus der Reichenau kein Brachland wurde, das sich Schlangen, Frösche und Würmer hätten zurückerobern können. Nicht nur in Sachen Gärtnerei, auch in literarischer Beziehung ist sie nach wie vor ein lachendes Eiland und für viele ein Garten Eden. So kann Otto Heuschele in seinem Gedicht *Der Bodensee* feststellen: »Reich ist die Aue auch heut, / Mit Blumen zu sprechen, / Steine zu fragen, / Fällt uns nicht schwer. // Antwort geben sie dir, / Wenn du des Tages Gerede / Abschüttelst wie lästig Gewand.«

Weingarten, Weißenau und Scherblingen

Heiliges Blut im Überfluss

*N*icht ganz einig scheinen sich die literarischen Gemüter in Bezug auf die Weitenwirkung von Kloster und Basilika Weingarten zu sein. Wilhelm Hausenstein, weitgereister Publizist und Kunstkritiker sowie unter Konrad Adenauer erster deutscher Botschafter in Paris, betont, dass sich die Basilika ganz der »von dramatischer Erregung frei gebliebenen« Gegend anpasse, »indem sie vermeidet, den Gesichtskreis mit ihren Spitzen zu durchschneiden«. »Kuppel und Türme« seien »ohne drängendes Verlangen, die äußerste Höhenlinie zu überragen, wissen vielmehr, was sie tun, indem sie *unter* dem Eichmaß des Horizonts bleiben«. Auch bei näherer Betrachtung ändert sich für Hausenstein nichts an dieser Art von architektonischer Bescheidenheit: »Über den Dächern von Weingarten angesetzt, auf einem Hügel, der sogar etwas brüsk steigt, verzichtet die Kirche abermals darauf, sich selbst hoch hinauf zu treiben.« Für den in Kloster Denkendorf aufgewachsenen Kunstschriftsteller Fritz Alexander Kauffmann bildet Weingarten »doch wohl die reinste Bergsilhouette, wie man es vom Eisenbahnzug aus sieht. Unvergeßlich wie Melk. Mit Kuppel und Türmen«. Der Bietigheimer Schriftsteller und Journalist Otto Rombach meint sogar, jedem möge »der Atem stocken beim Anblick der hochgebauten Kirche der Benediktinerabtei«. Wilhelm Schussen, der aus dem heute zu Bad Schussenried zählenden Kleinwinnaden stammte, eigentlich Wilhelm Frick hieß und sich nach seiner frühen Pensionierung dem Schreiben widmete, stockt ganz und gar nicht der Atem angesichts der imposanten Fassade, vielmehr »atmet man sofort die große Luft des Weltbedeutenden, und sofort ergreift den Beschauer ein ganz ähnliches Gefühl wie etwa in Reims oder Burgos, wo man ebenfalls einer ganz einzigen Sache zulieb aus aller Welt hinwandert«. Nicht nur an Reims und Burgos fühlt er sich erinnert, auch der Vergleich mit Vatikan und Petersdom drängt sich ihm auf, womit er nicht ganz irrt, weisen doch allein schon die Ausmaße der größten deutschen Barockbasilika in

»Unter dem Eichmaß des Horizonts« oder »hochgebaute Kirche der Benediktinerabtei«? – Fassade und Türme der Basilika St. Martin in Weingarten

eben diese Richtung: Sie ist fast genau halb so groß wie der Petersdom.

Die Schriftsteller beschreiben das Erscheinungsbild von Kloster und Basilika, wie es seit dem 18. Jahrhundert zu sehen ist, denn von den ursprünglichen Gebäuden sind nur Teile erhalten. Wie bei vielen Klöstern spielte auch in Weingarten ein angesehenes Fürstengeschlecht die entscheidende Rolle bei der Gründung, in diesem Fall waren es die vom 9. bis 13. Jahrhundert so mächtigen Welfen. Sie stifteten im Bereich des heutigen alten Friedhofs von Altdorf, wie der Ort Weingarten bis ins 19. Jahrhundert hinein hieß, nach 934 ein Frauenkloster, erhoben es zu ihrem Hauskloster sowie ihrer Grablege und statteten es großzügig mit

Grund und Besitz aus. Nachdem die Klosterkirche einem Brand zum Opfer gefallen war, wurde das Kloster 1053 unter Welf III. auf den Martinsberg verlegt. Drei Jahre später siedelte sein Nachfolger Welf IV., zugleich Herzog von Bayern, kurzerhand die Nonnen ins bayerische Kloster Altomünster um und holte stattdessen die Benediktiner jenes Klosters ins oberschwäbische Weingarten. 1094 gab Welf IV. seinen Herrschaftsanspruch auf, wodurch der Konvent direkt dem Papst unterstellt wurde, und vermachte zusammen mit seiner Gattin Judith von Flandern dem Kloster unter anderem die Heilig-Blut-Reliquie, in der sich der Überlieferung nach Blutstropfen Jesu Christi befinden, die mit Erde vom Berg Golgatha vermischt sind. War durch die vormaligen reichen Schenkungen Weingartens Situation schon vergleichsweise himmlisch, wurde sie mit der Reliquie geradezu paradiesisch: Die Benediktiner wussten mit ihrem Pfund zu wuchern, holten die Pilger zum Martinsberg und konnten schließlich stolz darauf verweisen, eines der reichsten Klöster Süddeutschlands ihr Eigen zu nennen.

Das Geschenk Judiths und Welfs wird nach wie vor in Weingarten aufbewahrt und am Freitag nach Christi Himmelfahrt, dem »Blutfreitag«, bei der weltweit größten Reiterprozession geehrt. Um die Reliquie herum ist allerdings schon längst nichts mehr, wie es war. Die Welfen machten den Stau-

Adelige in Wort und Bild – Stammbaum der Welfen aus der um 1170 entstandenen Weingartner Historia Welforum

fern Platz, und nicht einmal der Name blieb derselbe, denn aus dem Kloster »Sancti Martini Altdorfensi« wurde im Laufe der Zeit Kloster »Winigartin« oder auch »Wingartin«. Schon um 1100 besaß Weingarten ein eigenes Skriptorium, unter den Staufern erreichte dessen Produktion einen glanzvollen Höhepunkt. Um 1170 entstand hier die berühmte *Welfenchronik*, in der die Geschichte des Stifterhauses und, soweit damals möglich, der Staufer in Wort und Bild festgehalten wurde; vermutlich kurz nach einem weiteren Brand des Klosters im Jahr 1215 wurde von Abt Berthold ein heute weltweit herausragender Prachtkodex in Auftrag gegeben, das *Berthold-Sakramentar*, mit einzigartigen Miniaturen. Herzog Carl Eugen von Württemberg, der selbst ein großer Büchersammler war und um 1780 über 100 000 Bände in der fürstlichen – und öffentlich zugänglichen – Bibliothek stehen hatte, zeigte sich anlässlich eines Besuches am 16. Februar 1785 in seinem Reisetagebuch sehr angetan: »Nach dem Essen wurde die Kirche, welche groß und schön ist, nebst der Bibliotheque besehen; leztere ist sehr reich an alten und wohl aufbewahrten Manuscripten.« Rund zwanzig Jahre später sollten die Württemberger in den Besitz von unzähligen aus Klöstern stammenden Manuskripten und Büchern kommen, doch zur Zeit der mächtigen Staufer waren sie nichts weiter als ein kleines Grafengeschlecht in deren Nachbarschaft. Den Staufern folgten Schutzvögte, die dem Gedeihen der Reichsabtei nicht immer zuträglich waren; Pest,

Links: Weltberühmt und sagenumwoben – die Gabler-Orgel der Basilika
Rechts: Hochaufstrebend und lichtdurchflutet – die Kuppel der Basilika

Bauernkrieg und Dreißigjähriger Krieg gingen über das Kloster hinweg.

Mögen die schlechten Zeiten und die Sehnsucht nach Frieden und Ruhe Ursache gewesen sein oder einfach nur geschicktes Marketing: Der Strom der Pilger zur Heilig-Blut-Reliquie wurde immer breiter, sodass die zwischen 1124 und 1182 erbaute romanische Säulenbasilika ihn nicht mehr fassen konnte. Aus diesem Grund wurde sie ab 1715 in nur neunjähriger Bauzeit durch die Basilika St. Martin ersetzt, womit die heiligen Blutstropfen ein zeit- und standesgemäßes – und das hieß Anfang des 18. Jahrhunderts barockes – Ambiente erhielten, mit dem praktischerweise auch der Reichtum Weingartens nach außen hin demonstriert werden konnte. Baumeister war

der Österreicher Franz Beer, maßgeblich war darüber hinaus auch der aus Italien stammende, lange im Dienst des Herzogs von Württemberg stehende Donato Frisoni beteiligt, der unter anderem wohl für die Kuppel, den Giebel der Fassade und den Hochaltar verantwortlich zeichnete und vermutlich auch die Vorlage für den Idealplan der nie ganz verwirklichten großen Klosteranlage schuf. Die Schriftstellerin Maria Müller-Gögler, die in Weingarten aufwuchs, nach Studium und Lehrtätigkeit ab 1944 wieder in der Stadt lebte und 1987 hier verstarb, lässt in ihrem ersten Roman, *Die Magd Juditha* (1935), mit dem Bau der Basilika befasste Personen auftreten: Frisoni verführt die junge, liebenswerte Juditha, Cosmas Damian Asam, der Maler

Himmlisches Geschenk der Welfen – die in St. Martin aufbewahrte und am Freitag nach Christi Himmelfahrt beim »Blutritt« verehrte Blut-Reliquie

der Fresken, und Joseph Gabler, der Erbauer der Orgel, nehmen sich ihrer an, und Letzterer heiratet sie schließlich. Gablers berühmte Orgel, mit ihrem sagenumwobenen, die menschliche Stimme nachahmenden *Vox-humana*-Register und dem ebenso sagenumwobenen Geheimhebel, der, wird er umgelegt, die Orgel angeblich nur noch wimmern lässt, regte nicht nur die musikalische Maria Müller-Gögler an, sie inspirierte auch andere Schriftsteller zu Lobeshymnen. Kauffmanns Reaktion klingt zunächst eher negativ: »Aber hoch im Rücken dieses geklärten Raums hängt ein schwärzlich Ungeheures, eine gigantische Fledermaus, ein Geschick, das drohend von dort hereinbricht.« Geblendet vom Licht, das durch die von der Orgel eingerahmten Fenster dringt, müssen sich die Augen erst gewöhnen, dann »beginnt sich's zu

wölken«, und es enthüllt sich dem Betrachter ein Meisterwerk, das »mehr als Altäre, Gitter, Gestühl« ist: »Die Orgel ist ein letztes Gebild aus Zweck und Bedeutung. Kein Bild gibt den Eindruck. Daß es der Meister so machen konnte, zweckmäßig brauchbar, mit ungeheuerstem Ton und doch wie ein Traumschloß fast unkörperlich hangend!« Für Hausenstein »überbietet das Barock« im Rahmenwerk der Orgel »sich selbst, um sich zu erfüllen«, Rombach erscheint sie als »Wunderwerk« mit »den mehr als tausend Orgelpfeifen aus Blei«. Was wäre ihm wohl für ein Begriff eingefallen, hätte er gewusst, dass es in Wirklichkeit fast 7000 Pfeifen sind? Während der Aufführung eines Theaterstücks vor dem Portal kommt er in den Genuss, die *Vox humana* durch die offene Kirchentür zu hören: »Ein unvergeßlicher Klang, der alle Spieler, aber auch ihre Zuhörer atemlos machte.« Theater wird im Übrigen schon seit vorbarocker Zeit auf dem Martinsberg gespielt, waren es zunächst geistliche Stücke, wurde diese Tradition nach längerer Unterbrechung im Jahr 2000 in Form weltlicher Festspiele wieder aufgenommen.

Überhaupt ist das Leben innerhalb der Klostergebäude inzwischen recht weltlich geworden. 1802 brach die Säkularisation über die Abtei herein, wodurch diese dem Haus Nassau-Oranien-Dillenburg und schließlich dem Königreich Württemberg zufiel. Nach einer Übergangzeit verließen 1809 die letzten Mönche die Gebäude; die Schätze Weingartens, darunter nahezu 2000 Handschriften und Inkunabeln sowie 60 000 Drucke, gingen in den Bibliotheksbestand des Königreichs ein. Im Juli 1828, als Mörike »zum ersten mal in die schöne Gegend von Weingarten« kam, war kein Konvent anwesend, und »wie mir nun die Kirchenkuppel und das goldene Kreuz im schönsten Sonnenschein entgegenglänzt«, fühlte er sich nicht etwa dazu veranlasst, geistlich-besinnliche Verse zu dichten, sondern ein recht anzügliches Hochzeitscarmen für seinen Freund Ernst Friedrich Kauffmann und dessen Braut mit dem Titel »Lied eines Mädchens«. In buntem Wechsel wurde das ehemalige Kloster als Sommerresidenz, Waisenhaus und Garnison genutzt, heute befindet sich in einem Teil die Pädagogische Hochschule Weingarten, in einem anderen durften in den Zwanzigerjahren erneut Mönche einziehen. Maria Müller-Gögler

erinnert sich in ihrer Autobiographie daran, dass diese nicht bei allen Bewohnern des Ortes auf Gegenliebe stießen: »Die einen hielten einen Bischof, die anderen einen Oberst oder General der Reichswehr für wünschenswert.« 1919 kamen für kurze Zeit Franziskaner nach Weingarten, das »Mönchsleben« erblühte wieder, »zur Freude vieler kirchlich Gesinnter, vor allem aber zur Freude frommer junger und erst recht alter Mädchen«: »Die fünf Patres, die in ihren braunen Kutten, den Leib mit weißem Gürtel umgürtet, ein-

Symmetrische barocke Klosterwelt – Idealplan der ehemaligen Benediktinerabtei Weingarten von einem anonymen Künstler, vermutlich aus dem Jahr 1723

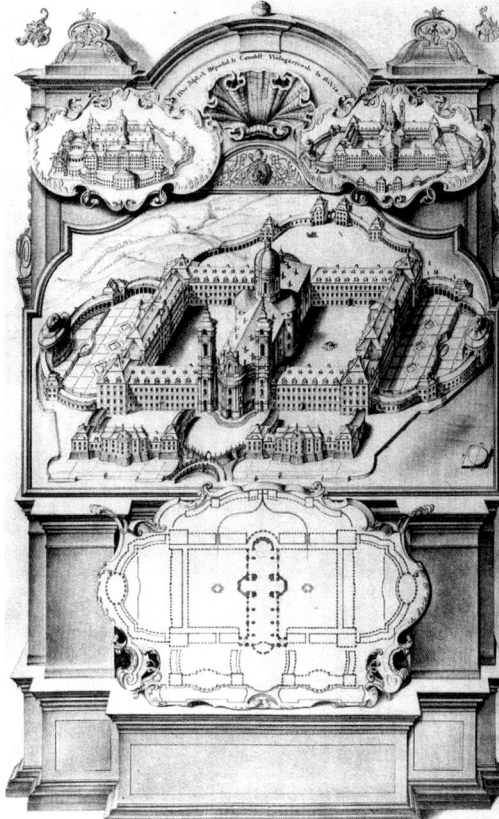

Kunstvoll geschnitzte Sitzgelegenheit und barockes Kleinod – das Chorgestühl im »schwäbischen Petersdom«, der Weingartner Basilika St. Martin

zogen, eigneten sich vorzüglich als Objekte jungferlicher Schwärmerei und Liebe.« 1922 folgten Benediktiner, die sich im Gegensatz zu den Franziskanern im Kloster niederließen. Zwei Jahre später schrieb Wilhelm Schussen: »In den geschnitzten Chorstühlen hinter dem zierlichen Chorgitter erklingen jetzt wie immer in früheren Zeiten wieder die Responsorien der Benediktinermönche, die den oberschwäbischen Vatikan neuerdings in Besitz genommen haben.« Sie sollten bis 2010 bleiben, mussten dann aber aus Mangel an Nachwuchs den »oberschwäbischen Vatikan« aufgeben, zuletzt lebten gerade noch vier Mönche innerhalb des opulenten Barockklosters. Die Diözese

Rottenburg-Stuttgart, die im Südflügel des Konventsgebäudes bereits ein Tagungshaus ihrer Akademie unterhält, mietete die Gebäude an, sodass sie wohl weiterhin kirchlich genutzt bleiben und vielleicht eines Tages eine andere Ordensgemeinschaft dort Einzug halten kann. Der Inspiration der Literaten dürfte dies wenig Abbruch tun, solange barocke Schönheit, geistliche Atmosphäre, Orgelklang und Silhouette von Kloster Weingarten erhalten bleiben.

Franz Beer, der maßgebliche Baumeister des oberschwäbischen Vatikans, war auch in dessen unmittelbarer Nachbarschaft tätig: Für das nur einige Kilometer südlich gelegene Prämonstratenserkloster Weißenau entwarf er die

Pläne zum neuen Konventsbau und zur Kirche St. Peter und Paul, die zwischen 1708 und 1724 entstanden und nur wenig vom vorherigen Bau übrigließen. Kloster Weißenau springt im wahrsten Sinn des Wortes weniger in die Augen als der große Bruder Weingarten. Dabei reicht auch dieses Kloster in die Zeit der Welfen zurück, als »Minderau« oder »Augia minor« wurde es 1145 von Gebizo von Ravensburg/Peißenberg, einem Ministerialen des mächtigen welfischen Herrschergeschlechts, gegründet. Zudem nennt es seit 1283 ebenfalls eine Heilig-Blut-Reliquie sein Eigen und verehrt diese zusammen mit den 1665 erworbenen Gebeinen des hl. Saturnin und der spätgotischen Madonna von Michael Erhard sogar mit zwei Wallfahrten, dem Fünf-Wunden-Fest und dem Magdalenenfest. Keine der beiden Wallfahrten nahm je die Ausmaße des Weingartner Blutritts an, doch die Reliquie verschaffte dem Kloster schon früh Eingang in die Literaturgeschichte. In dem um 1280/90 von einem unbekannten bayerischen Dichter verfassten höfischen Epos *Lohengrin*, dem die Schwanenrittersage aus Wolfram von Eschenbachs *Parzival* zugrunde liegt, wird direkt auf die Reliquie verwiesen: Juden hätten Gottes Bild durchstochen, aus dem daraufhin Blut und Wasser flossen, ein Wunder, das manchen zur Taufe veranlasste. Das aufgefangene Blut sei im Kloster Aue bei Ravensburg, in der Nähe des Bodensees, in einem Kristall zu sehen, wem es sich aber verbirgt, der sterbe noch im selben Jahr:

Zwillingstürme und weitläufige Gebäude – die Basilika St. Peter und Paul und das angrenzende ehemalige Prämonstratenserkloster in Weißenau

Wo Himmelsbewohner schon mal Bein zeigen dürfen – Ausschnitt aus einem Deckengemälde der Basilika St. Peter und Paul in Weißenau

bî Ravensburc ein klôster lît, / Ouwe nennet man ez in den landen wît, / der Podemsê mit næhe ez kann erreichen. / in deme klôster noch daz bluot wir tegelîchen vunden, / durch ein cristalle man ez siht. / vor sweme ez sich birget, die wârheit vergîht / daz der mit tôde im jâr wird überwunden.

Die Weißenauer Prämonstratenser waren nie mit dem Reichtum und der Macht ihrer Weingartner Nachbarn gesegnet, brachten es aber trotzdem zu einer großen Bibliothek und einem Skriptorium, in dem beachtliche Werke vor allem chronikalischen Inhalts geschaffen wurden, von denen Jakob Murers illustrierte Chronik des Bauernkriegs das wohl bekannteste ist. 1803 fiel das Kloster an das Haus Sternberg-Manderscheid, 1806 wurde es vom Königreich Württemberg mediatisiert, das es 1835 den Sternberg-Manderscheids abkaufen konnte. Seitdem wird es weltlich genutzt, in einem

Teil wurde 1892 die »königlich-württembergische Irrenanstalt« eingerichtet, heute befindet sich darin als Körperschaft des öffentlichen Rechts das Weißenauer Zentrum für Psychiatrie, kurz »ZfP Weißenau« genannt.

Als drittes Heilig-Blut-Kloster in der Gegend um Ravensburg wäre noch Scherblingen zu nennen. Die heiligen Blutstropfen des Klosters Scherblingen – ebenfalls ein 1803 säkularisiertes Prämonstratenserkloster und heute wie Weißenau psychiatrische Klinik, kurz »PLK Scherblingen« – wurden nicht von Longinus aufgefangen wie die Weingartner und auch nicht von Maria Magdalena wie die Weißenauer, sondern vom Lieblingsjünger Johannes. Nachzulesen ist dies in den Arbeiten des letzten Scherblinger Abtes Eusebius Feinlein. Schon vor seiner Abschlussprüfung an der Jesuiten-Universität Dillingen wallfahrtete er nach Weißenau, um die Gebeine des heiligen Saturnin zu berühren, entsprechend erfolgreich verlief seine Prüfung. Nachdem er 1803 seiner Ämter als Reichsprälat enthoben war, fing er zu schreiben an und widmete sich vor allem seinem Steckenpferd, der Reliquienverehrung, die zwischen Donau und Bodensee besonderen Stellenwert genoss und noch immer genießt. Am ausführlichsten ging er, was nicht verwunderlich ist, auf die Heilig-Blut-Reliquie seines eigenen Klosters ein. Einer seiner Nachfahren, Professor Dr. Dr. Augustin Feinlein, Chefarzt am PLK, trat in Sachen Reliquienforschung in seine Fußstapfen, was allerdings dazu führte, dass er am Ende zum

Patienten seiner eigenen Klinik wurde. Er selbst schildert den dazu führenden Hergang: Hatte einst der Scherblinger Abt Benedikt Mangold die Heilig-Blut-Reliquie im Bauernkrieg vor der Zerstörung durch die Aufständischen gerettet und sein Vorfahr sie 1803 vor dem Zugriff des Staates bewahrt, so raubt – oder »rettet« – er, Augustin Feinlein, der wenige Jahre vor der Pensionierung steht, diese »vor der herab-

Nicht mit dem Reichtum Weingartens gesegnet, aber doch von barocker Pracht – Blick auf Kirchenschiff und Kanzel von St. Peter und Paul

Keiner kennt Scherblingen besser – Martin Walser, der Spezialist für das oberschwäbische Kloster, im Juni 2006 bei einer Lesung in Marbach

lassenden Verlogenheit der Gebildeten, seien sie geistlich oder weltlich«. Zu diesen Gebildeten gehört auch sein jüngerer Konkurrent Dr. Bruderhofer, Ärztlicher Direktor des PLK, der dem Klinikpersonal verbietet, etwas über die Reliquienforschungen des Chefs nach außen dringen zu lassen, um nicht den Ruf der Klinik zu schädigen. Wenige Tage nach dem Diebstahl, am Tag nach Christi Himmelfahrt, soll die Monstranz mit den heiligen Blutstropfen beim Scherblinger Blutritt Tausenden von Menschen gezeigt werden, Feinlein wartet gespannt auf die Reaktion: Nichts geschieht, die wartende Menge wird mit einer Ersatzmonstranz gesegnet, und für den Reliquienforscher steht fest: »Das war der Beweis, dass die Kirche selber nicht mehr an die Echtheit der Reliquie glaubt. Es kann mit jeder beliebigen Monstranz gesegnet werden. [...] Der Glaube der Gläubigen macht jeden verehrten Gegenstand zu einem Heiligtum.« Der Glaube der Literaturbegeisterten mag da, selbst wenn sie sich ihre Heiligtümer nicht nehmen lassen, skeptischer sein – zu Recht, denn Prof. Dr. Dr. Feinlein und sein Vorfahre, Kloster Scherblingen und dessen Heilig-Blut-Reliquie entsprangen der Phantasie Martin Walsers und existieren im Gegensatz zu Weingarten und Weißenau nur in seiner so anspielungsreichen wie kritischen und humorvollen Novelle *Mein Jenseits*, die 2010 in einem Berliner Verlag erschien.

Hirsau

Drei Fichten und eine Ulme

Würde man den Dichtern, so etwa Justinus Kerner, Rudolf Friedrich Heinrich Magenau und Gustav Schwab, folgen, wäre alles ganz einfach und klar: Hirsau, eines der bedeutendsten Klöster Deutschlands, ginge auf die Gründung einer Frau, genauer gesagt der frommen Witwe Helizina, zurück. Der Legende nach wollte sie durch die Stiftung eines Klosters ihren Reichtum in den Dienst Jesu stellen und erfuhr im Traum, dass der richtige Ort dazu ein Tal sei, in dem drei Fichten aus einem Stamm wachsen. Diesen Baum fand sie just an der Nagold, wo sie sofort zur Tat schritt und quasi den Grundstein für Hirsau legte, allerdings, glaubt man Magenaus Gedicht *Kloster Hirschau*, neben den Handwerkern dann doch bedeutende Männer zur Vollendung ihres Werks brauchte:

*Ein Klösterlein, von treuem Fleiß /
Erbaut, umschloß in schönem Kreis /
Die Kirche, wie ein Heil'gen-Schein /
Und fromme Väter zogen ein, / Doch,
was der Wittwe fromm Gemüth /*

*Nicht ganz vollbracht, hat Erlafried /
Und Wilhelm, er, der Gottesmann /
Mit hoher Kraft begabt, gethan.*

Was die fromme Witwe Helizina betrifft, so gibt es nicht den geringsten Hinweis auf ihre Existenz, allerdings unterstützten im Lauf der Zeit mehrere adelige Wohltäterinnen das Kloster, und, das dürfte Magenau nicht gewusst

Gustav Schwab (1792–1850)

Schlossruine hinten links, Torturm hinten rechts, Mauer des östlichen Kreuzgangs in der Mitte – Reste des berühmten Reformklosters Hirsau

haben, die Mönche holten sich ihrerseits Rat bei einer Frau, nämlich bei Hildegard von Bingen, die manchen klugen Brief an die Nagold schickte. In Bezug auf Erlafrieds Beitrag zur Klostergründung tappt man noch einigermaßen im Nebel der Karolingerzeit, mit Wilhelm aber begibt man sich auf festes Terrain. Das Kloster wurde zur Zeit der Karolinger gegründet, so viel ist sicher, ob aber schon um 765 oder erst um 830, ob durch einen Grafen Erlafried oder durch Noting, Bischof von Vercelli und Sohn eines Erlafried, ob als Nazarius-, Aurelius- oder als Petrus- und Nazarius-Patrozinium, ist umstritten. Mit großer Wahrscheinlichkeit existierte um 830 unter Ludwig dem Frommen ein Kloster, in dem die aus Mailand überführten Reliquien des Heiligen Aurelius von Riditio aufbewahrt wurden. Es muss in der Folge

verfallen sein, denn wie in dem auf älteren Quellen beruhenden *Codex Hirsaugiensis* um 1500 festgehalten wurde, erbaute Graf Adelbert von Calw auf Anregung Papst Leos IX. ab 1069 ein neues Kloster. Der Konvent dazu wurde aus Kloster Einsiedeln geholt, der zukünftige Abt, Wilhelm von Hirsau, aus dem Regensburger Kloster St. Emmeram.

Unter Wilhelm, der von 1071 bis zu seinem Tod 1091 als Abt die Geschicke des Benediktinerklosters lenkte, entwickelte sich Hirsau nicht nur zur kirchlichen Keimzelle für den Nordschwarzwald, sondern es diente darüber hinaus der vom französischen Kloster Cluny ausgehenden Reformbewegung als deutscher Stützpunkt und spielte als Zentrum der päpstlichen Partei eine entscheidende Rolle im Investiturstreit, dem um die Wende vom 11. zum

12. Jahrhundert tobenden Kampf zwischen weltlicher und geistlicher Macht. Von Hirsau muss unter Wilhelm nicht nur große Ausstrahlung, sondern auch große Anziehungskraft ausgegangen sein. Der Zulauf an Mönchen war enorm, und das alte Aurelienkloster, das nur für zwölf Mönche gedacht war, bald zu klein. Wilhelm, der die Fertigstellung selbst nicht mehr erlebte, ließ auf der anderen Nagoldseite das weitaus größere Kloster St. Peter und Paul bauen, das 1092 bezogen und Vorbild für zahlreiche weitere Klosterbauten wurde. Hirsaus erste Blütezeit sollte gut 150 Jahre dauern, ab 1250 aber ging es stetig bergab, sodass das Kloster im ausgehenden 13. und 14. Jahrhundert immer wieder in seiner Existenz gefährdet war. Erst der 1458 erfolgte Beitritt zur Bursfelder Kongregation, einem Zusammenschluss von Benediktinerklöstern unter einer gemeinsamen Observanz, die die Rückbesinnung auf die ursprünglichen Regeln des heiligen Benedikt forderten, bescherte dem Schwarzwaldkloster einen erneuten Aufschwung. Eine rege Bautätigkeit, bei der – abgesehen von der Kirche – gotische Bauten wie das Konventsgebäude und der Kreuzgang an die Stelle der alten romanischen traten, setzte ein. Auch Bibliothek und Buchkultur erlebten eine neue Blüte.

Die Reformation schließlich brachte dem auf württembergischem Terrain liegenden Hirsau 1534/35 eine neue Konfession, das Benediktinerkloster wurde in der Folge aufgelöst und 1556 eine der evangelischen Klosterschulen Herzog Christophs eingerichtet. An der Stelle des alten Abthauses wurde ein Renaissanceschloss erbaut, das 1592 vollendet wurde und gerade einmal 100 Jahre Bestand hatte: 1692 brannten im Zuge des Pfälzischen Erbfolgekriegs die Truppen des gefürchteten Feuerteufels General Mélac das

Von Menschenhand zerstört und vom Zahn der Zeit zernagt – Überreste vom nördlichen Kreuzgang des 1692 im Krieg abgebrannten Klosters Hirsau

Schloss und Teile des Klosters nieder. Die Bevölkerung tat in der Folge das Ihrige, indem sie bis zum Verbot 1808 die Ruinen als Steinbruch nutzte. Einzig die spätgotische Marienkapelle aus den Jahren 1508 bis 1516 und der um 1110 bis 1120 errichtete romanische Eulenturm blieben verschont.

Gustav Schwab widmet in seinem Buch *Wanderungen durch Schwaben* aus dem Jahr 1837 auch Kloster Hirsau und seinen imposanten Ruinen ein Kapitel. »Von sämmtlichen Gebäuden sieht man noch die Ruinen der Peterskirche und den einen ihrer Thürme, eine ganz erhaltene Kapelle, einen grossen Teil des Kreuzgangs; vom Kloster selbst einen achteckigen und einen runden Thurm, die ausgebrannten vier stattlichen Wände des Jagdschlosses, die Reste der Aureliuskirche und rechts von der Nagold ein Kirchlein auf dem Platz der alten Stiftung. Diese sämmtlichen Überbleibsel in dem von immergrünen Tannenbergen beschauten, wiesenreichen Nagoldthale, in wucherndes Gebüsch eingekleidet, gewähren einen rührenden, doch nicht finstern Anblick.« Schwabs Wurzeln reichten bis ins Kloster, was eine Familienszene offenbart, die sich in jener Nacht abspielte, in der die Franzosen das Kloster brandschatzten: »Im J[ahr] 1692, gerade hundert Jahre vor meiner Geburt, wurde der dreijährige Sohn des Klosterbeamten aus den flammenden Gebäuden von den flüchtenden Eltern getragen. Das Kind ward ein achtzigjähriger Greis und war der mütterliche Grossvater meiner längst auch ruhenden Mutter, die ihm als kleines Mädchen noch die Locken des schneeweißen Hauptes gescheitelt hat.« Auch Schwab erzählt die Gründungslegende um Helizina, die er nach eigenen Angaben aus dem Buch *Das Wildbad* seines Freundes Justinus Kerner kannte.

1811, im Jahr des Erscheinens seiner Beschreibung des Kurorts Wildbad, in der er unter anderem auch Hirsau behandelte, war Kerner Arzt in dem Schwarzwaldbad. Er kannte die beiden Abhandlungen Gottfried Ephraim Lessings zu Hirsau aus dem Jahr 1773, in denen dieser sich den Glasfenstern im zerstörten Kreuzgang, den Gemälden, der Bibliothek des Klosters sowie

Manches ist erhalten geblieben – der Eulenturm, einer der ursprünglich zwei Westtürme von St. Peter und Paul, mit Dreischalenbrunnen von 1890

Es muss nicht immer das arkadische Italien sein – Schwarzwälder Idylle mit Klosterruine auf einem Stahlstich von Louis Mayer, um 1837

Gelehrten und Schreibern widmet. Lessing bezieht sich vor allem auf eine in der Wolfenbütteler Bibliothek aufbewahrte Handschrift von Johannes Parsimonius, der von 1560 bis 1588 als Abt Hirsau vorstand, und zitiert ausführlich aus dem Manuskript eines Andreas Reichard, dessen Darstellung von Hirsau er ebenfalls in Wolfenbüttel gefunden hat. In dieser wird unter anderem die Umgebung des Klosters beschrieben: »Es liegt an einem schönen und lustigen Ort in einem tiefen Wiesenthal, auf einem Bühel oder Rheinlen gegen dem Wasser, zwischen hohen Bergen, darauf hohe und gerade Tannen und Forchen [Fichten], das Thal von Mittag gegen Mitternacht sich der Länge nach erstreckend [...]. Auf der einen Seite des Wassers liegt das alt und kleiner Kloster, auf der andern das neu und gröste. Über das Wasser, Nagolt genannt, zwischen beiden Klöstern, die doch zusammen gehören, gehet ein schön steinre Bruck, von braunroten Quaterstucken, mit etlichen Schwibogen und Neckhern [Erkern], darauf man sitzen und sich im Gespräch erlustigen kann, über dem Wasser Wäld und beide Klöster vor Augen habend.«

Ein guter Teil von Justinus Kerners und damit Gustav Schwabs Wissen über das alte Kloster scheint wiederum aus Lessings Abhandlungen und Zitaten zu stammen. Eins aber hatte es den Romantikern aus dem Süden besonders angetan und davon wusste der belesene Bibliothekar aus dem Norden nichts zu erzählen, gemeint ist die berühmte Ulme, die 1989 im Alter von 258 Jahren gefällt werden musste und von der Kerner schreibt: »In den ausgebrannten Kreuzgängen und Gebäuden befinden sich nun Gärten. Mitten aus dem Boden der alten Abtei, auf dem Gewölbe des Kellers, schoß eine prächtige Ulme empor. Sie trieb ihre starken Äste hoch über die Trümmer hin, und steht da gleichsam als ein Erzeugniß der Kraft und Fülle, die einst in diesen Gewölben gebunden lag.« Für Kerners Wildbad-Werk schrieb Ludwig Uhland das Gedicht *Die Ulme zu Hirsau*, das später noch um die hier mit abgedruckte zweite Strophe erweitert wurde.

Zu Hirsau, in den Trümmern,
Da wiegt ein Ulmenbaum,
Frischgrünend, seine Krone
Hoch überm Giebelsaum.

Er wurzelt tief im Grunde
Vom alten Klosterbau,
Er wölbt sich statt des Daches
Hinaus in Himmelsblau.

Weil des Gemäuers Enge
Ihm Luft und Sonne nahm,
So trieb's ihn hoch und höher,
Bis er zum Lichte kam.

Es ragen die vier Wände,
Als ob sie nur bestimmt,
Den kühnen Wuchs zu schirmen,
Der zu den Wolken klimmt.

Wenn dort im grünen Tale
Ich einsam mich erging,
Die Ulme war's, die hehre,
Woran mein Sinnen hieng.

Wenn in dem dumpfen, stummen
Getrümmer ich gelauscht,
Da hat ihr reger Wipfel
Im Windesflug gerauscht.

Ich sah ihn oft erglühen
Im ersten Morgenstrahl;
Ich sah ihn noch erleuchtet,
Wann schattig rings das Thal.

Hier steht sie noch – die einst viel besungene und 1989 gefällte Ulme in der Ruine des Hirsauer Schlosses auf einer historischen Fotografie

Zwei, die die Ulme besangen – Ludwig Uhland (1787–1862)
und Gertrud Ingeborg Klett (1871–1917)

Zu Wittenberg, im Kloster,
Wuchs auch ein solcher Strauß
Und brach mit Riesenästen
Zum Klausendach hinaus.

O Strahl des Lichts! du dringest
Hinab in jede Gruft.
O Geist der Welt! du ringest
Hinauf in Licht und Luft.

Die Ulme hatte es auch Gertrud Ingeborg Klett angetan. Sie wurde 1871 in Ludwigsburg geboren, kam mit elf Jahren mit den Eltern nach Hirsau, später lebte die Familie in Calw. Als Erwachsene führte sie ein unstetes Boheme-Leben, veröffentlichte Gedichte und wurde als Übersetzerin vor allem nordischer Autoren, insbesondere Knut Hansums, bekannt. 1911 erschien ihr Kinderbuch *Weißt du wieviel Sternlein stehen*, das bei seiner Neuauflage 2004 in der *Zeit* als »außergewöhnliches und wohltuendes« Bilderbuch besprochen wurde. Sie starb 1917 mit knapp 46 Jahren in München – verarmt und als Alkoholikerin. In ihrem Gedicht *Das Kloster zu Hirsau* geht es unter anderem auch um die Ulme: »Und über allem Todesschweigen / und halb zerborstner Mauern Rand, / weht lachend, mit junggrünen Zweigen / ein junges Banner in das Land – / es reckt in trotzgeschwelltem Streben / die alte

Mönche in Hirsau – Thema in Agnes Suppers gleichnamigem Versroman von 1898 und bei Hermann Hesse (1877–1962)

Ulme sich empor – / und rauscht das hohe Lied vom Leben / den Menschen in das taube Ohr!«

Eine weitere Schriftstellerin setzte Hirsau ein literarisches Denkmal: Auguste Supper. Sie kam 1867 als Auguste Luise Schmitz in Pforzheim zur Welt. Sechs Jahre später übernahm ihr Vater die Bahnhofsgaststätte in Calw, wo sie ihre Kindheit und Jugend verbrachte. 1888 heiratete sie den Juristen und Finanzrat Otto Heinrich Supper, der seine Frau zum Schreiben überredete. Ihre letzten Jahre verbrachte die glühende Anhängerin der Nationalsozialisten als Witwe in Ludwigsburg, wo sie 1951 auch starb. Ihre Spezialität waren Dorfgeschichten aus dem Schwarzwald, seit Berthold Auerbach

immer gerne gelesen. Ihr erster Roman, *Der Mönch von Hirsau*, den sie 1898 im Alter von 29 Jahren veröffentlichte, hatte, der Titel verrät es, das Kloster an der Nagold zum Schauplatz. »Wo der Nagold grüne Wellen / Breiter durch den Forst uns grüßen, / Dort liegt hinter seinen Mauern, / Deren frisch behaune Steine / Rötlich schimmern, Kloster Hirsau. / Still im letzten Schein des Abends / Liegt es da, und um die Türme / Seiner Peterskirche huschen / Fledermäuse scheu und lautlos. / Da und dort flammt jetzt ein Licht auf, / Und mein Sang, er schwirret näher, / Wie der Falter, den die Flamme / Lockt mit ihren Strahlenarmen.« In dem Roman um den jungen Mönch Ignaz stehen die Spannungen zwischen Kloster Hirsau und dem Grafen von Calw an der Wende vom 12. zum 13. Jahrhundert im Mittelpunkt. Auguste Supper schildert das Nagoldtal und die großen Katastrophen jener Zeit: Pest und Hochwasser. Der Versroman wollte nicht so recht an den Verleger gebracht werden, Auguste Supper wurde unsicher und fragte den Vater von Hermann Hesse um Rat, den sie aus ihrer Zeit in Calw kannte. Sein Urteil muss sie bestärkt haben, es weiterhin zu versuchen, denn bald darauf hatte sie Erfolg.

Familie Hesse, wie hätte es anders sein können, war Kloster Hirsau alles andere als fremd, zumal im damaligen »Gasthaus zum Hirsch und Lamm«, dem heutigen Hotel »Kloster Hirsau«, Verwandte wohnten. Noch Jahrzehnte später erinnerte sich Hermann Hesse an die Spaziergänge von Calw nach Hirsau über den »Wiesenweg«. 1907/08 entstand die fragmentarisch gebliebene Erzählung *Berthold*, die erst 1944 veröffentlicht wurde. Der von seinem Vater zur Theologenlaufbahn bestimmte Berthold muss erkennen, dass dieser Beruf alles andere als eine wirkliche Berufung und weder mit seinem Charakter noch seinen Fähigkeiten zu vereinen ist. Aus dem tiefen inneren Zwiespalt kann er sich nur mit einem Gewaltakt befreien, nach dem er in den Dreißigjährigen Krieg zieht. Später nimmt Hesse dieses Thema in *Narziss und Goldmund* wieder auf, bringt es aber zu einem versöhnlichen Schluss. Als Knabe wandert Berthold fast jeden Tag »über den fröhlichen Wiesenweg«, »bald durch Kornland

und Wiesen ins Tal hinab, das nach kurzer Weile breiter und fruchtbarer wurde. Die Berge flohen auf beiden Seiten zurück, einem breiteren und fetteren Boden Raum gebend, und bald tat sich eine gar schöne, sonnige Talaue auf, durch eine Krümme vor dem Nordwind beschützt. Während oberhalb sowie auch schon eine kleine Stunde weiter abwärts das Tal arm und rauh war und der ganze Reichtum des Landes in den Bergwäldern bestand, prangte hier still und abgeschlossen ein kleines Land mit Frucht und Obst wie ein Paradiesgärtlein zwischen den grünen Bergen. Inmitten lag breit und satt in wohligem Frieden ein Kloster samt Meierei und Mühle, und wer müde auf der Talstraße vorüberwanderte und hinüberschaute und in dem erhöht gelegenen Garten unter laubigen Bäumen die Brüder in weißen Kutten langsam wandeln sah, dem mochte der friedsame Ort eine köstliche und gesegnete Zuflucht scheinen.«

Hier ersteht das Bild des Klosters als Hort des Friedens, noch ist nichts von der Ruinenlandschaft zu ahnen, zu der es später geriet und die Rudolf Magenau in den letzten Strophen seines Gedichts *Kloster Hirschau* betrauert:

Doch nichts, was Menschen Kunst erhöht, / Nichts, was die Erde trägt, besteht, / Verödet liegt in Schutt und Graus / Seit Säklen schon das Gottes-Haus, / Versunken ist in ew'ge Nacht / Der Säulen Schmuck, des Tempels Pracht, / An Trümmern weilt des Wandrers Blick, / Und eine Thräne bleibt zurück.

Bebenhausen

Bebos gastfreundliches Haus

Wie wohl jedes Kloster hat auch Kloster Bebenhausen seine Gründungslegende. Ein missionierender Einsiedler namens Bebo, der über die Römerstraße kam und am Rande des Schönbuchs Halt machte, um sein Hüttlein aufzubauen, sei der Gründer gewesen. Bebos Hüttlein gedieh offensichtlich zu einem richtigen Haus, denn davon soll der Name »Bebenhausen« herrühren. Der Eremit Bebo lässt sich nicht historisch belegen, die Prämonstratenser, die nachweislich die Gründer des Klosters waren, dagegen schon. Sie bauten kein Hüttlein, sondern ein veritables Kloster, hielten es allerdings nicht lange hier aus: Nur wenige Jahre nachdem sie um 1183 vermutlich aus Kloster Marchtal in den Schönbuch gekommen waren, zogen sie auch schon wieder ab. Was immer die Mönche dazu bewogen haben mag, der Stifter, Pfalzgraf Rudolf von Tübingen, gab nicht so schnell auf und holte sich stattdessen Zisterzienser. Obwohl Bebenhausen nicht wie für diesen Orden üblich in einem einsamen Tal, sondern auf einer bereits besiedelten Anhöhe lag, entschied das Generalkapitel in Cîteaux, Abt Diebold mit zwölf Brüdern aus Kloster Schönau im Odenwald in das junge Kloster zu schicken. Es in Schwung zu bringen, war nicht leicht, aber sobald dies zum einen dank reicher Stiftungen, zum anderen dank des glücklichen Wirtschaftens der Mönche geschafft war, erlebte Bebenhausen eine lang anhaltende Blütezeit, in der es sich zum wohlhabendsten Kloster Württembergs entwickelte und das ebenfalls florierende Ziesterzienserkloster Maulbronn überflügeln konnte.

Wenig glücklich dagegen wirtschafteten die Pfalzgrafen von Tübingen, die Anfang des 14. Jahrhunderts sogar Schuldner des von ihnen gestifteten Klosters wurden. Den Niedergang der Pfalzgrafen konnten auch die Mönche nicht aufhalten, Pfalzgraf Götz III. musste 1342 Tübingen an Graf Ulrich III. von Württemberg verkaufen. Nur die Hundelege in Bebenhausen, in der die Mönche die pfalzgräflichen Jagdhunde zu versorgen hatten, und das Jagdrecht im Schönbuch konnte

Gastfreundliches Heim eines dahergekommenen Einsiedlers – Innenhof des ehemaligen Zisterzienserklosters Bebenhausen mit Kreuzgang und Brunnen

er vorübergehend noch für sich retten. Ludwig Uhland weiß in seinem Gedicht *Der letzte Pfalzgraf* (1815) vom Leid des verschuldeten Adelshauses zu singen:

> Ich Pfalzgraf Götz von Tübingen
> Verkaufe Burg und Stadt
> Mit Leuten, Gülten, Feld und Wald,
> Der Schulden bin ich satt.

> Zwei Rechte nur verkauf ich nicht,
> Zwei Rechte, gut und alt:
> Im Kloster eins, mit schmuckem
>   Turm,
> Und eins im grünen Wald.

> Am Kloster schenkten wir uns arm
> Und bauten uns zugrund,
> Dafür der Abt mir füttern muß
> Den Habicht und den Hund.

> Im Schönbuch, um das Kloster her,
> Da hab ich das Gejaid,
> Behalt ich das, so ist mir nicht
> Um all mein Andres leid.

> Und hört ihr Mönchlein eines Tags
> Nicht mehr mein Jägerhorn,
> Dann zieht das Glöcklein, sucht
>   mich auf!
> Ich lieg am schatt'gen Born.

> Begrabt mich unter breiter Eich'
> Im grünen Vogelsang
> Und lest mir eine Jägermeß!
> Und dauert nicht zu lang.

Das reichsunmittelbare Kloster Bebenhausen geriet damit in den Machtbereich der Württemberger, die ihr Herrschaftsgebiet nicht zuletzt durch den Aufkauf von Territorien verarmter

Adelsgeschlechter arrondierten. Sie übernahmen die Schirmvogtei für das Kloster, dessen Äbte in der Folge die württembergischen Landtage besuchten und dort eine führende Position erreichen konnten. Auf Dauer brachte der Schirm der Württemberger dem Zisterzienserkloster allerdings kein Glück, sondern das Ende, da sie es mit der Reformation 1534/35 aufhoben. Die Wirren der Reformationszeit beförderten hier wie auch in anderen Klöstern die Mönche zwar für einige Zeit zurück in ihre Zellen, aber mit dem Westfälischen Frieden 1648 wurden sie endgültig daraus verwiesen, wenn sie ihrem Gelübde treu blieben. 1656 wurde in Bebenhausen eine der evangelischen Klosterschulen eingerichtet.

Wenige Jahre zuvor war der zuletzt als Hofprediger in Stuttgart tätige Johann Valentin Andreae als evangelischer Abt nach Bebenhausen versetzt worden, um das Kloster, das Dreißigjähriger Krieg und abziehende Mönche in einem desolaten Zustand hinterlassen hatten, wieder instand zu setzen und die Schule einzurichten. Gerade für Schulangelegenheiten schien Andreae der richtige Mann zu sein. In Genf war er mit dem Calvinismus in Kontakt gekommen, dessen Ideal von einem arbeitsamen und gottgefälligen Leben er übernahm. In der Folge setzte er sich für eine entsprechende Reform des Sozial- und Schulwesens ein und entwickelte sich zu einem Vordenker des württembergischen Pietismus. Seine Gedanken legte er unter anderem auch in seinem schriftstellerischen Werk nieder. Schon während seiner Studienzeit in Tübingen hatte er nach englischem Vorbild Bühnenstücke verfasst, 1616 erschien in Straßburg anonym der Roman *Chymische Hochzeit Christiani Rosencreutz*, der den Rosenkreuzermythos mitbegründete. Andreae betrachtete das Werk als Jugendsünde, der Wirkung der Schrift tat dies allerdings keinen Abbruch. 1619 veröffentlichte Andreae seinen Roman *Reipublicae Christianopolitanae descriptio*, kurz *Christianopolis* genannt, in dem er eine ideale christliche Gesellschaft entwirft. Mit *Christianopolis* schrieb Andreae den ersten utopischen Roman Deutschlands und einen der ersten bedeutenden utopischen Romane überhaupt. Bebenhausen auch nur annähernd zu einem Christianopolis zu entwickeln, war dem Theologen allerdings nicht vergönnt. Schon lange krank und des

Autor des ersten utopischen Romans in Deutschland, Begründer des Rosenkreuzermythos und Abt in Bebenhausen – Johann Valentin Andreae (1586–1654)

Links: Bebenhausener Impressionen aus nordöstlichem Blickwinkel
Rechts: Licht und Dunkel im spätgotischen Kreuzgang
von Kloster Bebenhausen

Kämpfens gegen einflussreiche Gegner müde, geriet Andreae zunehmend in depressive Stimmung und Verbitterung. Bebenhausen wurde ihm, wie er in seiner Autobiographie schreibt, zum »Kerker«, zum Ort ständiger körperlicher Schmerzen und menschlicher Enttäuschungen: »Ja, in dem litt ich, an Leib und Seele gepeinigt, was nur einer, der auf die Inseln verbannt oder in Bergwerke oder auf die Ruderbank oder zum Kampf mit wilden Tieren verdammt ist, verstehen und bemitleiden kann.« Schließlich bat er den Herzog um die Versetzung, die ihm am 25. Februar 1654 auch bewilligt wurde. Sein neues Amt als Abt in Adelberg bei Göppingen konnte Andreae nicht mehr antreten, am 22. März starb er im Alter von 67 Jahren in Stuttgart, wo er

auch seine letzte Ruhestätte fand – im Gegensatz zu seinem Urgroßvater, einem Schmied aus Waiblingen, der bei einem Besuch seines Sohnes in Tübingen verstarb und wie dieser in Bebenhausen begraben wurde.

Mehr als hundert Jahre nach Andreae war die Klosterschule in Bebenhausen längst etabliert. Etwa zwanzig Schüler wurden in zweijährigem Turnus auf ihr Studium am Tübinger Stift vorbereitet. Ab 1777 unterrichtete Joseph Friedrich Schelling zunächst als zweiter, ab 1782 als erster Professor an der Schule. Sein Sohn Friedrich Wilhelm Joseph, 1775 in Leonberg geboren, besuchte zunächst die Deutsche Schule im Kloster, ab 1784 die Lateinschule in Nürtingen, wo man ihn zwei Jahre später wieder nach Hause

Friedrich Matthisson

Links: Joseph Friedrich Schelling (1737–1812) auf einem Scherenschnitt
von Luise Duttenhofer. Rechts: Friedrich von Matthison (1761–1831)

schickte – er war seinen Mitschülern zu weit voraus. Mangels eines anderen passenden Unterrichtsorts wurde er von jetzt an in der Bebenhausener Klosterschule unterricht – für den anfangs Elfjährigen, der mit pubertierenden Sechzehnjährigen die Schulbank drückte, sicher kein leichtes Leben. Angesichts dieses schulischen Schnelldurchlaufs eines Hochbegabten verwundert es nicht, dass Schelling im Alter von vierzehn Jahren eine »Geschichte des Klosters Bebenhausen« schrieb, die »vom Ursprung bis auf die itzigen Zeiten« reichen sollte, dann aber doch Mitte des 14. Jahrhunderts endet. Das Manuskript ist verlorengegangen, nur kurze Auszüge sind überliefert. Darin beschreibt Schelling die Umgebung des »wie hingegossen liegenden Klosters«, das »im Thale sehr

tief« liege, was neben den Wäldern der Grund dafür sei, »warum hier kein so gutes Obst wächst als nur eine Stunde davon«, auch Trauben würden »eben deßwegen [...] schwerlich gerathen«. An anderer Stelle beschreibt er das Haus, in dem die Familie wohnte. Aus seiner Darstellung konnte man rekonstruieren, dass es sich um das ehemalige Abtshaus, besser bekannt als Kapffscher Bau, handeln musste: »Vor derselben [Wohnung der Familie Schelling] ist ein kleiner Hof, der vormals ein Gärtchen war. Auf dieser Seite erscheint das Haus klein. Man muß es von der andern Seite, von dem Grasgarten des Prälaten [...] aus besehen, wenn man seine wahre Größe sehen will. Es wohnen vier Familien darin, oben der Professor, inmitten der Speis- und Schulmeister, und ganz unten der Famulus.

Es ist ein überaus großes Haus. Fünf heizbare Zimmer hat es, nämlich der von den Eltern bewohnte Stock, unter welchen zwei die herrlichste Aussicht haben. Auf der einen Seite sieht man an den Wald und den schon erwähnten sogenannten Safranrein hin, auf der andern ist der eben erwähnte Garten des Prälaten. Eine herrliche Aussicht, an der ich mein Auge gar oft weide, besonders wenn die Sonne untergeht und durch die Bäume des Waldes noch so feurig durchscheint! – Schon viele selige Stunden, die ich hier genossen.« Wenig später sollten die seligen Stunden in Bebenhausen vorbei sein: Dank einer Sondergenehmigung wurde der erst fünfzehnjährige Schelling zum Studium am Tübinger Stift zugelassen. Jahre später, inzwischen war er zum Professor für Philosophie avanciert und sein Vater Prälat in Murrhardt, zeigte er seiner frisch angetrauten Ehefrau Caroline den Ort seiner Kindheit und Schulzeit. Im September 1803 schreibt diese ihrer Schwester Luise Wiedemann kurz und bündig über das Kloster: »Es liegt mitten im Walde, die Hirsche kommen und fressen einem aus der Hand.«

Lange sollte die Klosterschule keinen Bestand mehr haben, 1806/07 wurde sie ebenso wie das Klosteramt aufgelöst, die Schüler zogen nach Maulbronn um, und der Kapffsche Bau wurde zum Jagdschloss für König Friedrich I. von Württemberg hergerichtet. Der erste württembergische Herrscher, der sich dank Napoleons Gnaden König nennen durfte, trat damit in die Fußstapfen mancher Vorgänger, die sich ehedem in anderen Klöstern – zum Beispiel Hirsau und Maulbronn – herrschaftliche Jagdschlösser erbauen ließen. Friedrich Matthison, ein zu Lebzeiten viel beachteter, bald nach seinem Tod jedoch vergessener Dichter, der als Mitglied der Intendanz des Hoftheaters und Oberbibliothekar einige Jahre in Stuttgart lebte, beschrieb die prunkvolle Jagd Friedrichs, die 1812 in Bebenhausen stattfand. Dieses »Dianenfest«, bei dem südlich des Klosters auf einer Wiese neben vielen weiteren klassizistischen Versatzstücken auch ein Dianentempel aufgebaut wurde, in dem die hohen Herrschaften ihr Mittagsmahl einnahmen, habe »ungefähr zweihundert Schritte von der Stelle«

Wasser als Quelle des Lebens und Symbol der Reinheit – Wasserspeier am Brunnen im Innenhof von Kloster Bebenhausen

stattgefunden, »wo der zierlich durchbrochene gothische Kirchthurm vom alten Exkloster *Bebenhausen* [...] als eine wahrhaft malerische Zierde der herrlichen Landschaft, welche das *Bebenhauser*-Thal mit seinen reichbewaldeten Berglehnen bildet, sich ehrwürdig erhebt.«

Eduard Mörike fand Matthisons Schilderung »so merkwürdig, daß ich sie mir herausschreiben mußte«. Dies geschah im Dezember 1864, einundhalb Jahre nachdem der Dichter sich für mehrere Wochen in Bebenhausen aufgehalten hatte, um sich von einer verschleppten Lungenentzündung zu erholen. Es war nicht Mörikes einziger Aufenthalt und einzige Berührung mit dem Kloster. Großvater und Vater drückten hier die Schulbank, sein Schwager absolvierte 1848 ein Forstreferendariat, und 1833 überlegte Mörike, dem Vorschlag seiner damaligen Verlobten Luise Rau folgend, sich auf das freigewordene Pfarramt von Lustnau und Bebenhausen zu bewerben – eine Aussicht, auf die hin ihm »ein neues Licht aufzustehen« schien, das aber schon bei der ersten Erkundigung wieder ausging. Aus dem Jahr 1825 ist eine Wanderung des Studenten von Tübingen nach Bebenhausen belegt, es dürfte nicht die einzige gewesen sein. Die Tübinger Studenten begaben sich gerne zu den alten Gemäuern, und zwar auch dann noch, wenn sie gar keine Studenten mehr waren. 1834 etwa nahm Ludwig Uhland, häufiger Gast in Bebenhausen, einen seiner Besucher, den Philologen und Dichter der deutschen Nationalhymne, August Heinrich Hoffmann von Fallersleben, mit hinaus zum Kloster. Bei dem Norddeutschen scheint es allerdings keinen besonderen Eindruck hinterlassen zu haben, erwähnt er in seiner Lebensbeschreibung doch nur, dass er zusammen mit Uhland und dessen Frau in das ehemalige Ziesterzienserkloster gefahren sei.

Möglicherweise war ja Bebenhausen damals auch gar nicht so beeindruckend, denn nachdem große Jagden keine Konjunktur mehr hatten, waren die Gebäude an Privateigentümer veräußert und zunehmend dem Verfall preisgegeben worden. Erst Mitte des 19. Jahrhunderts wurden sie nach und nach zurückgekauft. König Karl begann mit seinem Amtsantritt 1864 die Gebäude in Stand zu setzen und zu modernisieren. König und Königin richteten sich im ehemaligen Jagdschloss, dem Kapffschen Bau, ein, im Dormitorium hielt der Hofstaat Einzug und mancher Klausurraum wurde zum Festsaal umgewidmet – neogotische Elemente sollten für das damals so beliebte Mittelalterambiente sorgen.

Nicht das Mittelalter und nicht das königliche Treiben, sondern die wunderbare, heilsame Ruhe, die in Bebenhausen (noch) herrschte, zog den schon etwas altersmüden Eduard Mörike an den Rand des Schönbuchs. Die schwierigen häuslichen Verhältnisse, das Schwert der Trennung, das über seiner Ehe hing, sowie die alltäglichen Verpflichtungen waren Grund genug für die Flucht aus dem Alltag, hinzu kamen noch Kränklichkeit und Mörikes Bedürfnis, dem Stadtleben

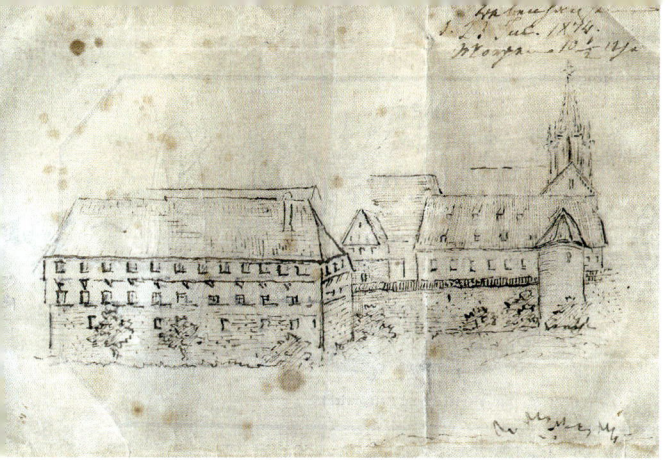

Bilder aus Bebenhausen – eine Federzeichnung Mörikes vom Kloster und das Profil Eduard Mörikes (1804–1875) auf einem Scherenschnitt von Luise Walther, beide aus dem Jahr 1874

zu entfliehen. Da traf es sich gut, dass Karl Wolff, Freund und Vorgesetzter am Stuttgarter Katharinenstift, an dem Mörike zwei Stunden in der Woche den Schülerinnen Literaturunterricht erteilte, einen Landsitz in Bebenhausen sein Eigen nannte und Mörike die Gästezimmer im westlichen Obergeschoss zur Verfügung stellte. Das Haus, nördlich des Friedhofs zwischen dem inneren und äußeren Mauerring gelegen (heute Böblinger Straße 15) und ehemals wohl als Taverne genutzt, hatte Wolff von seinem Schwiegervater, dem Naturforscher Karl Friedrich Kielmeyer, geerbt. In seiner schlichten Eleganz erinnerte es Mörike an die Pfarrhäuser in Bernhausen und Cleversulzbach. Er reiste am 28. August zusammen mit seiner Schwester Klara und seiner achtjährigen Tochter Marie via Tübingen aus Stuttgart an. Während ausgepackt wurde, unternahm er einen kurzen Spaziergang und empfand eine »erste Augen- und Seelen-

weide am Kloster«. Es folgten Tage des Umherstreifens in- und außerhalb der Mauern. Der Jordan fand höchstes Lob: »Derselbe verdient wahrhaftig seinen Ruhm!« Mörike, seine Schwester und seine Tochter warfen »begierige Blicke durchs Gitter in das Sommerrefectorium« und entdeckten im Brunnenhaus des Kreuzgangs unter der Konsolfigur des Eulenspiegels den in die Wand gravierten Namen eines ehemaligen Schülers namens »Beyer H[ospes]« sowie die Angaben »1752 Neyffen [Neuffen]«. Die Freude war groß, handelte es sich dabei doch um Mörikes Großvater mütterlicherseits.

Dieser Eulenspiegel fand in einem Distichon mit dem Titel *Ebendaselbst* Eingang in Mörikes Dichtung: »Eulenspiegel am Kreuzgang, was? der verruf'ne Geselle / Als Gurtträger? Und wem hält er sein Spiegelchen vor? / Einem entrüsteten Mönch, der ganz umsonst sich ereifert; / Immer nur lachet der Schalk, weis't ihm die

Links: Der Schalk Eulenspiegel und Mörikes Großvater, verewigt im Brunnen-haus. Rechts: Das Feriendomizil Mörikes in der Böblinger Straße

Eule und lacht.« Nicht nur der Eulenspiegel wird mit Versen bedacht; sei es die Einheit von Kunst und Natur, die das lyrische Ich hier findet, seien es Brunnenhaus, Kapitelsaal oder Sommerrefektorium, die Schlafzellen, der Glockenturm oder der Kirnberg, Mädchen am Waschtrog, die Idylle eines Sommernachmittags oder die Unmöglichkeit, die Schönheit des Ganzen mit dem Stift auf den Skizzenblock zu bannen – Mörike hielt die Eindrücke aus jenen ruhigen Herbsttagen in einem Zyklus aus elf Distichen, den *Bildern aus Bebenhausen*, fest, der zu den besten Werken seiner Spätzeit gerechnet wird und lyrischer Ausdruck des »stündlich lebhaft angeregten Interesses an Allem was uns hier umgiebt« ist. Mörike ließ aber nicht nur die Baulichkeiten auf sich wirken, sondern befasste sich auch mit der Historie des Klosters und dem

Mittelalter. Aus der gut ausgestatteten Bibliothek des Hauses holte der Dichter sich unter anderem die Briefe Ulrich von Huttens, und sein Gastgeber, der im Begriff war, eine allerdings nie fertiggestellte Geschichte Bebenhausens zu verfassen, schickte ihm sein Manuskript zur Lektüre. Die Wirkung der Ausflüge in die Geschichte auf Mörike scheint ambivalent gewesen zu sein. Sie leisteten zwar »jenem mittelalterlichen Zug den größten Vorschub«, wollten ihm aber andererseits »weil ichs im Übermaß, in dieser Abgeschiedenheit u. im täglichen unmittelbaren Anblick solchen Alterthums genoß (– das Kloster liegt nur ein paar Schritte vor unsern Fenstern –) den Kopf vollends verdüstern [...]. Ich wurde ganz schwer u. einsilbig, so daß die Clara sagte, sie habe mich nie so verpelzt und verduselt gesehn.«

Am 15. Oktober 1863 reiste Mörike wieder zurück nach Stuttgart, zurück in das aufreibende Leben. Es sollte lange dauern, bis er wieder den Weg nach Bebenhausen fand, aber er fand ihn. An Wilhelm Hemsen schreibt er am 9. Juni 1874:»So säß ich denn zum erstenmale wieder seit 11 Jahren hier, im Angesicht des Klosters, dessen schöner Thurm mir auf zwei Hundert Schritte in das Fenster sieht, höre die alten Glocken wieder schlagen, den Gukukruf vom nahen Buchenwald herüber, und komme eben aus dem Garten, auf dessen oberster Terrasse ein langer schmaler Weg an einem niedern Mäuerchen hingeht, das seiner ganzen Länge nach mit Pfingstnelken bewachsen ist, welche die frische Morgenluft durchwürzen. Es ist halt einzig hier!« Und einen Tag später jubelt Mörike: »Wir sind halb wie im Himmel hier – (*halb* aber ist für einen Erdenmenschen ja wahrlich mehr als genug).« Die Briefempfänger, Wolffs Pflegetochter Luise und deren Mann Franz Walther, gesellten sich in den letzten Tagen der bis 25. Juli dauernden Sommerfrische zu dem Dichter, der wieder in Gesellschaft von Tochter Marie und Schwester Klara angereist war. Luise Walther, die schon Scherenschnitte für Mörikes *Hutzelmännlein* verfertigt hatte, hielt in jenen Tagen den Dichter und nicht nur ihn mit ihrer spitzen Schere auf Tonpapier fest. Ganz schwerelos verliefen diese Sommerwochen allerdings nicht: Die geplante Überarbeitung des zweiten Teils vom *Maler Nolten* wollte nicht so recht voran, dem Dichter fehlte es an Konzentration und Ar-

beitsstimmung, jedes »lebhaftere Gespräch«, Briefe und Besuche rissen ihn laut Klara Mörike heraus. Und Besuche gab es nicht wenige. Als Erster sprach Wilhelm Pressel, der Pfarrer von Lustnau und Bebenhausen, vor und fand Mörikes Gefallen: »Er ist Schriftsteller, Verfasser eines urchristlichen Romans, an welchem er zuweilen hier in einer Ecke des Klosters arbeitet.« Der erste Band dieses dreiteiligen Romans – *Priscilla an Sabina. Briefe einer Römerin an ihre Freundin aus den Jahren 29–33 n. Chr.* – erschien in eben diesem Bebenhauser Jahr Mörikes, 1885 veröffentlichte Pressel auch ein Bändchen mit Romanzen zur Geschichte Bebenhausens. Seinen Bruder Gustav kannte Mörike schon mindestens seit den 1850er-Jahren, der Dichter hatte den Komponisten bei seiner Oper *Der Schneider von Ulm* beraten, dieser mehrere Mörike-Lieder vertont. Wilhelm Pressel blieb nicht der einzige Besucher, gegen Ende von Mörikes Aufenthalt kam Marie Kurz mit ihrer Tochter Isolde aus Tübingen. Mörike hatte der Frau seines ein Jahr zuvor verstorbenen Schriftstellerkollegen und Freundes Hermann Kurz Briefe aus dessen Jugendzeit mitgebracht. Während die Mutter es dabei bewenden ließ, »einen schönen Tag in Bebenhausen« verbracht zu haben, ging die Tochter in der Biographie ihres Vaters näher auf den Besuch ein. Die Gesellschaft saß »im Grünen auf Bänken und Stühlen um einen verwitterten Holztisch«, und Mörike unterhielt sie »in der besten Laune, mitteilsam und voll schalkhaften Humors, der in vielfarbigen Lichtern spiegelte« mit »drolligen Geschichten«. Beim Abschied verabredeten sie ein Treffen fürs nächste Jahr, doch Mörike sollte weder Kurzens noch sein »frühgeliebtes Bebenhausen [...], dessen romantische Lage und edler Klosterbau es ihm angetan haben«, mehr sehen, er verstarb am 7. Juni 1875 in Stuttgart.

Die Renovierungs- und Umbauarbeiten, die der König in Bebenbausen veranlasste, waren mittlerweile in vollem Gange, und auch nach dem Tod Karls 1891 änderte sich daran nichts. Sein Neffe, König Wilhelm II., hielt sich mit seiner Familie gerne hier auf und trieb die Modernisierung weiter voran. Er sollte, ohne es zu wissen, gut daran tun, denn nach dem Sturz der Monarchie im November 1918 wurde dem ehemaligen König, der nun den schlichten Titel eines Herzogs von Württemberg trug, erlaubt, das Schloss auf Lebenszeit zu bewohnen. 1921 starb er hier, seine Witwe Charlotte folgte ihm im Jahr 1946. Nach ihrem Tod schlug bis zur Gründung Baden-Württembergs im Jahr 1952 der Landtag des Interimslandes Württemberg-Hohenzollern seine Zelte innerhalb der klösterlichen Mauern auf.

Kurz vor Ende des Zweiten Weltkriegs hatte es einen weiteren Literaten nach Bebenhausen verschlagen, den Literaturkritiker und Schriftsteller Friedrich Sieburg. Er kam 1944 nach der Scheidung von seiner zweiten Frau, mit der er in Rübgarten (Pliezhausen) gewohnt hatte, hierher, wo er unter dem Namen Seefried lebte, bis ihn im November 1945 die franzö-

sische Besatzungsmacht für mehrere Monate wegen seiner politisch fragwürdigen Vergangenheit inhaftierte und mit Schreibverbot belegte. Nach seiner Rückkehr verließ er Bebenhausen Richtung Tübingen, ab 1948 durfte er wieder schreiben. Vier Jahre später wandte er sich gegen den »literarischen Unfug« der nur wenige Nummern überlebenden Zeitschrift *Die Literatur* und ihrer Herausgeber, zu denen Hans Werner Richter und Walter Jens zählten. *Die Literatur* war als Organ der Autoren der Gruppe 47 gedacht, eines nach Meinung Sieburgs »privaten Zusammenschlusses, der an sich kein öffentliches Interesse bietet«.

Die literarisch interessierte Öffentlichkeit sah und sieht das anders, der Gruppe 47 und ihren Autoren gilt bis heute große Aufmerksamkeit. Ihre zweimal im Jahr abgehaltenen legendären Zusammenkünfte fanden auf Anregung Martin Walsers im Oktober 1953 und Oktober 1955 in Bebenhausen statt. Laut Toni Richter, der Frau Hans Werner Richters, der die Gruppenmitglieder alljährlich einlud, hatte Walser den Ort empfohlen: »Wohl wegen der bunten Wälder im Oktober, denn der Gasthof war teuer und das Essen nicht gut, wie einige Schriftsteller sagten.« Zu denen, die 1953 mit von der Partie waren, gehörte Ingeborg Bachmann, die aber den Preis der Gruppe 47 nicht im Herbst in Bebenhausen erhielt, wie immer wieder behauptet wird, sondern im Frühling 1953 in Mainz. 1955 lasen die erst kurz zuvor zur Gruppe gestoßenen Günter Grass und Carl Amery, und Helmut

Ausschnitt aus dem laut Eduard Mörikes Bildern aus Bebenhausen »unendlichen Netz« der »schlanken Pfeiler« im Bebenhausener Sommerrefektorium

Heißenbüttel erhielt das Angebot, als Lektor zum Claasen Verlag nach Hamburg zu gehen.

Nicht nur lebende Literaten, auch verstorbene kamen in Bebenhausen zusammen. Ab 1943 befand sich als Dependance der Württembergischen Landesbibliothek im Westflügel des Klosters das Hölderlin-Archiv. Um 1945 lernte der leitende Direktor der Landesbibliothek, Wilhelm Hoffman, den Lyriker und Industriellen Robert Boehringer kennen, der den Nachlass Stefan Georges verwaltete und sich mit dem Plan einer George-Stiftung und eines George-Archivs trug. Darüber hinaus hatten Boehringer und Hoffmann zusammen mit Robert Boehringers Bruder Erich und Cousin Ernst die Idee, in Bebenhausen ein »weltliches Kloster« einzurichten, in das sich Wissenschaftler, Wirtschaftsleute, Politiker und Künstler für einige Zeit zurück-

ziehen konnten, denn, so Hoffmann, »heute in der Zeit des Nützlichen, des Effektiven, der Spezial- und Einzelforschung brauchen wir Einrichtungen ganz anderer Art. Wir müssen den Mut zu etwas rein Unnützlichem aufbringen, zu Stätten der Muße«. Der Plan eines weltlichen Bebenhauser Klosters konnte nicht verwirklicht werden, realisiert wurden dagegen George-Archiv und -Stiftung. Hoffmann schlug als Sitz das Deutsche Literaturarchiv Marbach vor, Boehringer, der 1949 ein Gedicht mit dem Titel *Bebenhausen* geschrieben hatte, aber wollte »mit dem Archiv zu Hölderlin und nach Bebenhausen«. Sein Wunsch wurde erfüllt: Georges Archivalien fanden von 1959 an ihre Ruhe neben Hölderlins Archivalien. 1970 wurden beide Archive in den Neubau der Württembergischen Landesbibliothek verlegt – weg aus Bebos gastfreundlichem Haus.

Blaubeuren

Wo Literaten in Scharen flügge wurden

Sei mir gegrüßt, Du Felsenthal der Alp! Du blauer Strom, an welchem ich drei lange Jahre hauste, die Jahre lebte, die den Knaben zum Jüngling machen. Sei mir gegrüßt, du klösterliches Dach, Du Kreuzgang mit den Bildern verstorbener Äbte, Du Kirche mit dem wundervollen Hochaltar, ihr Bilder alle in schönes Gold des Morgenrothes getaucht! Seid mir gegrüßt, ihr Schlösser auf den Felsen, ihr Höhlen, ihr Thäler, ihr grünen Wälder! Jene Thäler, jene Klostermauern waren das enge Nest, das uns aufzog, bis wir flügge waren, und ihrer rauhen Alpluft danken wir es, daß wir nicht verweichlichten.« Vier Gläser eines edlen Weines und eine Nacht, in der die Weingeister Schlag zwölf zum Leben erwachen, braucht es, um in der 1827 erschienenen Novelle *Phantasien im Bremer Ratskeller* die Erinnerungen des Erzählers an die Schulzeit heraufdämmern zu lassen. Es sind die Erinnerungen des Autors Wilhelm Hauff, der nach bestandenem Landexamen das theologische Seminar im Kloster Blaubeuren besucht hatte, das sich als wahre Brutstätte für zukünftige Literaten erwies.

Ursprünglich war die Gründung des Klosters an einem anderen Ort geplant. Die Stifter, Graf Anselm und Hugo von Tübingen sowie Graf Sigiboto von Ruck, wollten es in Egelsee bei Feldstetten erbauen lassen, was aber an Wassermangel scheiterte. Sie entschieden sich schließlich zugunsten Burrons (Beurens) an der Blau, wo um 1085 der aus Hirsau stammende Gründungskonvent in die seit dem 7. Jahrhundert bestehende Pfarrkirche St. Johannes einzog. An Wasser mangelte es hier nicht, ganz im Gegenteil. Das Kloster wurde in unmittelbarer Nähe zum mehr als 20 Meter tiefen Quelltopf der Blau erbaut, nach dem Aachtopf die größte Karstquelle Deutschlands. Die Stifter scheinen ebenso wenig wie der Gründungskonvent unter Abt Azelin Angst vor Hochwasser gehabt zu haben, wie sonst hätten sie ihr Kloster so nah an das legendäre, intensiv blaue Gewässer bauen können. Glaubt man dem Stuttgarter Regierungsrat Karl Doll, der 1883 in seinen *Schwäbischen*

»Du Kreuzgang mit den Bildern verstorbener Äbte« – zwei poetische Seiten des Kreuzgangs der Benediktinerabtei und Seminarschule Blaubeuren

Balladen auch ein Gedicht mit dem Titel *Am Blautopf* veröffentlicht hatte, standen den Klosterherren allerdings wertvolle Mittel zur Beschwichtigung der wallenden Wasser zur Verfügung:

Steht still im Felsenrunde
Der See der schönen Lau,
Tief taucht zu seinem Grunde
Hinab des Himmels Blau;
Doch blinkt im Monde nächtig
Die Flur wie goldner Schnee,
Dann weht es zaubermächtig
Wie nur am Herthasee.

Heut aber welch ein Toben!
Hoch schwillt und zischt die Fluth,
Sie hat das Haupt erhoben
In wild empörter Wuth;
Sie gähret und gewittert
Im trüben Wogenschaum.
Das arme Kloster zittert
An seinem Ufersaum.

Schon überwallt mit Brausen
Des Kraters feuchter Schwall,
Der Städter sieht mit Grausen
Anstürzen die Wasser all.

Wie säumt ihr, Mönche, lange!
Wir sterben allzumal!
Da wird es laut im Gange,
Aufthut sich das Portal.

Es wallt bedächtger Weise
Die Brüderschaft hervor,
Hoch hält der Abt, der greise,
Den heilgen Leib empor;
Das Rauchfaß wird geschwungen
Mit Sang und Segenswort.
Die Wasser, unbezwungen,
Sie rauschen, rasen fort.

Nun heischen goldne Becher
Der Prior und der Abt,
Wie königliche Zecher,
Sie besser nicht gehabt:
Nimm hin denn in der Tiefe
Dein Opfer, grimme Fee! –
Als ob er ewig schliefe,
stand still und blau der See.

Das Gedicht nimmt ein typisches Motiv aus den vielen Sagen auf, die sich um den Blautopf ranken. Ob das Blaubeurer Benediktinerkloster wirklich so reich war, dass man locker goldene Be-

Wo Klosterschüler pauken – Blick von Osten auf das Evangelische Seminar Blaubeuren mit der Kirche des ehemaligen Benediktinerklosters

cher, wie sie einem König geziemt hätten, in den Tiefen des Blautopfs hätte versenken können, ist zu bezweifeln. Es mag durch zahlreiche Schenkungen vor allem in den Gründungsjahren gut ausgestattet gewesen sein, zu den wirklich reichen Klöstern aber hat es nie gehört.

1089/99 wurde es dem Schutz des Heiligen Stuhls unterstellt, 1124 konnte die Klosterkirche geweiht werden, und um 1175/78 tauchte in einer Urkunde zum ersten Mal der Name Blaubeuren oder vielmehr »Blaubuiron« auf. In ebendieser Urkunde finden sich vermutlich auch erste literarische Spuren, die zwar noch nicht direkt ins Kloster führen, doch in dessen unmittelbare Nähe. Ein »Heinricus miles de Rugge« wird hier genannt, Angehöriger eines Ministerialengeschlechts im Dienst der Pfalzgrafen von Tübingen, das hoch über Blaubeuren auf der inzwischen weitgehend abgetragenen Burg Ruck residierte. Mit großer Wahrscheinlichkeit ist der hier als Zeuge bei einer Güterübertragung aufgeführte Heinricus de Rugge identisch mit dem Minnesänger Heinrich von Rugge, der im Jahr 1190 in einem Kreuzzugsleich den Tod des Stauferkönigs Friedrich I. beklagte und großes Ansehen bei seinen jüngeren Dichterkollegen besaß.

Während Heinrich von Rugge vielleicht oben in seiner Burg von der Minne sang, saßen unten im Kloster Mönche und fertigten für die Klosterbibliothek Abschriften von geistlichen Büchern an. Angeblich 150 handschriftlich verfasste Bände hatte der Gründungskonvent aus Hirsau mitgebracht, um im neuen Kloster Musterbeispiele geistlicher Lektüre zur Hand zu haben. Die Nachfolger vermehrten den Bestand redlich. Anfang des 16. Jahrhunderts legte Christian Tubingius, der letzte katholische Abt Blaubeurens, ein Verzeichnis der in der Bibliothek befindlichen Bücher an und zählte 395 Bände. Einer seiner Vorgänger, der wohl berühmteste Blaubeurer Abt, Heinrich III. Fabri, machte sich um das Buchwesen in besonderem Maße verdient. Er ging nicht nur als Berater des württembergischen Herzogs Eberhard im Bart, als maßgeblicher Mann bei der Gründung der Universität Tübingen und einer der Bauherren beim Neubau des Klosterkomplexes in die Geschichte ein. 1475 holte der Abt mit Conrad Mancz auch einen Buchdrucker nach Blaubeuren, der der Erste sein sollte, der die neue und so revolutionäre Technik Johannes Gutenbergs, der sieben Jahre zuvor gestorben war, in Alt-Württemberg anwandte.

1447 verkaufte Graf Konrad von Helfenstein zusammen mit diversen Besitztümern die Vogtei über Kloster Blaubeuren an die Grafen von Württemberg. Es war nicht der erste Verkauf der Vogtei, aber sicher der einschneidendste, führte er doch während der Reformation und mit dem Wechsel Herzog Ulrichs zum Protestantismus zur Auflösung des Klosters, Vertreibung des Konvents und 1556 zur Einrichtung einer evangelischen Klosterschule.

Zuvor noch, als in Württemberg die Pest immer stärker wütete, wurde 1530 ein Teil der Universität Tübingen nach Blaubeuren verlegt. Unter den Ausgelagerten befand sich der gebürtige Heidelberger Theodor Reysmann. Der Melanchthon-Schüler war unmittelbar vor der Evakuierung der Universität nach Tübingen gekommen, wo er bis 1534 vermutlich den Lehrstuhl für Dichtung und Redekunst innehatte. Ebenfalls 1530 war er auf dem Reichstag von Augsburg von Erzherzog Ferdinand zum Poeta laureatus gekrönt worden, eine hohe Auszeichnung, die als einer der ersten 1341 Petrarca erhalten hatte. Reysmann war im Übrigen, zieht man das Geschlecht nicht in Betracht, nicht der einzige lorbeergekrönte Dichter in Blaubeuren: 1743 wurde

Magdalena Sibylle Rieger von der Universität Göttingen kraft des von Kaiser Karl VI. verliehenen Privilegs für ihre geistlichen Gedichte zur Poeta laureata gekürt. Die 1701 in Maulbronn geborene Tochter des Theologen Philipp Heinrich Weißensee war 1708 mit ihrer Familie nach Blaubeuren gezogen. Hier heiratete sie 1723 den Stadt- und Amtsvogt Immanuel Rieger, dem sie 1731 nach Calw und schließlich Stuttgart folgte, wo sie 1786 verstarb.

Doch zurück zu Reysmann: Während des mehrmonatigen Aufenthalts in Blaubeuren wurde er zu dem auf Lateinisch verfassten, hier in Überset-

Hochehrwürdige Berühmtheit und Förderer des Buchwesens – Relief des Abts Heinrich III. Fabri († 1493) am Hochaltar der Blaubeurer Klosterkirche

zung zitierten Werk *Fons blavus* inspiriert, das er im darauffolgenden Jahr im nahen Ulm drucken ließ. In seinem Loblied besingt er unter reichlicher Verwendung von Zitaten aus der antiken Literatur die »klarste unter den schönen Quellen«, die »Blauquelle«. Im Anschluss wendet er sich dem » aus Parischem Marmor gebauten Kloster« zu, in dem sich »eine göttliche Ausstattung findet [...], eine Bibliothek mit ausgesuchten Büchern. Dennoch sieht man sie von Trauer überzogen: an ihrem Platz sitzen die Musen mit Staub und Moder bedeckt.« Es folgt eine ausführliche Klage über die Missachtung der Musen und der antiken Gelehrsamkeit durch den Konvent. Nach Kloster und Kirche gilt das Interesse des Autors den Einwohnern der Stadt und der umliegenden Gehöfte. Mitten im Dreißigjährigen Krieg, während marodierende Soldaten, Hunger und Pest wüten, zeichnet Reysmann das Bild eines wahren Paradieses. Die Menschen leben in Harmonie und Eintracht ein einfaches, aber glückliches Leben und sind reichlich mit Genüssen der Natur gesegnet. Bei aller Idylle vermittelt Reymanns *Fons blavus* dennoch ein eindringliches Bild vom damaligen Blaubeuren, vom Blautopf und dem Kloster, vom Leben der Bewohner, vom Artenreichtum der Tierwelt und von der Schönheit der Landschaft. Am Ende steht ein Wunsch, der bis zu einem gewissen Grad in Erfüllung gehen sollte: »Freilich bist du, Blau, wert, in einem größeren Lied besungen zu werden, die du in königliche Gewässer [Donau und Meer] fließt.«

Genau diese Verbindung der Blau zu Donau und Schwarzem Meer sollte tatsächlich in einem größeren Lied von der Blau besungen werden, nämlich in Eduard Mörikes 1853 veröffentlichter *Historie von der schönen Lau*. Die schöne Lau, Wasserfrau edler Abkunft, wurde von ihrem Mann, dem alten Donaunix, aus dem Schwarzen Meer an die Obere Donau verbannt, weil sie nur tote Kinder zur Welt brachte, und haust nun im Blautopf. Die immer Traurige soll von dem auf ihr lastenden Fluch, eben dieser Traurigkeit, erlöst werden, wenn sie fünfmal lacht, was aber trotz aller Bemühungen ihres Gefolges nicht gelingen will. Erst Bertha Seysolffin, die Wirtin vom Blaubeurer »Nonnenhof«, entlockt zusammen mit ihren Leuten der Wasserfrau das notwendige Lachen. Mörike spielte in der *Historie von der schönen Lau* wie überhaupt im *Stuttgarter Hutzelmännlein*, in das die Geschichte der Wasserfrau eingebettet ist, gekonnt mit Elementen aus Volksmärchen und Sagenwelt und schuf dabei ein Kunstmärchen, dem manche Zeitgenossen, darunter auch Ludwig Uhland, nicht abkaufen wollten, dass es nicht auf kräftigen Anleihen bei einer alten Sage oder Chronik beruhe. Neben mundartlichen Wendungen, Sprichwörtern und alten Versen sind es vor allem die Anspielungen auf die realen Örtlichkeiten, die dem Märchen einen besonderen Reiz verleihen. So setzt die *Historie* mit einer Beschreibung des Blautopfs ein, der »der große runde Kessel eines wundersamen Quells bei einer jähen Felswand gleich hinter dem Kloster [ist]. Gen Morgen sendet er ein

*Die poetischste Bewohnerin des Blautopfs – Mörikes »schöne Lau«,
Steinskulptur geschaffen 1951 von Fritz von Graevenitz, aufgestellt 1969*

Flüßchen aus, die Blau, welche der Donau zufällt. Dieser Teich ist einwärts wie ein tiefer Trichter, sein Wasser ist von Farbe ganz blau, sehr herrlich, mit Worten nicht wohl zu beschreiben; wenn man es aber schöpft, sieht es ganz hell in dem Gefäß.« Einmal im Monat taucht die schöne Lau im Brunnen des Nonnenhofs auf, der dort offen im Keller liegt; sie kommt »Gekrochen und geschwommen, / Durch Gänge steinig, wüst und kraus, / Zur Wirtin in das Nonnenhaus.« Bei diesen Versen denkt der Leser sofort an das riesige und geheimnisumwitterte Höhlensystem, das bis heute vor allem vom Blautopf aus erforscht wird und schon lange vor Mörike die Menschen anzog, wie nicht nur steinzeitliche Funde, sondern auch Reysmanns *Fons blavus* beweist, in dem eine große Hallenhöhle, vermutlich der Hohle Fels,

erkundet wird. Auch das Kloster selbst wird bei Mörike nicht ausgespart, die ganze Klosterwelt wird sozusagen mit einem einzigen Kuss eingefangen: Als die schöne Lau zum zweiten Mal lacht, lacht sie über einen Traum, in dem der Abt des Klosters die in eine dicke Wasserfrau verwandelte Wirtin so »mächtig« küsst, dass »es vom Klostertürmlein widerschallte, und schallte es der Turm ans Refektorium, der sagt' es der Kirche und die sagt's dem Pferdstall und der sagt's dem Fischhaus und das sagt's dem Waschhaus und im Waschhaus da riefen's die Zuber und Kübel sich zu«.

Hermann Hesse begab sich 1925 auf die literarische Spurensuche nach der schönen Lau und veröffentlichte seine Eindrücke zwei Jahre später in dem Prosastück *Die Nürnberger Reise*. Ein Freund aus Maulbronner Schultagen, Wilhelm Häcker, der inzwischen am Blaubeurer Seminar unterrichtete, hatte ihn eingeladen, und der Schriftsteller war gern gekommen: »Nein, es war nicht nur die Freundschaft oder gar die Artigkeit, die mich jenes Versprechen geben ließ, es war noch etwas anderes dahinter, es steckte hinter dem Namen ›Blaubeuren‹ ein Reiz und Geheimnis, eine Flut von Anklängen, Erinnerungen und Lockungen. Blaubeuren, das war erstens ein liebes altes schwäbisches Landstädtchen und war der Sitz einer schwäbischen Klosterschule, wie ich selber als Knabe eine besucht hatte. Ferner gab es in Blaubeuren und in ebenjenem Kloster berühmte und kostbare Sachen zu sehen, namentlich einen gotischen Altar. [...] Erst viel später kam ich mit dem Verstand dahinter und konnte feststellen, daß es der Anblick des Blautopfs und der schönen Lau und ihres Bades im Nonnenhofkeller war, wonach ich Wünsche hegte, und daß aus dieser Quelle meine Bereitwilligkeit zu einer Reise nach Blaubeuren floß.« Zwei Tage blieb Hesse, er schwelgte in schwäbischen Kindheits- und Schulerinnerungen, besuchte den Blautopf und ließ sich ungeduldig in den vermeintlichen Nonnenhofkeller führen, damals wurde das Bandhaus im Klosterhof dafür gehalten, wo er enttäuscht feststellen musste, dass das einstige Bad der schönen Lau von einem »verfluchten Zementflecken« zugedeckt wurde. Enttäuscht besuchte er lieber die »Denkmäler frömmerer Zeiten« wie »den berühmten Altar, das Chorgestühl, die entzückenden Gewölbe,

den Kapitelsaal, die Grabmäler«. Dass er statt des »rührend drolligen Denkmals eines früheren Königs« keine Denkmäler von Hölderlin und Mörike vorfand – die von dem Bildhauer Fritz von Graevenitz geschaffene Plastik der schönen Lau steht erst seit 1969 am Ufer des Blautopfs – bedauerte Hesse nicht: »Es war begreiflich, immer hatten die Schwaben mehr Dichter als Könige gehabt.«

Viele dieser Dichter gingen aus den evangelischen Klosterschulen hervor, aber nicht alle, selbst Hesses diesbezügliche Erfahrungen waren bei aller Intensität eher rudimentär. Der berühmteste »Fall«, der sich außerhalb der unmittelbaren Blaubeurer Klostermauern und Klosterschule abspielte, war der von Christian Friedrich Daniel Schubart. Schon lange war der scharfzüngige Schriftsteller und Musiker Herzog Carl Eugen von Württemberg ein Dorn im Auge. Vordergründig wegen seines anstößigen Lebenswandels war er 1773 des Landes verwiesen worden und hatte sich 1775 in der freien Reichsstadt Ulm niedergelassen. Von diesem vermeintlich sicheren Terrain aus gab er seine vielbeachtete Zeitschrift *Deutsche Chronik* heraus, in der er unter anderem auch politische Missstände geißelte. Dem Herzog war das entschieden zu viel des Guten, wie in einem herzoglichen Dekret vom 18. Januar 1777 zu lesen ist, in dem der Blaubeurer Oberamtmann Philipp Friedrich Scholl aufgefordert wurde, Schubart von Ulm nach Blaubeuren zu locken, wo er festgenommen werden sollte. Obwohl ein rechtswidriges Unternehmen – Schubart war als gebürtiger Obersontheimer und Einwohner von Ulm kein Untertan des Herzogs – folgte Scholl dem Befehl und lud Schubart ein, der arglos auf württembergisches Gebiet mitreiste. Rückblickend erzählt er in seiner Autobiographie: »Zwei auf Gebürgen stehende zerstörte Schlösser, dicht bei *Blaubeuren*, wekten meine Fantasie, und ich streifte eben in den heroischen alten Zeiten des alten Deutschland herum, als der Schlitten hielt und ich von meinem Begleiter in sein Zimmer geführt wurde.« Kurz darauf öffnete sich die Tür, Schubart wurde festgenommen und ohne Begründung oder Gerichtsverfahren auf der Festung Hohenasperg ins Verließ geworfen. Zehn Jahre zum Teil strengster Festungshaft sollte es dauern, bis der Herzog den weit über sein Land hinausreichenden Protesten nachgab und Schubart wieder freiließ. Das verhängnisvolle Amtszimmer befand sich im Haus des Blaubeurer Oberamtmanns, heute Klosterhof 8; 1990 wurde es als »Schubart-Stube« zu einem Gedenkraum eingerichtet.

Dort findet der Besucher nicht nur Erinnerungsstücke an die umstrittene Verhaftung, sondern auch Reminiszenzen an Agnes Sapper. 1875 war sie nach ihrer Hochzeit mit dem Blaubeurer Stadtschultheiß Eduard Sapper in die Blautopfstadt gezogen. Die gebürtige Münchner Juristentochter war an eine intellektuelle, liberale und Themen wie der Frauenfrage gegenüber aufgeschlossene Umgebung gewöhnt, die Umstellung auf eine schwäbische Landstadt fiel ihr nicht leicht. Zwar

Heimtückische Verhaftung Christian Friedrich Daniel Schubarts im Haus des Blaubeurer Oberamtmanns, Titelkupfer aus Schubarts Leben und Gesinnungen, 1793

gab sie sich tapfer, lobte in ersten Briefen »die treuherzige schwäbische Art, die das erste Eingewöhnen sehr erleichtert«, überstand innerhalb von drei Tagen vierundsechzig Antrittsbesuche und fand Erholung bei Streifzügen in die Natur: »Wie bezaubernd schön sind diese Buchenwälder, diese

Froh, aus Blaubeuren wegzukommen – Agnes Günther (1863–1911),
Autorin des Romans Die Heilige und der Narr, auf einer Werbepostkarte
des Verlags Steinkopf

ganz stillen Wiesengründe mit ihrer Blumenpracht«. Die Sehnsucht nach der kultivierten Großstadtwelt ihrer Kindheit und Jugend aber blieb. Während einer Diphtherie-Epidemie verloren Agnes Sapper und ihr Mann zwei ihrer drei kleinen Söhne, ein Verlust, der in ihnen den Wunsch weckte, die Stadt am Blautopf zu verlassen. Mit Erleichterung siedelten sie 1882 nach Neckartailfingen über, weitere Umzüge nach Esslingen und Calw folgten. Kurz nach ihrem Wegzug aus Blaubeuren beteiligte sie sich mit einer ersten Erzählung an einem literarischen Preisausschreiben, in Würzburg, wo sie nach dem Tod ihres Mannes lebte und 1929 auch starb, wurde sie zur Schriftstellerin. Werke wie »Das kleine Dummerle« (1904) und »Die Familie Pfäffling« (1906), die in mehrere Sprachen übersetzt und bis heute immer wieder aufgelegt wurden, machten sie zu einer der meistgelesenen Autorin-

nen der ersten Hälfte des 20. Jahrhunderts. Der Stadt Blaubeuren setzte Agnes Sapper in der 1916 erschienenen, autobiographisch gefärbten Erzählung *Ein geplagter Mann* ein kleines Denkmal. »Wir sind in einem schwäbischen Städtchen, zwischen Wald und Bergen gelegen, und versetzen uns um etwa dreißig Jahre zurück. Das Haus, in dem wir nur einen Tag miterleben wollen, aber einen großen Tag, liegt malerisch an dem Flüßchen, das in raschem Lauf das Städtchen durchfließt, und bildet die Ecke der Fahrstraße nach dem Bahnhof.« In diesem Haus, dessen Beschreibung exakt mit der Beschreibung übereinstimmt, die ihre Tochter Agnes Sapper-Herding vom Wohnhaus ihrer Eltern gibt, wohnt der Schultheiß. Anlässlich eines königlichen Besuches wird er schwer gefordert, seine Familie, insbesondere die junge, unerfahrene Ehefrau, nicht weniger. Agnes Sapper schilderte in ihrer Erzählung ebenso liebe- wie humorvoll die Sorgen und Nöte, menschlichen Schwächen und Spießbürgerlichkeiten einer Kleinstadt wie Blaubeuren im Königreich Württemberg.

Nur fünf Jahre nach Agnes Sappers Wegzug trat eine andere Agnes auf den Plan, nämlich Agnes Günther. Sie war als Agnes Breuning 1863 in Stuttgart zu Welt gekommen, in Wohlstand und gebildeter Umgebung aufgewachsen und hatte Internate in Genf, London und Paris besucht. 1887 heiratete sie Rudolf Günther, seines Zeichens Stadtpfarrer in Blaubeuren. Auch sie musste nach ihrer Ankunft unzählige Hände schütteln und endlose Besuche durchstehen, auch sie blieb ein Stück weit Fremde, was sie allerdings in sehr viel weniger freundliche Worte fasste als Agnes Sapper: »Wir haben sehr liebe Freunde gefunden, in denen nicht alles höhere geistige Wesen erstorben ist. [...] das Leben ist hier ein Eiertanz, wie Frau Ephorus sagte. O die vielen Visiten, durch die ich mich hindurchessen muß! O Schwesterherz, preis Dich glücklich, daß du nicht in dem Maße Deine Zeit totschlagen mußt. Ich komme immer ganz gebrochen nach Hause, so grenzenlos öd und langweilig wird es einem, bis man alle die guten Sachen in sich hineingeschlagen hat.« Als Agnes Günthers Mann 1891 als Dekan nach Langenburg berufen wurde, wo sich Agnes Günther am Hof der Fürsten zu Hohenlohe-Langenburg bewegen konnte, registrierte sie dankbar: »In Blaubeuren war es nicht angezeigt, etwas Hübsches zu besitzen, hier liegt die Sache anders.« In Langenburg

verfasste Agnes Günther ihren ersten und einzigen Roman – *Die Heilige und der Narr* (postum 1913). Die gefühlsbetonte Liebesgeschichte avancierte mit über einer Million verkaufter Exemplare zu einem der meistverkauften deutschen Romane überhaupt. Ort des Geschehens war vor allem Langenburg, Blaubeuren hinterließ in ihrem Werk keine Spuren. Agnes Günther starb 1911 in Marburg.

Ihr Sohn Gerhard, der 1889 in Blaubeuren zur Welt gekommen war, kehrte später als Seminarist an den Ort seiner Geburt zurück. Seiner Beschreibung nach scheint sich die Existenz der Schule nicht gravierend auf die Sozialstruktur des Ortes ausgewirkt zu haben: »Das Oberamtsstädchen besaß eine Oberschicht aus Beamten, Kaufleuten, Fabrikanten; die Leinenindustrie und die damals neu geschaffene Zementindustrie gab der Arbeiterschaft Brot. Doch herrschte viel Armut und auch Unordnung in der noch wenig entwickelten Gesellschaft der Fabrikarbeiter.« Wie seine Mutter entwickelte Gerhard Günther keinen wirklichen Bezug zu der schwäbischen Landstadt, auch in der Schule fühlte er sich nicht wohl. Er geriet in Konflikt mit den strengen Regeln sowie der Schulleitung und resümierte: »Unser Ephorus, gegen den ich sonst keinen Groll hegte, war einfach zu alt für uns.« Der Besuch beim angesehenen Kommerzienrat Knapp wurde ihm erlaubt, der Besuch bei einem ebenfalls mit den Eltern befreundeten Lehrer, der » als verdächtig freisinnig, sowohl im politischen wie im kirchlichen Sinne « galt, dagegen verboten. Als weitere Restriktionen folgten, hatte der Seminarist genug, einzig die Ermahnungen seiner Mutter hielten ihn bis zur Abschlussprüfung hier fest. Rückblickend entdeckte der spätere Journalist, Lektor und Philosoph die positiven Seiten vor allem des Literaturunterrichts: »Trotz dieser Widrigkeit erkenne ich an, daß wir zum mindesten in den klassischen Sprachen eine Ausbildung erlangten, die es uns möglich machte, ihre Literatur nicht nur zu übersetzen, sondern uns in ihre Schönheit einzufühlen. Wir haben Homer nicht übersetzt, sondern gelesen, und in Marburg sollte ich erfahren, wie überlegen diese Ausbildung gegenüber den meisten norddeutschen Gymnasien war.«

Wusste Gerhard Günther später den Sprach- und Literaturunterricht zu schätzen, konnte der wenige Jahre nach ihm das Seminar besuchende Paul Wanner (1895–1990) dem Lektürekanon nur wenig abgewinnen: »Auch der Literaturunterricht war dazu angetan, mir die Freude an meinem Lieblingsfach zu schmälern. [...] Vor allem Klassiker, und dann nichts mehr.« Er trauerte der vorherigen Seminarschule Maulbronn nach, fand keinen Zugang zu den Lehrern und fühlte sich von der straffen Tagesordnung, die in ihm die Angst weckte, »dies müsse auf die Dauer mein Dichterisches ruinieren«, überfordert. Als der Vater, ein Schwäbisch Haller Geschäftsmann, ihm die Bitte abschlug, die Schule verlassen zu dürfen, biss er sich erfolgreich bis zum Abitur durch und verließ 1913 das Seminar »nicht ohne Abschiedsweh«.

Er und seine Mitschüler fuhren nach dem Verbrennen ihrer »Hefte und sonstigen Habseligkeiten« auf dem Rucken geradewegs zur Musterung nach Tübingen. Ein Pflichtaufsatz hatte den »deutschen und französischen Nationalcharakter« zum Thema gehabt, in Diskussionen hatten die Seminaristen über Deutschlands Stellung als Weltmacht debattiert – der Erste Weltkrieg stand vor der Tür, die Fahrt nach Tübingen war eine Fahrt in die Katastrophe: »Hätte ich gewußt, was alles kommen würde, – ich hätte geheult.«

Wanner, leidenschaftlicher Pädagoge und Bühnenautor, brachte den *Schneider von Ulm*, die Geschichte des tragischen Flugpioniers Albrecht Ludwig Berblinger, auf die Bühne, vor ihm hatte sich unter anderem Max Eyth des Stoffs angenommen. In seinem unmittelbar vor dem Tod 1906 fertiggestellten Roman erzählt der Schriftsteller und Ingenieur Eyth zum einen die Geschichte des Schneiders Berblinger, der 1811 mit seinen Flugversuchen in Ulm jämmerlich scheiterte und der Lächerlichkeit preisgegeben wurde. Zum anderen verarbeitete er ein Stück eigener Lebensgeschichte, wie man etwa an dem frei erfundenen Besuch Berblingers in einer Klosterschule, nämlich Blaubeuren, sehen kann. Selbst in Schöntal groß geworden und Gastschüler an der dortigen Schule, kannte Eyth den Seminarbetrieb aus eigenem Erleben, und auch Blaubeuren war ihm vertraut, da sein Vater dort von 1868 bis 1877 als Ephorus wirkte. Dass die Naturwissenschaften in den

Die eng umgrenzte Welt, aus der Genies in die große weite Welt entlassen wurden – Blick vom Blaubeurer Klosterhof zum Badhaus der Mönche

humanistisch-altsprachlich ausgerichteten Schulen eher zu kurz kamen und nicht alle Seminaristen von der Liebe zur Literatur umgetrieben wurden, war ihm wie seinem Ulmer Schneider kein Geheimnis – schlechte Vorzeichen für einen wie Berblinger, den naturwissenschaftliche und technische Experimentierlust auszeichnet. Die Zeichen der Zeit, die Anfänge der Industriellen Revolution, lassen sich auf Dauer nicht aus den Klostermauern fernhalten, und Berblinger profitiert von Privatstunden in Geometrie und Algebra, die der Hilfslehrer Zeller dem begabten Jungen zukommen lässt – sehr zum Ärger des Ephorus, der dies zwar erlaubte, aber: »Wozu das? Der Bursche macht die schlechtesten Hebdomadare und schreibt deutsche Aufsätze über Feuermaschinen, als ob man vor ihnen auf

den Knien liegen müsse! [...] Ich bitte Sie! Wird ihm eine Dampfmaschine durch den Konkurs helfen? Kann er mit Algebra und Geometrie eine Periode des Demosthenes konstruieren?« Berblinger ist vom Traum des Fliegens beseelt, ein Traum, der in ein Experiment mündet, das seinem Leben acht Wochen vor dem Umzug in die höhere Seminarschule Bebenhausen eine entscheidende Wendung gibt. Ort des Versuchsaufbaus ist die seit der Reformationszeit »außer Gebrauch gesetzte« Klosterkirche: »So waren auch hier Syrlins zierliche Chorstühle tief mit Staub bedeckt und dem Zerfall nahe, der später wieder berühmt gewordene Hochaltar unter Brettern und Balken eines alten Baugerüsts begraben, die Orgel von der eigentümlichen Empore im Querschiff verschwunden. Dieses

Brunnen im Klosterhof zu Ehren Johannes des Täufers, Schutzpatron von Blaubeuren, 1551 geschaffen vom Reutlinger Steinmetz Hans Huber

Querschiff […] trennt die Kirche in zwei Teile: den östlichen Chor und das westlich sich anschließende geräumigere Schiff mit seinen nach innen springenden Pfeilern, das heutzutage in eine Turnhalle umgestaltet ist. Seit Jahren hatte die Frau Prälat und, in beständigem Kampf mit ihr, der Klosterverwalter Hofrat Scholl von diesem stattlichen Raum Besitz ergriffen, während sich um die Chorseite niemand zu kümmern schien. In jenem brachte der Hofrat alte Fässer, die Kutsche des Prälaten und zwei zerbrochene Schlitten, ja selbst etliche Pflüge und Eggen unter, die in früheren Zeiten vom Kloster gebraucht worden waren. Die Frau Prälat nutzte die verweltlichte Halle, um an Regentagen Wäsche zu trocknen und im Sommer über Nacht Betten aufzubewahren, die während des Tags vor ihrer Wohnung gesonnt wurden. Von der früheren Herrlichkeit des Ortes war nichts mehr zu verspüren […].« Berblinger lässt einen kleinen Heißluftballon steigen, der »über die Empore weg nach dem westlichen Schiff der Kirche« schwebt und so hoch kommt, dass sein »blaues Flämmchen […] wie ein Irrlicht schon die Sparren des Dachstuhls« erhellt. Der Rest ist Chaos: Die Balken werden angekokelt, ins Bettzeug der Frau Prälatin brennen sich »da und dort recht ansehnliche Löcher«, das übliche Brandbekämpfungsszenario wird in Gang gesetzt. Im Untersuchungsbericht ist später von einer »die alte Klosterkirche zu Blaubeuren gefährdenden Feuersbrunst« zu lesen, die »wertvolles Eigentum« des Prälatenpaares und des Fiskus beschädigt und zerstört habe. Berblinger wird relegiert, die geplante theologische Laufbahn findet ein vorzeitiges Ende. Er ist, wie schon der Untertitel des Romans besagt, ein »zu früh Geborener«. Das Fazit des Erzählers: »Um das Jahr 1800 hatten, wie so vieles in Deutschland, die Klosterschulen Württembergs ihren Tiefstand erreicht [...]. Man arbeitete in den folgenden Jahrzehnten eifrig an ihrer Hebung und einer zeitgemäßen Umgestaltung veralteter Einrichtungen.«

Die veraltete Pädagogik der Klosterschulen kritisierte schon lange vor Max Eyth der aus Brackenheim stammende David Christoph Seybold (1747–1801). Dem späteren Professor der klassischen Literatur in Tübingen ging es allerdings nicht um den Einzug der Naturwissenschaften in den Unterricht, sondern vor allem um die Abschaffung restriktiver und überholter Klosterregeln. Zudem wandte er sich gegen die starke Bevormundung durch eine mystisch-pietistische Theologie. In seinem 1778 erschienenem Roman *Hartmann, eine württembergische Klostergeschichte*, der stark autobiographisch gefärbt ist, besucht der Protagonist wie Seybold selbst 1761/62 die Klosterschule in »Blaubeiren«, das »zu einem einsamen Musensize gemacht zu seyn« scheint – umgeben von Bergen, »an denen ungeheure Felsen herabhangen, und zu stürzen drohen«, der Blau, die »aus keiner ordentlichen kleinen Quelle« entspringt, sondern sich wie »in einem Kessel, der sein überflüssiges Wasser ergießt«, sammelt und zwei »zerstörten Schlössern«, deren Trümmer Denkmäler der alten Baukunst, der alten Baronenfreiheit, und – der Deutschen Wildheit« sind. Schon einen Tag nach der Ankunft gerät der durch und durch brave Knabe mit dem Klostergesetz in Konflikt, als er nichtsahnend den schönen Herbsttag zu einem Aufenthalt »in freier Luft« nutzt. Entsetzt muss er erfahren, es sei »den ganzen Winter nicht erlaubt, in campum [ins Feld] zu gehen«, mithin der ganze lange Winter »nur zwischen vier Mauern« zuzubringen ist. Schuld dafür wird dem Ephorus gegeben, einem kinderlosen alten Junggesellen und Pedanten. Das rigide Schulsystem, in dem alles auf den Platz in der Lokation, der »künftigen Rangordnung«, schielt, die bereits festschreibt, wer »mit der Zeit die ansehnlichsten theologischen Stellen im Lande« besetzt wird, bringt dem Erzähler zufolge reihenweise Duckmäuser oder Intriganten hervor, denen jedes Mittel recht ist, um auf einen der vorderen Plätze zu rücken. Hartmann, der tugendhaft bleibt und redlich studiert, schafft es immerhin auf den hochgelobten dritten Platz.

Im Jahr 1810 wurde die Klosterschule Blaubeuren geschlossen und 1817 als evangelisch-theologisches Seminar wiedereröffnet. Tatsächlich schien der alte Zopf abgeschnitten, junge begeisterungsfähige Lehrer standen am Pult und sogar Sportunterricht, damals noch eine Seltenheit in Schulen, war auf dem Lehrplan zu finden. Mörikes Freund Ludwig Amandus Bauer gehörte zu den ersten Seminaristen, seine Charakteristik des Ephorus erinnert in nichts an die des weltfremden, pedantischen und strengen Ephorus aus Seybolds *Hartmann*: »Unser Ephorus Reuß behandelte uns so, daß wir 48 Zöglinge eine einzige Familie zu bilden schienen.« Die Schüler waren offenbar nicht mehr missgünstige Konkurrenten, sondern wurden zu Freunden. So schied Bauer am Ende »weinend von dem Orte, der mir zuerst so unfreundlich geschienen hatte«, um in Tübingen Philosophie und Theologie zu studieren. Dort befreundete er sich mit Mörike, mit dem zusammen er die ferne Insel Orplid erfand und bedichtete. In seinen letzten Lebensjahren wirkte Bauer unter anderem als Lehrer am Stuttgarter Katharinenstift. Dessen Direktor Karl Wolf gehörte ebenfalls zu jener ersten Promotion des neueröffneten Blaubeurer Seminars, und auch ihn verband im späteren Leben eine enge Freundschaft mit Mörike.

Mörike hatte die beiden Blaubeurer Seminaristen schon 1819 anlässlich einer Feier zur neuen Verfassung kennengelernt, zu der die Promotionen der Seminare Urach und Blaubeuren zusammengekommen waren. Ebenfalls mit von der Partie war Wilhelm Hauff. Er war aufgrund seiner mäßigen Leistungen ein Jahr später als üblich ins Seminar eingetreten, und im Gegensatz zu Bauer sollte er es nicht mit Tränen verlassen. Ihm erschienen die Klostermauern, in die die Seminaristen nach wie vor über weite Strecken eingeschlossen waren, wie ein Gefängnis: »Wenn oft morgens die Sonne so herrlich hinter den Bergen aufgeht, und die Felsen und Kämme im Blauthal beleuchtet, da kann ich dieses Schauspiel kaum durch das Fenster meines Käfigs bewundern.« Der sehnliche Wunsch, diese engen Mauern möglichst schnell zu verlassen, brachte den ursprünglich sehr mittelmäßigen Schüler dazu, ein Musterschüler zu werden. Tatsächlich erhielt er auf Bitten seiner Mutter eine Sondererlaubnis der Regierung, das Seminar vorzeitig zu verlassen und das Tübinger Stift besuchen zu dürfen.

Nur kurze Zeit nachdem die Promotion von Bauer, Wolf und Hauff dem Seminar den Rücken gekehrt hatte, trat 1821 die sogenannte »Geniepromotion« an, in der fünf Absolventen die Traumnote Ia erhielten, eine Quote, die weder vorher noch nachher erreicht wurde. Unter den Besten finden sich Gustav Binder, Friedrich Julius Krais, Christian Märklin, Gustav Pfizer, der Primus Wilhelm Zimmermann sowie David Friedrich Strauß und Friedrich Theodor Vischer. Allen schien der Weg in eine große Zukunft vorgezeichnet, beinah allen wurden politische und theologische Ansichten, mit denen sie bei konservativen Kreisen auf Widerstand stießen, zum Verhängnis. Zimmermann und Pfizer unterrichteten in Stuttgart, der eine an der Polytechnischen Oberrealschule, der andere am Gymnasium, sie waren literarisch tätig und publizierten vorzugsweise zu historischen Themen. Pfizer wurde zudem als Übersetzer von Lord Byron und Bulwer Lytton sowie durch einen erbitterten Kritikerstreit mit Heinrich Heine bekannt. Beide engagierten sich 1848 politisch: Pfizer erhielt ein Mandat für die zweite Abgeordnetenkammer des württembergischen Landtags,

Zwei Freunde aus Ludwigsburg in der Blaubeurer »Geniepromotion«
von 1821 – links Friedrich Theodor Vischer (1807–1887) und rechts
David Friedrich Strauß (1808–1874)

Zimmermann für die Frankfurter Nationalversammlung, wo er sich der extremen Linken anschloss, was ihn letztlich die Stelle kostete. Der introvertierte und spröde Friedrich Julius Krais, der immer auf einem der vordersten Plätze der Geniepromotion rangiert hatte, versah mehrere Vikarstellen, geriet mit seinen theologischen Ansichten ins Schussfeld, musste infolgedessen den Pfarrdienst quittieren und in den Schuldienst eintreten. Auch mit seiner weltlichen und geistlichen Lyrik konnte er keine nennenswerten Erfolge erzielen. Binder und Märklin wechselten nach anfänglichem Pfarrdienst in die Pädagogik. Ersterer stieg bis zum Direktor der württembergischen Kultusverwaltung auf; Letzterer war zuletzt Professor für Geschichte und Latein am Heilbronner Gymnasium. Märklins Karriere standen nicht nur seine liberalen politischen und theologischen Überzeugungen im Weg, sondern auch die Tatsache, dass er seinen Mitkompromitalen und Freund David Friedrich Strauß 1839 mit seiner Schrift *Darstellung und Kritik des modernen Pietismus* verteidigt hatte. Strauß wiederum schrieb 1851 die Biographie Märklins. Dieser war nicht der einzige der Blaubeurer »Genies«, dem die Treue zu Strauß zum Problem wurde: Vischer erntete mit seinem Aufsatz *Dr. Strauß und die Württemberger* heftige Kritik, Gustav Binder 1874 für seine Rede an Strauß' Grab.

Strauß war am theologischen Gelehrtenhimmel als aufsteigender Komet gehandelt worden, jedoch »der erste Schuß war ein mächtiger«; dieser Schuss, wie Strauß es nennt, war ab 1835 die Veröffentlichung seines ersten eigenständigen Werkes, das zugleich sein Hauptwerk blieb: *Das Leben Jesu*. Indem er – basierend auf Hegel – die christliche Lehre auf ein philosophisches Fundament stellen und alles Mystischen entkleiden wollte, begründete er eine historisch-kritisch orientierte

Theologieforschung und löste einen nationalen Sturm aus. An verschiedenen Lebensstationen traf er immer wieder mit Friedrich Theodor Vischer zusammen, bis 1873 die Freundschaft über Vischers Kritik an Strauß' Werk *Der alte und der neue Glaube* auseinanderbrach. 1821 fuhren die beiden gebürtigen Ludwigsburger Strauß und Vischer Seite an Seite mit Vischers verwitweter Mutter und Strauß' Vater auf die Schwäbische Alb ins Kloster Blaubeuren, und 1825 gingen sie mit der Note Ia nach Tübingen ab. Nach dem Theologiestudium unterrichteten sie als Repetenten zunächst am Seminar in Maulbronn, dann in Tübingen, sie teilten ihre Zweifel an der Theologie, ihre Vorliebe für die Literatur. Vischer promovierte in den Fächern Literatur und Ästhetik, doch als er 1844 als ordentlicher Professor an das Rednerpult zog, missfiel seine Antrittsrede den Verantwortlichen so sehr, dass er ein zweijähriges Lehrverbot erhielt. Während Strauß' Karriere nach der Veröffentlichung des *Leben Jesu* vorzeitig zu Ende war und er als Schriftsteller einsam in Ludwigsburg starb, erhielt der einst so umstrittene Vischer letztlich sogar den württembergischen Kronenorden und den persönlichen Adel. Sein Leben lang war er auch als Dichter produktiv, unter anderem schrieb er einen autobiographischen Roman mit dem Titel *Auch Einer*, verfasste eine Parodie auf Goethes *Faust* und publizierte eine mehrbändige Sammlung seiner Gedichte mit dem Titel *Lyrische Gänge*.

Vischer, Strauß, Binder, Märklin ... ihre Beziehungen und geistigen Verbindungen überdauerten die gemeinsame Schulzeit, offensichtlich waren die Blaubeurer Freundschaften aus haltbarem Stoff gewebt. So überrascht es nicht, dass sie sich gemeinsam in einem Buch verewigten: dem sogenannten *Blaubeurer Lagerbuch*, einem handgeschriebenen Band, dessen 28 Beiträge – vorzugsweise Gedichte – auf meist witzige, vereinzelt auch sentimentale Weise an die Jahre im klösterlichen Seminar am Blautopf und ein wenig auch an die Tübinger Studienzeit erinnern. Zwar haben sich verschiedene Seminaristen beteiligt, die meisten Nummern dürften aber von Strauß und vor allem »Fritz« Vischer stammen, der zudem einige Karikaturen beisteuerte. Die Themen sind bunt durcheinandergewürfelt: hier ein gegenseitiger vergnüglicher Schlagabtausch, dort eine Abrechnung mit Lehrern, einmal findet sich ein Geburtstagscarmen, andere Male wird auf die Schusterburg angespielt, ein Gasthof, der bei den Seminaristen besonders beliebt war, obwohl oder gerade weil ihnen der Besuch von Wirtshäusern untersagt war. Auch Abschiedszeilen fehlen nicht, so unter anderem von Vischer im *Abschied aus Blaubeuren*:

Leb wohl, du finsteres Dorment,
Professor, Fass und Repetent,
Und du, o Hahn, der ewig kräht,
Dir ist für uns der Schnabel vernäht!

Leb wohl auch du Collegium,
Ich sitz nicht mehr die Beine krumm,
Und du in Ewigkeit verdammt,
O Lektorglock und Lektoramt.

Denkendorf

Klostersenf und Klosterzucht

Eine gute Wegstunde von der alten Reichsstadt [Esslingen] entfernt liegt das Kloster auf dem Südhang des Körschtals, ebenso nahe wie entrückt, über dem Dorf. Reichlich rieselnde Quellen haben hier dem letzten Abfall der fruchtbaren Hochebene eine Terrasse aus Kalktuff vorgebaut, weiträumig genug nicht nur für das Gotteshaus und die Klausurgebäude, sondern auch noch für Plätze, die von allerlei Gebäuden und sonstigem Zubehör umgeben sind. [...] Der Klosterhof wird, in schönem Einklang mit dem Kirchturm, beherrscht durch Kastanienbäume und eine riesige Platane, den Zwinghof erfüllen die Wipfel alter Holunder, und aus den Terrassengärten gegen den Meierhof zu steigt eine mächtige Gruppe fast hundertjähriger Fichten. So erscheint das einstige Denkendorfer Chorherrenstift als eine Einheit aus Bauwerken, Gärten, Natur und Landschaft, wie man sie selbst in

»Einheit aus Bauwerken, Gärten, Natur und Landschaft« – das ehemalige Kloster Denkendorf aus Südosten, wie es in etwa auch Fritz Alexander Kauffmann sah

Kommen und Gehen, Geburt und Tod schon im Empfang – Eingangshalle der Stiftskirche St. Pelargus mit Epitaphen und historischem Taufbecken

unseren reichsten deutschen Landen nicht allzu oft antrifft. Nicht genug aber mit dem schönen äußeren Umschriebensein dieses Bildes. Es wurde je und je ergänzt und bestätigt durch ein Innewohnendes. So etwa damals, als Hölderlin im Klosterfrieden seine ersten Gedichte schrieb [...].« Das Kloster als Einheit von Natur, Kunst, Technik und Geist, von Außen und Innen, als zauberhafte und verklärte Idylle – dieses Bild von Denkendorf entstand mitten im Zweiten Weltkrieg, geschrie-

ben auf der Rückseite von Formularen des Luftschutzes im nahen Ebersbach an der Fils. Doch nicht das Kloster dieser dunklen Epoche, in der die Räume von der Ortsgruppe der NSDAP genutzt wurden, wird hier beschrieben, sondern das Kloster des ausgehenden 19. Jahrhunderts. Der Verfasser, Fritz Alexander Kauffmann, lebte zur Zeit der Niederschrift in einer seiner Familie gehörenden kleinen Villa in Ebersbach, die Nationalsozialisten hatten ihm 1933 verboten, weiterhin als Professor für Kunsterziehung an der Pädagogischen Akademie in Halle zu unterrichten und ihn in Rente geschickt. In der erzwungenen Ruhe schrieb er die Erlebnisse seiner Kindheit nieder, in Er-Form und als Roman. Vollenden konnte er sein Werk nicht mehr, kurz nach Kriegsende, am 19. Mai 1945, starb Kauffmann bei einem Autounfall. *Leonhard. Die Geschichte einer Kindheit*, die immer wieder mit Marcel Prousts *Die Suche nach der verlorenen Zeit* verglichen wird, wurde postum 1956 veröffentlicht.

Die von Fritz Alexander Kauffmann erwähnten »reichlich rieselnden Quellen«, von denen eine bis zu ihrem Versiegen im 20. Jahrhundert an der südöstlichen Ecke der Stützmauer dem Kloster Wasser lieferte, das man auch für Kranke und Sterbende verwendete, waren vielleicht der Grund für die Errichtung des Klosters auf einem Plateau am Abhang der Filderebene. Ob sich, nicht zuletzt dank der Quellen, schon früh eine Kultstätte auf dem Klosterberg entwickelte, ist Spekulation. Weitgehend überzeugt ist die Forschung dagegen, dass um 1020 ein Zähringergraf namens Berthold mit seiner Gattin Ita oberhalb des Dorfes eine Holzkirche erbauen ließ, die deren Sohn Burkhardt 1050/60 durch eine dem heiligen Pelagius, dem Schutzheiligen des zuständigen Bistums Konstanz, geweihte Steinkirche ersetzen ließ. Burkhardts Sohn Berthold von Hohenberg-Lindenfels wiederum stiftete vor dem Jahr 1125 ein Kloster, das er den Chorherren zum Heiligen Grab übertrug. Die Kirche, die von Dorfbewohnern und Konvent genutzt wurde, machte um 1200 einer spätromanischen Basilika Platz; vom Vorgängerbau blieben nur die fünf unteren Stockwerke des Turmes erhalten. Den Riten des Mutterklosters in Jerusalem entsprechend, sollte es in der Kirche ein offenes leeres Grab geben, an dem Gottesdienste abgehalten und zu dem Pilger wallfahren konnten. Diesem Zweck verdankt die aufgrund des steil abfallenden Geländes, auf dem die Kirche gebaut wurde, ungewöhnlich hoch liegende Krypta ihre Existenz. Der an südfranzösische Saalkirchen erinnernde, mit einem Tonnengewölbe überspannte Raum beherbergte nicht nur das offene Grab, sondern auch ein Doppelkreuzreliquiar, heute im Württembergischen Landesmuseum aufbewahrt, das einen Splitter vom Heiligen Grab und einen Holzspan vom Kreuz fasste und wohl im 12. Jahrhundert aus Palästina überführt worden war. Die Wallfahrt nach Denkendorf ersetzte somit die Wallfahrt nach Jerusalem, und entsprechend viele Pilger strömten bis zum 16. Jahrhundert ins Kloster an der Körsch.

Papst Honorius II. nahm das Kloster um 1130 unter seine Schutzherrschaft, der Stauferkönig Konrad III. gewährte 1139 den Schutz des Reiches, beides wurde in der Folge immer wieder erneuert. Die eigentlich zum Schutz eingesetzte Schirmvogtei brachte allerdings immer neue Konflikte mit sich. 1252 wurde sie Graf Ulrich von Württemberg übertragen, der genau wie seine Nachfahren bestrebt war, das Kloster samt allen Liegenschaften dem eigenen Haus zuzuschlagen, was im Grunde 1424 mit der endgültigen Übernahme der Schutzvogtei auch

Kindheit zwischen Klostersenf und Kreuzgang – Fritz Alexander Kauffmann (1891–1945)

gelang. Der württembergische Schirm und Schutz leistete den Chorherren eher schlechte Dienste. So wurde das Kloster 1377 im Krieg gegen den Schwäbischen Bund von den Reichsstädten Esslingen und Ulm in Schutt und Asche gelegt und der Konvent 1535 mit der Reformation von den Württembergern aufgelöst. Als evangelisches Kloster bestand Denkendorf bis zur Säkularisation 1810 weiter, geriet aber danach in die Gefahr völligen Abbruchs. Versuche einer weltlichen Nutzung der noch vorhandenen Gebäude als Rübenzuckerfabrik, landwirtschaftliche Versuchsanstalt, Senffabrik und Ölmühle schlugen zunächst fehl. Erst der Esslinger Fabri-

Statt nach Jerusalem nach Denkendorf – Krypta in St. Pelargus mit der Nachbildung des offenen leeren Christusgrabes, dem einstigen Pilgerziel

kant Friedrich Kauffmann, der 1838 das Kloster erstand, um eine Senf- und Likörfabrik darin einzurichten, hatte Erfolg. Ein Glück für die traditionsreichen Gebäude, denn der Unternehmer opferte sie nicht etwa bedingungslos dem technischen Fortschritt, sondern versuchte sie behutsam zu restaurieren. Nach seinem Tod übernahm in wirtschaftlich turbulenter Zeit zunächst seine Witwe die Geschäfte, 1890 schließlich sein Sohn Karl. Ein Jahr später, am 26. Juni 1891, kam dessen Sohn Fritz Alexander Kauffmann im Kloster zur Welt, der allerdings später auf die Firmenleitung verzichtete und stattdessen Romanistik, Anglistik und Kunstgeschichte studierte. Das Überleben des Unternehmens zu sichern, war nicht einfach. So wurde die Fabrik 1905 nach Ebersbach verlegt, wo es einen Eisenbahnanschluss gab, 1911 dann wurde die Likörherstellung aufgegeben. »Kauffmanns Klostersenf« konnte neben den ab 1927 vertriebenen pasteurisierten Gurken, damals ein Novum auf dem Markt, bis zum Jahr 2000 eigenständig überleben.

In Fritz Alexander Kauffmanns Roman *Leonhard* lebt die Fabrikantenfamilie Ammann zunächst im Südflügel des Klosters, einige Zeit nach Leonhards Geburt tauscht sie mit der verwitweten Großmutter und bezieht den geräumigeren Ostflügel. Privaträume und Geschäftskontor, Fabrikgebäude und Lagerhallen, »unter einem großen Dache und von den Klostermauern umschlossen, war alles patriarchalisch vereinigt und bildete einen einzigen Zusammenhang des Lebens«. Der

Maschinenpark ist zunächst eher bescheiden, »das Geschäft wurde überwiegend in den Vorräten und in den Stapeln versandbereiter Waren fühlbar, in den Kisten, Säcken, Körben, Ballen, Korbflaschen und Fässern, welche der Pritschenwagen täglich brachte und beförderte; es ging im Kloster mehr wie in den Gewölben eines mittelalterlichen Handelshauses zu als wie in einer Fabrik.« Allmählich aber zeigen sich Veränderungen: hier ein neuer Kessel, da eine neue Dampfmaschine samt neuem Schornstein und am Ende die Elektrizität, die Licht und einen Aufzug in die alten Gebäude bringt.

Der Erhalt des Unternehmens wird zum Kraftakt. Doch während die Erwachsenen ihren Kampf ums ökonomische Überleben führen, leben die Kinder, allen voran der Erstgeborene Leonhard, in der ummauerten Klosterwelt in einer Idylle. Ungehindert streift der Junge durch die Gebäude: »Von der Sohle des Meierhofs bis zu den Glocken im Kirchturm reichte treppauf, treppab seine Welt und bot als ein wahres Kinderparadies hinter jeder Ecke eine neue Situation, die seine Phantasie beflügelte, vor allem aber auch zumeist seinen Schönheitssinn lebhaft ansprach.« Mit dem Älterwerden weiten sich die Erkundungszüge auf die Umgebung aus, insbesondere der See samt seinen hohen Bäumen zieht den Jungen an.

Die Liebe zum Kloster, die schon dem Firmengründer eignete, scheint auf dessen Nachkommen übergegangen zu sein. Familienmitglieder und Gäste finden sich gerne im Kloster

Idyllischer Rückzugsort für Mönche und ideale Schlitterbahn für Fabrikantenkinder – Kreuzgang im ehemaligen Klausurbereich von Denkendorf

zusammen, »die alten Mauern waren trotz ihrer Abgelegenheit immer eine Mitte von beträchtlicher bindender Kraft«. Doch die Tage im Kloster sind gezählt, das Kindheitsparadies im Untergehen begriffen. In den nicht veröffentlichten, aber handschriftlich erhaltenen Schlusskapiteln des Romans kommt die Familie nach dem Umzug der Fabrik in die an der Fils gelegene Stadt Ebersbach zur Aufbahrung der verstorbenen Großmutter ein letztes Mal in Denkendorf zusammen. Im Zuge der Reinigung des Gebäudes

*Wo kindliche Bewohner es mit der Angst zu tun bekommen konnten –
romanische Säulen im Chor von St. Pelargus mit Figuren- und Rankkapitellen*

scheinen die Schleiereulen, die in den
alten Mauern nisteten, vergiftet worden zu sein: »Die Seele des Klosters
schien in ihnen gestorben.« Am Ende,
als Leonhard »den letzten Blick auf
diesen Ort des bittern Endes warf, war
er kein Kind mehr.«

Fritz Alexander Kauffmanns – oder
Leonhards – Kindheit endete mit dem
Wegzug aus dem Kloster, für andere
endete sie mit dem Einzug ins Kloster. 1553 wurde in Denkendorf eine
der ersten Klosterschulen des Landes
eingerichtet, die allerdings nur gut
dreißig Jahre, bis 1584, Bestand hatte.
1713, Kloster Hirsau war 1692 von
den Franzosen zerstört und dessen
Schule heimatlos worden, unternahm
man nach längerer Umbauphase einen
zweiten Versuch, und der hatte fast

hundert Jahre Bestand. 1810 verlegte
König Friedrich kurzerhand das niedere Seminar, das die Schüler auf die
höheren Seminare in Maulbronn oder
Blaubeuren vorbereitete, nach Kloster
Schöntal. Weit über die Grenzen hinaus bekannt wurden Kloster und Schule
unter dem von 1713 bis 1741 in Denkendorf lehrenden Präzeptor Johann
Albrecht Bengel. Er unterhielt als einer
der führenden Vertreter des deutschen
und vor allem des schwäbischen Pietismus Kontakte zu anderen bedeutenden
Kirchenmännern des Pietismus, insbesondere zu August Herrmann Francke,
dem Begründer der Franckeschen Stiftungen in Halle, und Graf Zinsendorf,
dem Gründer der Herrenhuter Brüder-
gemeinde, mit dem er sich allerdings
überwarf. Beide beehrten Denkendorf

mit ihrem Besuch. Auch Bengels Veröffentlichungen leisteten ihren Beitrag zu seinem hervorragenden Ruf als Theologe. Er erstellte eine erste textkritische Edition des griechischen Urtextes des Neuen Testaments, veröffentlichte Verschiedenes zur Offenbarung des Johannes, in dem er unter anderem versuchte, die Zeit vom Beginn der Schöpfung bis zum Weltuntergang zu berechnen – nach mehrmaliger Korrektur kam er auf den 18. Juni 1836 –, und unternahm im *Gnomon Novi Testamenti* eine detaillierte Auslegung des Neuen Testaments. Am meisten Einfluss aber erzielte er wohl als Lehrer. Über 300 Schüler absolvierten unter ihm das niedere Seminar, darunter der bedeutende Kirchenlieddichter Philipp Friedrich Hiller und Philipp Ulrich Moser, der als Pfarrer in Lorch großen Einfluss auf den jungen Schiller ausübte. Auch Schillers Vater Johann Caspar muss Bengel gekannt haben, hatte er doch 1738 beim Klosterbarbier Fröschlin in Denkendorf eine Lehre als Barbier und Wundarzt angetreten. Im Übrigen – die Welt war damals schon klein – hatte Bengel die Lateinschule in Marbach am Neckar besucht, wohin es Johann Caspar Schiller später verschlug und wo er Vater eben jenes berühmten Sohnes Friedrich werden sollte. Nicht von Bengel, sondern von dessen Freund Philipp Heinrich Weißensee, von 1740 bis 1764 Propst von Denkendorf, erlernte Schiller, wie er in seiner Lebensgeschichte schreibt, »ein und anders in der Kräuter-Kunde«.

Unter Weißensee wiederum absolvierte Jakob Friedrich Abel, der als Philosophielehrer an der Hohen Carlsschule so wichtig für Friedrich Schiller wurde, das Seminar. Als er mit vierzehn Jahren in die Klosterschule eintrat, war er das erste Mal von zu Hause weg, und entsprechend »traurig, angstvoll« harrte er der auf ihn zukommenden Dinge. Das, was ihn erwartete, sollte dann ganz und gar nicht dazu angetan sein, seine Stimmungslage zu heben, im Gegenteil: Wie er in seiner Biographie bekennt, war sein »Gemüthszustand« während seines Aufenthalts in Denkendorf »mehr düster als heiter«. Schuld daran waren die rigide Klosterzucht und Weißensee – »er erschien

In Denkendorf geplagter Klosterzögling, in Schöntal geliebter Klosterschulleiter – Jakob Friedrich Abel (1751–1829)

den Schülern als ein Mann, der noch die geringste Abweichung vom Geseze nicht duldete«. Der Unterricht nahm fast den ganzen langen Klostertag ein, das Essen war scheinbar kaum genießbar und, was am schlimmsten war, die äußerst sparsam bemessene Freizeit durfte kaum im Freien verbracht werden. Ins Dorf zu gehen »war bey großer Strafe verboten«, den ganzen Winter über war es untersagt, »vor das Thor hinauszugehen«, aber auch die Erlaubnis, »in dem Klosterhof spazieren zu gehen«, wurde nur selten erteilt. So verbrachten die Schüler viel Zeit im »Dorment eingeschlossen«, und Abel saß winters während der Mittagspause oft »halbe Stunden lang an einem Fenster, von welchem aus ich in das Grüne sehen konnte, um mich an den Anblick des vom Schnee befreiten Grases zu ergötzen«. Das kleine Glück am Fenster musste das große Gefühl von Freiheit, das Leben in der Natur, das Herumtollen draußen ersetzen: »Eine Taube, die vorüber flog, eine Ente, eine Gans, die ich aus der einsamen Klosterzelle aus der Ferne erblickte, [...] regte die angenehmsten Gefühle in mir auf.« Der »stete Aufenthalt in dem alten ungestalten Klostergebäude u. die Verweisung aus der Natur, die mich einst so sehr entzückte, die vielfachen Beschränkungen, die Furcht irgend eines der vielen Geseze zu verlezen und dafür gestraft zu werden, die Furcht in der Location hinuntergesezt zu werden«, all das machte das Leben in der Klosterschule fast unerträglich. Abel scheint Konsequenzen daraus gezogen zu haben, denn als er schließlich

selbst Lehrer war, lag ihm besonders die Erziehung zur Willensfreiheit am Herzen, eine Vorstellung, die bei Schiller auf idealen Nährboden fallen sollte. Nicht nur als Lehrer und Prorektor der Hohen Carlsschule, auch als Leiter des evangelischen Seminars Schöntal, somit indirekt als Erbe Weißensees, muss er bei seinen Schülern sehr beliebt gewesen sein und nachhaltig Einfluss auf sie ausgeübt haben.

Die Denkendorfer Schüler hatten kein solches Glück. Nicht nur Abel beklagte die Zustände, Hölderlins Freund, der Theologe und Schriftsteller Rudolf Friedrich Heinrich Magenau, schildert mit seltener Offenheit in seinen Erinnerungen die Klosterschule als Hort des Missbrauchs. Auch er kam aus einem behüteten Elternhaus ins Kloster, und auch er litt unter dem Freiheitsentzug: »Ich freute mich der schönen gesegneten Gegend, ich wollte sie oft durchschwärmen, und an ihr mich weiden. Freiheit, Freiheit glühte ungestüm durch meine Seele. Wie erschrak ich, da ich das erstemal den furchtbaren Riegel rauschen hörte, der uns vom Morgen an, eine Stunde des Tages ausgenommen, biß in die Nacht, gefangen hielt.« Es sollte noch schlimmer kommen. Zu seiner Zeit war Johann Jakob Erbe Probst: »Wie erschrak ich, da ich das erstemal die Stimme des Prälaten vernahm, der uns, eines Augenbliks wegen, den wir zu spät von dem SpazierGange ins Kloster zurükgekehrt waren, mit Rejekzion [Rückstufung] und mit schröklicher Einkerkerung drohte!« Folgt man Magenaus detailliertem Bericht, war

Der bei Weitem berühmteste Denkendorfer Klosterschüler – Friedrich Hölderlin (1770–1843) »in seinem 16. Jahr in Denkendorf«

»mit Hildebrands Eiffer über die junge Schaar der Zöglinge herzufahren [...] seine Seelenfreude. Sie in steter knechtischer Furcht zu erhalten, sein erstes Vergnügen.« Erbe sei geizig, niederträchtig, bestechlich und unverschämt gewesen. Obwohl selbst Abkömmling aus niedrigem Stand, habe er Kindern aus einfachen Familien ihre »gemeine Abkunft« vorgeworfen, über Eltern »auf plumpste Art in Gegenwart ihrer Söhne« geschimpft. Eine verwitwete Mutter etwa, die sich erneut verheiratete, sei vor dem Sohn als »geiles Ding« bezeichnet worden. Der Primus habe seine Stellung teuer bezahlen müssen, indem er »den Prälaten von

Fuß auf kleidete«. Wenigstens die beiden Lehrer waren offensichtlich zu den Jungen freundlich, sodass Magenau ihr »Andenken heilig bei mir erhalten« wollte.

Ob Friedrich Hölderlin, der zwei Jahre später ins Kloster eintrat, die Zustände anders empfand, lässt sich nicht feststellen. Aus seiner Denkendorfer Zeit sind nur zwei Briefe erhalten. Klagen sind nicht darin zu finden, stattdessen schreibt er kurz vor Weihnachten 1785 an seine Mutter, dass er »im übrigen recht wohl« sei. Allerdings kann man sich unschwer vorstellen, dass die Briefe, insbesondere die an die Eltern, zensiert wurden. Hölderlin scheint

Zum Absprung in die Ewigkeit bereit – spätromanische Christus-darstellung, die wahrscheinlich zum ehemaligen Hochaltar von St. Pelargus gehörte

gesamte 18. Jahrhundert machte Anton Weber alias Anton Webercus. Als er sich in Denkendorf, aus dem sein Großvater mütterlicherseits stammte, niederließ, hatte er den größten Teil seines abenteuerlichen Lebens bereits hinter sich, das ihn, wie unter anderem in Wurzbachs *Biographischem Lexikon des Kaisertums Österreich* und in der *Allgemeinen deutschen Biographie* nachzulesen ist, in wichtige historische Ereignisse verstrickte. Der am 1. Januar 1701 Geborene verstarb in gesegnetem Alter beim Abzählen von 500 Wäscheklammern am 1. April 1803 in Denkendorf. Veröffentlicht wurde seine Lebensgeschichte unter dem Titel *Aus dem Tagebuch eines Hundertjährigen. Ein Beitrag zur Sittengeschichte des achtzehnten Jahrhunderts, insbesondere von Württemberg* 1849 in Johann Gottlieb Munders Werk *Die Glocke. Ein historisches Unterhaltungs-Buch für jeden Stand und jedes Alter* – und man könnte hinzufügen »für jeden Leichtgläubigen«, denn wie schon das Todesdatum 1. April verrät und die Forschung inzwischen nachweisen konnte, handelt es sich bei dieser Lebensgeschichte, die ihr Ende in Denkendorf fand, um einen literarischen Aprilscherz.

Ob auch Fritz Alexander Kauffmann sein Leben gerne in Denkendorf beendet hätte, gehört ins Reich der Spekulation, abwegig erscheint es nicht. Auf seinen Leonhard jedenfalls wirkte das Kloster »wie ein Zauberberg voll lockender Möglichkeiten« und »verhieß [...] die Lebenserfüllung überhaupt«.

ein gehorsamer Schüler gewesen zu sein, nur zwei Einträge wegen leichter Vergehen, einer 1785, einer 1786, sind überliefert. In der Lokation nahm er den sechsten Rang ein. Als er nach zwei Jahren Denkendorf in Richtung Maulbronn verließ, hatte er erste Gedichte und sein Stammbuch im Gepäck, in das ihm ein Gasthörer namens Osiander den Satz: »Freund ich wünsche dir nichts als eine glükliche Wanderung durch die Klöster« geschrieben hatte.

Eine glückliche Wanderung nicht durch die Klöster, sondern durch das

Lorch

Die etwas andere Pilgerstätte

Um eine Pilgerstätte der besonderen Art handelt es sich bei dem auf einer Anhöhe über dem Remstal gelegenen Kloster Lorch. Nicht religiöse Motive bewegten vor allem im 19. Jahrhundert zahlreiche Maler und Musiker, Dichter und Historiker, das Kloster auf dem Liebfrauenberg aufzusuchen, sondern durch und durch weltliche Gründe. Sie pilgerten nicht zum Grab eines wundertätigen Heiligen, sondern zu den Gräbern eines der mächtigsten Herrschergeschlechter des Heiligen Römischen Reiches – zu den Gräbern der Staufer oder auch Hohenstaufen, wie sie nach ihrem Stammsitz gern genannt wurden.

Ein von Justinus Kerner im Jahr 1814 im *Morgenblatt für gebildete Stände* erschienenes Gedicht *Sommerabend* trägt im Untertitel die Zeile: »Auf Kloster *Lorch* der Grabstätte des Hohenstaufischen Herzog- und Kaiserhauses«. In der 5. Strophe ist zu lesen: »Noch ragt der Fels vor allen / Drauf einst der Helden Haus; / Ist auch ihr Leib zerfallen, / Die Treu' hält ewig aus. / Drum stieg in

Kampfes Tagen / Hier aus der Grüfte Nacht / Manch' alter Held, zu tragen / Das Siegspanier der Schlacht.« Dabei ist es historisch weder korrekt, von *den*

Weniger der Kirche als der Kaiser wegen besucht – Blick aus dem spätgotischen Chor in das Langhaus der romanischen Klosterkirche St. Petrus in Lorch

Nicht alles ist aus Stauferzeit – Südfront der Kirche mit dem Marsiliusturm, dessen oberste Stockwerke und Dach aus dem 19. Jahrhundert stammen

Friedrich von Schwaben, nicht aber, wie oft behauptet, seine Gemahlin Agnes von Waiblingen, Tochter Kaiser Heinrichs IV., deren Grabstätte sich in Klosterneuburg befindet. Die beiden gründeten zusammen mit ihren Söhnen Friedrich und Konrad 1100 das Benediktinerkloster St. Petrus als Hauskloster. Der schon fünf Jahre später verstorbene Stifter Herzog Friedrich wurde allerdings zunächst nicht hier beigesetzt, sondern wie schon sein Vater Friedrich von Büren, der gern als »Stammvater« der Staufer bezeichnet wird, in der Lorcher Stiftskirche, die wohl »als eine erste Grablege der Staufer gelten« kann. Herzog Friedrichs Sohn, König Konrad III., der als erster Staufer den Titel eines römisch-deutschen Königs trug, veranlasste schließlich die Umbettung der sterblichen Überreste seines Vaters und anderer Staufer aus der Stiftskirche in die Klosterkirche und wollte auch selbst dort begraben werden – ein vergeblicher Wunsch, denn der in Bamberg verstorbene König wurde im dortigen Dom beigesetzt. Seine erste Gattin Gertrud von Comburg dagegen fand vermutlich in Lorch ihre letzte Ruhestätte, ebenso mehrere Kinder von Friedrich I. Barbarossa, und schließlich Irene, die byzantinische Kaisertochter und Gemahlin des jüngsten Barbarossa-Sohnes König Philipp II.

Nach dem Niedergang des Geschlechts ging es auch mit dem Kloster, das in den Herrschaftsbereich der Württemberger gelangte, ein Stück weit bergab. Dass sich dort Gräber der Staufer befanden, schwand zwar

Gräbern der Staufer zu sprechen, noch Lorch als *die* »Grabstätte des Hohenstauffischen Herzog- und Kaiserhauses« zu bezeichnen. Eine Grablege, in der die Staufer mehrheitlich begraben worden wären, hat es nie gegeben; die Angehörigen dieses schwäbischen Adelsgeschlechts fanden an den unterschiedlichsten Orten des Abendlandes, vorzugsweise in Deutschland und Italien, ihre letzte Ruhe. In Lorch, so die Annahme der Forschung, liegen etwa 20 Mitglieder der Familie begraben, darunter der Klostergründer Herzog nie restlos aus dem Bewusstsein der Nachwelt, aber erst mit einer Mitte des 15. Jahrhunderts durchgeführten Klosterreform und dem wirtschaftlichen Wiederaufstieg Lorchs, der sich unter anderem in einer regen Bautätigkeit ausdrückte, wandte man sich gezielt den staufischen Wurzeln zu. 1457 wurden die Gräber geöffnet und die Gebeine der Verstorbenen in der repräsentativen Staufer-Tumba im Mittelschiff der Basilika zusammen bestattet. Auf dem umlaufenden Band der reliefierten Deckplatte ist in gotischer Schrift zu lesen: »da gloriam deo Anno domini MCII iar ward diß / closter gestift Hie lit begraben herzog fridrich von swaben er und siin / kind disß closters stifter sind sin nach / komling ligent och hie bij got in allen gnadig sii gemacht im 1475.« Hier wurde alljährlich am 2. September in einem Gebetstag der Stifterfamilie gedacht. Auch in den 1511/12 entstandenen sogenannten Lorcher Chorbüchern, prachtvoll gestalteten Handschriften, von denen heute noch zwei Antiphonarien und ein Graduale erhalten sind, die in der Württembergischen Landesbibliothek aufbewahrt werden, gab es Hinweise auf die Gründerfamilie, so wurde etwa das staufische Wappen abgebildet. Nachdem die Kirche im Bauernkrieg 1525 schwere Zerstörungen erlitten hatte, entstanden beim Wiederaufbau um 1530 die später mehrfach übermalten Stauferbilder an den Pfeilern des Kirchenschiffes. Neben den großen Herrschern des Hauses wurde hier auch den Klosterstiftern Herzog Friedrich und König Konrad III. mit ihren Gemah-

linnen Agnes von Waiblingen und Gertrud von Sulzbach ein Denkmal gesetzt.

Kurz danach kam die Reformation über das Land, unter Herzog Ulrich wurden 1535 die Mönche von ihren Gelübden entbunden und zum Verlassen der Klöster aufgefordert, was in Lorch allerdings kaum Wirkung zeigte. 1556 schließlich wurde Kloster Lorch in eine niedere Klosterschule umgewandelt, in der man die jüngeren Schüler, die für die Pfarrer- oder Lehrerlaufbahn vorgesehen waren, unterrichtete, bevor sie den Weg zu den höheren Seminaren wie Maulbronn und Bebenhausen antraten. Die Schule hatte keinen langen Bestand, schon 1583 musste sie wieder schließen. Zwar wirtschaftete die eingesetzte evangelische Klosterverwaltung in den nächsten beiden Jahrhunderten recht ordentlich, als allerdings 1807 das Klosteroberamt Lorch endgültig aufgelöst wurde, hatte schon längst der Verfall des Klosters samt seiner Wirtschaftgebäude eingesetzt. In einer Bestandsaufnahme aus dem Jahr 1786 wurde bezüglich der Kirche festgehalten: »Völlig im Abgang.«

Den Dorfkindern dürfte das nur recht gewesen sein, bot das bröckelnde Gemäuer mit den geheimnisvollen Winkeln und

Ein Kloster als Spielplatz und Inspirationsquelle – der zeitweise in Lorch aufgewachsene Friedrich Schiller (1759–1805) als Eleve der Hohen Carlsschule

Links: Auftraggeber der Lorcher Chorbücher – Epitaph von Abt Sebastian Sitterich. Rechts: Ziel der Pilger – Staufertumba aus dem Jahr 1475

Gemälden doch einen reizvollen Spielplatz. Es liegt kein Zeugnis vor, aber Friedrich Schiller dürfte da keine Ausnahme gemacht haben. Im Dezember 1763 wurde sein Vater als Werbeoffizier nach Schwäbisch Gmünd versetzt, Anfang des folgenden Jahres siedelte er mit seiner Familie in das Dorf Lorch um, wo das Leben weitaus billiger war. Hier ging Schiller zum ersten Mal zur Schule, lernte Latein und war von den Predigten und der Person des Pfarrers Philipp Ulrich Moser derart beeindruckt, dass ihm eine geistliche Laufbahn vorzuschweben begann. Neben dem Sohn Mosers gehörte der drei Jahre jüngere Karl Philipp Conz, Sohn des Klosteramtsschreibers, zu den engsten Freunden des Jungen. Conz wie Schiller scheinen es die Staufergräber in der Klosterkirche angetan zu haben. Schillers Schwägerin Caroline von Wolzogen schreibt in ihrer Biographie: »Ein Kloster auf einer andern Anhöhe, das die Gräber der Hohenstaufen verwahrt, besuchten sie auch oft; und diese religiösen und geschichtlichen Eindrücke, in des Kindes Gemüth aufgenommen, waren vielleicht die ersten Fäden des magischen Gewebes der tragischen Darstellung, die der Genius in seiner Seele anlegte.«

Zumindest scheint der Genius das Interesse der Jungen an der tragischen Figur des letzten Staufersprosses in direkter Linie, des 1268 mit nur 16 Jahren in Neapel hingerichteten und zunächst am Strand verscharrten Konradin, beflügelt zu haben, denn beide trugen sich später mit dem Gedanken, ein Konradin-Drama zu verfassen. Schiller äußerte dies im April 1783 gegenüber dem Mannheimer Theaterintendanten Wolfgang Heribert von Dalberg, nach Aussage seines Freundes

Andres Streicher hatte er diese Idee schon Anfang 1782. Zufall oder nicht, aber Conz veröffentlichte genau in diesem Jahr 1782 ein Konradin-Drama, in dessen Vorwort er beißende Kritik an den herrschenden Zuständen im Reich übt und auf die beispielhaften Tugenden der Staufer verweist. Da beide Freunde über die Kindheit hinaus einander verbunden blieben und Conz, der am Tübinger Stift studierte und die Theologenlaufbahn einschlug, bevor er 1804 zum Professor der klassischen Literatur an die Universität Tübingen berufen wurde, unter anderem in Schillers *Neuer Thalia* veröffentlichte, dürften sich die beiden über ihre Pläne ausgetauscht haben. Es ist Spekulation, doch vielleicht traf ja Conz' Vorwort zu seinem Drama nicht nur auf ihn, sondern auch auf Schiller zu: »Und wie oft hab ich nicht gestanden an Euren Bildnissen, noch als Knabe – o der wehmüthigfrohen Erinnerung! – Da ich noch nicht wußte, wer die Männer wären mit den ehrwürdigen Bärten und den Kraftgesichtern und Gluthbliken in den langen Röken mit den weiten Falten: – Und doch flößtet Ihr mir so heilige Ehrfurcht ein. Damals wars auch, daß in eben Eurem Reihen der blühende Jüngling mit dem traurigen Auge, und ob ihm die Vorstellung seiner grausamen Hinrichtung, meine Aufmerksamkeit auf sich zog: Ich hörte seine Geschichte, las sie, und schwurs leise, ihm ein Denkmal zu errichten.« Aus einer Fußnote wird ersichtlich, dass es sich um die Bildnisse »in der Kirche des Geburtsortes des Verfassers«, also in der Kirche von Kloster Lorch, handelt. Ein weiteres Denkmal errichtete Conz den Staufern in dem Gedicht *Erinnerung an Lorch*, wo unter anderem zu lesen ist: »Noch denk ich fromm der süßen Knabenzeiten / Dort in der alten gotischen Abtei. / Noch hör ich dumpf die Glockentöne läuten / Vom nahen Turm, und meinem Geist vorbei / Ziehn mit der Klänge weckendem Bedeuten / Der Bilder mir so manche frisch und neu. / O Tage, mir ins innere Mark geschrieben / Mit Geisterschrift, ich muß euch ewig lieben.«

Conz' Werke zu den Staufern waren ebenso wie ein 1776 publiziertes,

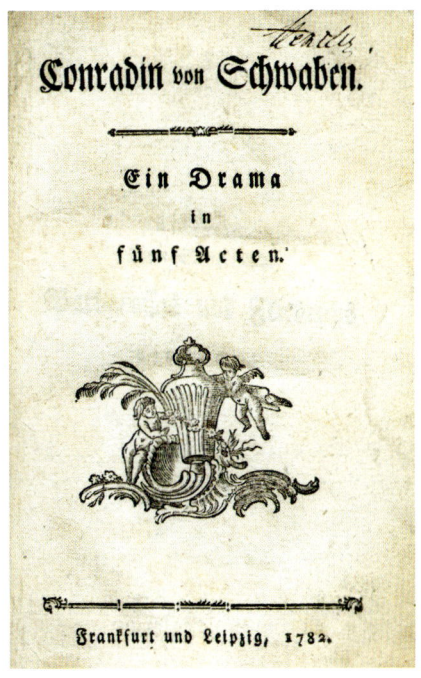

Tragischer Staufersspross im Visier der Poeten – Konradin-Drama des gebürtigen Lorchers Karl Philipp Conz (1762–1827), Titelblatt der Ausgabe von 1782

fragmentarisch gebliebenes Konradin-Drama von Johann Anton Leisewitz, das Schiller und Conz auch angeregt haben könnte, erste Vorboten eines Stauferkults, wie er mit der Romantik, der Wiederentdeckung des Mittelalters und des im Zuge der napoleonischen Kriege geweckten Bedürfnisse nach einer nationalen deutschen Identität aufkam. Achim von Arnims Romanfragment *Die Kronenwächter*, dessen erster Band 1817 erschien, während der zweite erst postum 1854 herausgegeben wurde, handelt von einem Geheimbund, der sich um das Jahr 1500 für die Wiedereinsetzung der staufischen Nachkommen in die alten Herrschaftsverhältnisse einsetzt. Berthold, einer der Kronenwächter, lässt sich in Lorch »in die gewölbten Grabhallen,

Faszinierende Staufergattin – Gedenktafel von 1898 für die in Lorch bestattete byzantinische Kaisertochter Irene im südlichen Querschiff

wo die Hohenstaufen unter einfachen, gehauenen Grabsteinen ruhten«, führen und hegt den Wunsch: »Hier bei den Meinen möchte ich ausschlafen!« Draußen braut sich ein unheilvolles Gewitter zusammen: »Ein blauer Blitzstrahl zuckte durch die Halle, der Donner rollte und ein Blutstrahl sprang aus der Armader Berthold's [...]. Der Mönch ließ die Fackel fallen und faßte Berthold's Hand, der nun sanft auf das Grabmal des Stammvaters der Hohenstaufen niedersank.«

Nicht nur der Stammvater und Konradin zogen das Interesse auf sich, auch Irene, die Gemahlin König Philipps II., gehört in den Kreis jener Staufer, die in die Literatur eingingen. Sie kam um 1180 als Tochter des byzantinischen Kaisers Isaak II. Angelos in Konstantinopel zur Welt und wurde mit Roger III., Herzog von Apulien und Mitherzog von Sizilien, verheiratet. Bald schon wieder Witwe, wurde sie von Heinrich VI. bei der Einnahme von Palermo gefangen genommen und 1197 seinem Bruder Philipp von Schwaben zur Frau gegeben. Als dieser 1208 einem Attentat zum Opfer fiel, flüchtete sie sich auf den Hohenstaufen und starb kurz darauf bei der Geburt ihres siebten Kindes im Kindbett. Walther von der Vogelweide, der zeitweise am Hof König Philipps engagiert war und während des Thronstreits zwischen Philipp von Schwaben und Otto von Wittelsbach für den Staufer Partei ergriff, bezeichnete Irene im sogenannten »Ersten Philippston« als Königin von hoher Geburt, die ihrem Gemahl hoheitsvoll gefolgt und eine Rose ohne

Damals »völlig im Abgang« – die Lorcher Klosterkirche auf einer Tusch-zeichnung von Schillers Schwester Christophine, verheiratete Reinwald

Dorn, eine Taube ohne Galle sei. 1898 wurde in der Klosterkirche eine Gedenktafel für Irene enthüllt, auf der unter anderem Walthers Verse zitiert werden und die im südlichen Querschiff zu sehen ist. Der Umstand, dass sie nur zwei Monate nach ihrem Gatten selbst starb, rührte die Herzen – und zwar nicht nur die der Romantiker. 1830 fand sich in der Lorcher Klosterkirche unter einem Sarg ein schmaler Ring mit dem Christusmonogramm IHS, den Symbolen der Passion und der Darstellung Marias mit dem Kind. Fälschlicherweise wurde er sofort als Ring Irenes, die in Schwaben auch den Namen Maria trug, angesehen. Vom »Irenen-Ring«, der im Zweiten Weltkrieg verloren ging, wurden unzählige Nachbildungen angefertigt, noch heute gilt er als beliebtes Schmuckstück, und wie ein Blick ins Internet verrät, wird er vielfach noch immer Königin Irene zugeschrieben. Neun Jahre nach dem Fund veröffentlichte Justinus Kerner

ein Gedicht mit dem Titel *Hohenstaufen*, das bezeichnenderweise Conz gewidmet ist und in dem außer Konradin auch das unglückliche Königspaar auftritt: »Und Philipp und Irene traut, / Sie wall'n zur Linde Hand in Hand: / Ein Vogel singt mit süßem Laut / Vom schönen griech'schen Heimatland.«

Heute wird in Lorch unter anderem auch durch einen Rundwanderweg an Irene erinnert. Dieser beginnt und endet allerdings am Bahnhof und nicht etwa bei der uralten Linde, zu der das Paar laut Kerner wallte. Das wäre auch nicht gut möglich, denn sie gibt es seit 1955 nicht mehr. Gemeint ist die »Barbarossa-« oder »Hohenstaufen-Linde«, die vor dem östlichen Eingang zum Klostergelände stand und der man ein Alter von über 1000 Jahren nachsagte. Ob Letzteres historisch richtig ist, bleibt dahingestellt, aber anregend für die Phantasie war eine seit den Zeiten der Staufer existierende Linde allemal. Eduard Mörike, der von 1867 bis

Mörike-Zeichnungen aus Lorcher Jahren – links Moritz von Schwind beim Mittagsschläfchen in Lorch, rechts Mörikes Storchenrätsel mit Kloster

1869 mit seiner Frau Margarethe zwei ruhige, schöne Jahre in Lorch verlebte, erinnert sich in einem Brief an Karl Wolf vom 13. August 1867 an sein Erlebnis mit besagtem Baum: »Inzwischen wurde auch das Lorcher Kloster mehrmals besucht; der dicke (Römer?-) Thurm mit seiner Wendeltreppe, deren massive Spindel ein Mann bei Weiten nicht umklaftern könnte, bestiegen, die öden MönchsZellen durchgangen, die Kirche ohnehin. An der niedern Ringmauer gegen das Thal sind schmale liebliche Blumengärten. Da war ich wieder halb im Bebenhausen! Gewiß haben wir Beide, du dort und ich hier, während der letzten Tage ein u. das andre Mal zur gleichen Stunde dasselbe milde Herbstgefühl in klösterlicher Umgebung genossen. Eins hättest Du mit ansehen sollen. Wir standen vor dem Klosterthor, 40 Schritt von der uralten Linde, und schauten in die Weite und ins Thal hinab, wo links nach Gmünd die Eisenbahn, mit einer schönen Krümmung um den Berg herum, verschwindet. Hinter unserm Rücken tanzten die Kinder auf dem Grasboden im Schatten der Linde. Als wir uns endlich nach ihnen umsahen, standen sie alle drei, mit der Magd, einem jungen singlustigen Ding aus Weinsberg, in dem hohlen Innern des riesigen Stamms so dass man kaum etwas von ihnen sah, und sangen selbviert mit heller Stimme:

O Lindenbaum, o Lindenbaum,
Wie grün sind deine Blätter!

So fort mit Grazie in infinitum.« Zur Erinnerung an diese Szene ließ Mörike auf einem Tonkrug für Maria Ehmann, die Freundin seiner Töchter, die mit ihnen in Lorch wohnte, diese Verse eingravieren. Seine Gäste brachte Mörike gerne zum Kloster hinauf, und wie aus einem Brief an Moritz von Schwind, der ihn im November 1868 zwei Tage lang hier besucht hatte, herauszulesen ist, setzte er sich gern zum Zigarrenrauchen unter das ausladende Blätterdach. Moritz von Schwind seinerseits berichtet seiner Tochter: »Wir besuchten eine mehr als tausendjährige Linde, einen wundervollen Baum.« 1873 brachte Mörike, er lebte inzwischen von seiner Frau getrennt, nochmals einige Zeit in Lorch zu, von der Unbeschwertheit des ersten Aufenthalts ist jedoch kaum mehr etwas zu spüren. An Familie Hartlaub schreibt er am 18. September: »Bis zum 11. Sept. saßen wir noch in Lorch. Der 8te war vielleicht der ödeste, langweiligste, den ich jemals erlebte. Ich hatte mir die Tage zuvor bei einem Besuch auf dem Kloster in dem zugigen Refectorium, wo man alte Wandmalereien entdeckte, und oben in den offenen MönchsZellen eine starke Erkältung geholt u. daher ein dreitägiges Kopfweh.«

Mörike hatte das Kloster noch in einem Zustand gesehen, den wir heute nicht mehr kennen. 1879 setzten umfangreiche Restaurierungsmaßnahmen ein. So wurden beispielsweise Wände neu errichtet, andere ersetzt, gotische Fenster eingebaut, die Dächer umgestaltet und der Marsiliusturm um drei Stockwerke erhöht. Der Schriftsteller und Kunsthistoriker Wilhelm Hausenstein erlebte in den 1930er-Jahren ein ganz anders, ein sehr viel mächtiger wirkendes Kloster, ein Kloster, das er in seinen *Wanderungen. Auf den Spuren der Zeiten* als »umhegte Welt« emp-

fand, eine Welt, in der »der Gedanke ans Weltweite« entstehen konnte, den er in Schiller, in Mörike, in den Mönchen von Cluny und auch in den früh hier am Limes Wache haltenden Römern zu entdecken glaubte. Es konnte nicht ausbleiben, dass die Staufer und damit auch Kloster Lorch von den Nationalsozialisten vereinnahmt wurden. 1934 wurde aus der seit zwei Jahren in den Klosterräumen bestehenden Evangelischen Bauernschule eine Nationalsozialistische Bauernschule, zudem war geplant, eine Staufergedenkstätte und »nationalsozialistische Feierstätte« einzurichten, was aber nicht umgesetzt wurde. Nicht so sehr um humanistische Weltweite und schon gar nicht um deutsch-nationale Größenphantasien ging es Otto Rombach, der in seinem »heimatlichen Reisebuch«, dem 1970 erschienenen *Atem des Neckars*, in Kloster Lorch eher die schwäbischen Wurzeln sieht: »Also war das Kloster auf dem Liebfrauenberg nicht einmal zweihundert Jahre lang staufisch gewesen. Und trotzdem geht noch immer von ihm, ganz anders als von den Pfalzen und Burgen, die vom Niederrhein bis nach Sizilien die staufischen Zeichen tragen, eine besondere Stimmung aus, vielleicht gerade deshalb, weil es ein Ort der schwäbischen Vorfahren jener mächtigen Kaiser war.«

Heute pilgern die Besucher des Klosters nicht mehr in erster Linie zu den Staufergräbern, sondern zu einem beeindruckenden ehemaligen Kloster, in dem Mitglieder dieses alten deutschen Herrschergeschlechts liegen, das aber auch Schiller und Mörike beherbergte.

Murrhardt

Romantisches Intermezzo

Klöster mögen in der Dichtung als Refugien der Einsamkeit und Besinnlichkeit, als Orte von Klausur und Zölibat Eingang gefunden haben, mit Hochzeiten dagegen bringt man sie gemeinhin nicht in Verbindung. Im Falle Murrhardts verhält es sich allerdings ein bisschen anders: 1803 wurde hier eine Hochzeit gefeiert, dank der die im Schwäbisch-Fränkischen Wald gelegene kleine Stadt samt ihrem Kloster in die Literaturgeschichte einging. Es handelte sich im wahrsten Sinn des Wortes um eine romantische Hochzeit, trat doch die Muse der Jenaer Romantiker, Caroline Schlegel, an der Seite eines der Hauptvertreter des deutschen Idealismus, Friedrich Wilhelm Joseph Schelling, vor den Altar. Doch bis es so weit kommen konnte, war es ein langer Weg – für Murrhardt ebenso wie für das Brautpaar. Ohne das Murrhardter Kloster hätte es diese Hochzeit so nicht gegeben, sie hätte woanders stattfinden müssen. Und das Kloster hätte es vielleicht nicht ohne die Römer gegeben, denn sie waren es, die mit ihrem »Vicus murrensis« den Grundstein legten.

Um 150 n. Chr. errichteten sie ihre östlichste Bastion, für uns heute *der* Limes, der auf Murrhardter Grund und Boden durch ein Kastell abgesichert wurde, an das sich ein Lagerdorf anschloss. Ihren Begräbnisplatz legten die Römer in unmittelbarer Nähe auf einem Hügel an, wo sie unter anderem auch einen Tempel zu Ehren des Sonnengottes Mithras erbauten, im Tal errichteten sie einen zweiten Tempel. Schon seit über zweihundert Jahren gehörte Murrhardt zum Krongut des Fränkischen Reiches, als der Wandermönch Pirmin 730 auf den Überresten des alten Mithrastempels die Urkirche St. Maria baute. Etwa zwanzig Jahre später stiftete König Pippin die Urzelle St. Trinitatis, die 788 als kleines Kloster in einer von Karl dem Großen ausgestellten Urkunde erstmals erwähnt wird und sich im Besitz der Bischöfe von Würzburg befand. Über den Resten des zweiten römischen Tempels ließ Abt Walterich, großzügig unterstützt von Kaiser Ludwig dem

Ort einer romantischen Hochzeit – Murrhardts Klosterareal, Stadtkirche und Prälatenhaus mit den Fenstern, hinter denen die Braut wohnte

Frommen, 816/817 das Benediktinerkloster St. Januarius erbauen. Justinus Kerner, der von 1812 bis 1815 Arzt im nahen Welzheim war, erzählt in seinem Gedicht *Die Walderichs Kapelle zu Murrhardt* die Gründungslegende: Kaiser Ludwig erscheint mitten in politischer Bedrängnis im Traum ein Greis, der »im grünen Tal« bei einem Kreuz kniet und ihm, wie eine Stimme verkündet, helfen könne. Ludwig tut, wie ihm geheißen wird, reitet von seiner Burg Wolkenstein herab, findet den Greis, der ihm Trost und Rat spendet und ihn auffordert: »»Trag ab den Wolkenstein zur Stund‹ – / Also der heil'ge Waldrich sprach – / ›Stell eine Kirch' in Tales Grund, / Und denk an des Erlösers Schmach!« In seiner Dankbarkeit lässt der Kaiser, wie ihm geheißen, seinen Herrschersitz, Burg Wolkenstein, abtragen und damit das Murrhardter Kloster erbauen. So weit die Legende, mit den historischen Tatsachen verhält es sich, wie in solchen Fällen üblich, ein wenig anders. Walterich stand in enger Verbindung zum Haus der Karolinger, möglicherweise war er sogar ein illegitimer Sohn Karls des Großen und damit Halbruder Lud-

»Wallfahrtskirche aus alten Zeiten« – die auf römischen Tempelresten erbaute Walterichs-kirche, in der sich das Grab des Einsiedlers befindet

Die Geschichte des Klosters nach dem Ende der Karolinger gestaltete sich wechselhaft, und in dem ständigen Auf und Ab wurden auch die Klostergebäude mancher Veränderung unterworfen. Ein erster Neubau der Klosterkirche, die inzwischen den Namen »Stadtkirche« trägt, erfolgte um das Jahr 1000, ihre jetzige Form geht im Wesentlichen auf einen Neubau Mitte des 15. Jahrhunderts zurück. Kriege, Hunger und Pest setzten dem Kloster mit seinem angrenzenden Dorf schwer zu, 1525 etwa wurde im Bauernkrieg die Bibliothek mit einem Großteil ihrer wertvollen Bestände zerstört. Vom hufeisenförmig an die Kirche angesetzten Klausurbereich und Kreuzgang ist heute nur noch der Südflügel mit Refektorium und Alter Abtei erhalten, während der weitläufige Klosterhof mit der Zehntscheuer und dem Langen Bau noch manch alte Gebäudesubstanz aufweist.

Zwischen 1365 und 1395 waren Kloster und Stadt württembergisch geworden, und als das Land sich mit der Reformation dem Protestantismus zuwandte, brachen neue Zeiten an. Die Benediktiner mussten weichen, aus St. Anna wurde die Walterichskirche, die Klosterkirche wurde den Bedürfnissen der neuen Religion angepasst, und Herzog Christoph setzte ein evangelisches Klosteramt ein, das, von einer kurzen Unterbrechung im Dreißigjährigen Krieg abgesehen, von 1556 bis zur Säkularisation 1806 existierte. Letzter Vorsteher dieses Klosteramts in Murrhardt war Prälat Joseph Friedrich Schelling, der Vater des Bräutigams bei

wigs des Frommen, zu dessen engem Beraterkreis er zählte. Von 794 bis 796 war er Abt in Neustadt am Main, danach verschwindet sein Name aus den Annalen und taucht erst im Zusammenhang mit der Gründung des Murrhardter Benediktinerklosters wieder auf. Walterich starb um das Jahr 840 an einem 29. November und wurde in der dem Kloster gegenüberliegenden Kirche St. Maria begraben.

jener 1803 stattfindenden romantischen Trauung.

Die Zeit damals war allerdings alles andere als romantisch. Mit Napoleon hatte man vorübergehend Frieden geschlossen, doch das Ende des alten Römischen Reiches Deutscher Nation war spätestens mit der Verabschiedung des Reichsdeputationshauptschlusses am 25. Februar 1803 beschlossene Sache, das Land wurde neu organisiert. Dass dies keine Friedensära einläutete, sondern nur die gespannte Stille vor dem nächsten Sturm bedeutete, spürten die Menschen sehr deutlich. So begruben Friedrich Wilhelm Joseph Schelling und seine Gefährtin Caroline Schlegel ihre Italienpläne und reisten nach Schwaben zu Schellings Eltern ins friedliche Murrhardt. Es muss für die damals eher abgeschieden lebenden Murrhardter aufregend gewesen sein, die Fremden in ihrer Mitte zu beherbergen, denn am 30. Mai 1803 lief das »ganze Städtchen [...] zu Thür und Fenster«, als ihre Kutsche einfuhr. Das Willkommen war herzlich, wie Caroline Schlegel am 5. Juni an ihre Schwester schreibt: »Ich begrüße Dich aus dieser fernen und friedlichen Gegend, liebe Luise, wo ich glücklich, ohne den kleinsten Zufall [Unfall] angekommen und über alle Beschreibung wohl und herrlich empfangen worden bin.« Bei den Murrhardtern dürfte einige Neugierde im Spiel gewesen sein, galt dieser junge Professor der Philosophie doch als angehende Berühmtheit und die Frau an seiner Seite als gelehrte Dame von eher zweifelhaftem Ruf.

Die »Dame Lucifer«, wie der damals ebenfalls in Jena wohnende Schiller sie angeblich genannt hat, kam als Tochter des berühmten Historikers Johann David Michaelis 1763 in Göttingen zur Welt, heiratete einen Landarzt, mit dem sie in der öden Bergwerkstadt Clausthal lebte, und zog nach dessen Tod mit ihrer Tochter Auguste, dem einzigen ihr verbliebenen Kind, nach Mainz in die Nähe ihrer Jugendfreundinnen Meta Forkel und Therese Heyne. Letztere war verheiratet mit dem schillernden Georg Forster – Weltumsegler mit James Cook, Verfasser der berühmten *Reise um die Welt* und Bibliothekar an der Mainzer Universitätsbibliothek –, für den die ausgesprochen gebildete und belesene Caroline im stillen Kämmerchen manche Übersetzung anfertigte, um sich und

Der glückliche Bräutigam – undatiertes Porträt des Philosophen Friedrich Wilhelm Joseph Schelling (1775–1854) von Cäcilie Brandt

Vorbedingung zur Heirat – Entwurf des Scheidungsgesuchs
Caroline Schlegels (1763–1809) an Karl August von Sachsen-Weimar
mit Korrekturen von Goethes Hand

ihre Tochter zu ernähren. Hier geriet Caroline 1792/93 in die Wirren der Revolutionskriege, ging eine folgenreiche Affäre mit einem französischen Offizier namens Jean Baptiste Dubois-Crancé ein und wurde als Anhängerin der Jakobiner inhaftiert. Freunde, darunter die Romantiker August Wilhelm und Friedrich Schlegel, konnten sie gerade noch rechtzeitig aus der Haft frei bekommen, bevor man ihre Schwangerschaft entdeckt hätte. Das Kind von Dubois-Crancé brachte sie heimlich in der Nähe von Leipzig zur Welt, wo es allerdings noch im ersten Lebensjahr vermutlich an Masern starb. In schwieriger wirtschaftlicher Situation heiratete Caroline schließlich August Wilhelm Schlegel und folgte ihm nach Jena, wo sie ihm unter anderen bei seinen berühmten Shakespeare-Über-

setzungen half und schnell zur Muse der Romantiker aufstieg. Dort lernte sie auch den um zwölf Jahre jüngeren Schelling kennen und ließ sich nach langem Hin und Her und gepeinigt von Schuldgefühlen, die der Tod der an Ruhr verstorbenen Tochter Auguste in ihr ausgelöst hatte, scheiden, um für den Geliebten frei zu sein. Im fernen Murrhardt nun sollten all diese Irrungen und Wirrungen – die Scheidung war erst am 17. Mai 1803 rechtskräftig geworden – mit der Hochzeit am 26. Juni 1803 ein Ende finden.

Die Trauung fand in der ehemaligen Klosterkirche statt, und hier kann man noch einen weiteren Bezug zur Literatur entdecken. Unter den Epitaphen befinden sich auch die des Prälaten Wilhelm Konrad Haselmeier (1660–1731) und seiner Frau. Literarisches wird einem bei diesem Anblick nicht ohne Weiteres in den Sinn kommen, erst auf den zweiten Blick springt der Name einer der Töchter ins Auge: »Elisabetha Juliana Hölderlinin«. Tatsächlich handelt es sich beim Prälatenpaar Haselmeier um die Urgroßeltern von Friedrich Hölderlin. Der Besuch an ihrem Grab mag einer der Gründe gewesen sein, die den von seiner beginnenden Geisteskrankheit gezeichneten Dichter im Juni 1803, »ohne Begleitung, zu Fuß, querfeldein wie durch Instinkt geführt«, von Nürtingen nach Murrhardt führten. Der andere, zweifelsohne gewichtigere Grund war ein Wiedersehen mit Schelling, dem alten Freund aus Tübinger Stiftstagen. 36 Stunden blieb der Dichter, und wenig später, am 11. Juli, schreibt Schelling an Georg Wilhelm Friedrich Hegel, den Dritten im Bund des ehemaligen Stiftskleeblatts: »Sein Anblick war für mich erschütternd: er vernachlässigt sein Äußeres bis zum Ekelhaften und hat, da seine Reden weniger auf Verrückung hindeuten, ganz die äußeren Manieren solcher, die in diesem Zustande sind, angenommen. – Hier zu Lande ist keine Hoffnung ihn herzustellen.« Was die Freunde in den 36 Stunden gesprochen und getan haben, ist nicht bekannt, doch wie Schelling sehr viel später, am 11. Februar 1847, an Gustav Schwab schrieb, folgte »ein schmerzlicher Abschied auf der Landstraße – ich glaube vor Sulzbach. Seitdem habe ich ihn nicht wieder gesehen.« Noch weitere alte Fäden wurden bei dem bis Oktober dauernden Besuch des jungen Ehepaares in Murrhardt

wieder aufgenommen. Während eines Kuraufenthalts in Cannstatt traf Caroline Schlegel-Schelling in Stuttgart Therese Heyne-Forster wieder, die inzwischen Therese Huber hieß. Nach dem Tod Forsters hatte sie 1794 ihren langjährigen Geliebten, den Journalisten Ludwig Ferdinand Huber, Freund Schillers aus frühen Thüringer Tagen, geheiratet und, um die immer größer werdende Familie finanziell mit über Wasser zu halten, unter dem Namen Hubers zur Feder gegriffen, was ihr so erfolgreich gelang, dass sie heute als eine der bedeutendsten Schriftstellerinnen der Goethezeit gilt. Durch die literarische Tätigkeit war das Ehepaar Huber nach Stuttgart verschlagen worden, wo das »Teufelsweib«, wie man Therese, um ihr den Aufenthalt zu untersagen, in Zürich genannt hatte, im Sommer 1803 erneut der »Dame Lucifer« Caroline begegnete. Einladungen wurden ausgesprochen, und

Ein Grund für Hölderlins Murrhardt-Besuch? – Ausschnitt aus der Grabplatte seines Urgroßvaters Wilhelm Conrad Haselmeier in der Stadtkirche

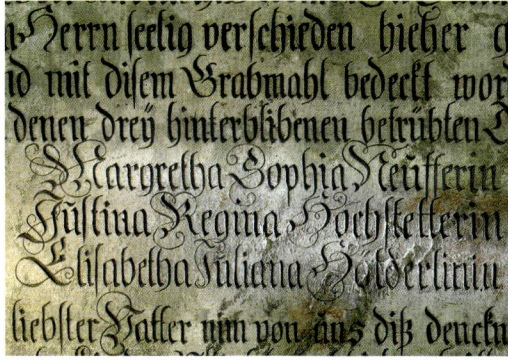

Literarisches Ehepaar zu Besuch – Ludwig Ferdinand Huber (1764–1804) und Therese Huber (1764–1829)

die Freundinnen, die immer auch Rivalinnen gewesen waren, trieben im August drei Tage lang im Murrhardter Prälatenhaus, das erst 1770 vom Prälaten Friedrich Christoph Oetinger erbaut worden war, ihr Unwesen. Ein Brief Therese Hubers an ihre älteste Tochter vom 3. September verrät mehr über diesen Aufenthalt: »Wir haben ihn [Schelling] also bei seinem Vater besucht; seine Eltern sind ehrwürdig durch ihre Güte, die Art, in der wir empfangen wurden, zeigte uns, daß Caroline und Schelling uns ihnen freundschaftlich empfohlen hatten. Leider betet die ganze Familie ihn an und trägt damit dazu bei, daß er in seinen [philosophischen] Illusionen bestärkt wird. Der Wohnsitz des Prälaten ist ganz und gar romantisch: ein sehr geräumiges und bequemes Wohnhaus neben einem

ehemaligen Kloster, das jetzt als Wirtschaftsbau dient, eine einfache, helle Kirche, neben der sich noch eine kleine Kapelle befindet, deren Gruft aus der Zeit Ludwigs des Frommen stammen soll, die aber selbst ein sehr gotischer Bau ist.« Hier irrte die Schriftstellerin und später erste deutsche Berufsjournalistin, denn es handelt sich dabei um die 1230 fertiggestellte Walterichskapelle, die bis heute als Kleinod spätromanischer Baukunst gilt.

Im Kreis von alten Freunden, im Schoß der aufgeschlossenen, gastfreundlichen Familie Schelling und fernab des kriegerischen Rumorens verlebten Caroline und F. W. J. Schelling eine glückliche Zeit im idyllischen Murrhardt. Caroline wusste das zu würdigen, am 19. Juli war in einem Brief an ihre Schwester zu lesen: »Aber wir befinden uns hier indeß vortrefflich, und ich wünschte herzlich Dich und die Kinder auch dabei zu haben. Was würden die gefuttert und genudelt werden und mit den welsche Hünerle, Gänserle, Entele und Kückele um die Wette flücke seyn!« Schon kurz nach ihrer Ankunft hatte sie geschrieben: »Der Ort liegt am Fuß der nicht wilden Gebirge, welche Franken und Schwaben trennen, ungleich lieblicher, als wir es uns dachten, und nicht allein lieblicher, sondern schlechtweg sehr anmuthig in einem weiten Thal zwischen mannichfachen Hügeln und Bächen. Das Städtchen ist neu aufgebaut nach einem Brande, die Prälatur ist außerhalb der Stadt, das Haus ist wohlgebaut, hat einen großen freundlichen Vorhof, und Gärten, Seen und Wald hinter sich; auf einem kleinen Hügel liegt jenseits des Sees eine Wallfahrtskirche aus alten Zeiten.«

Tatsächlich wurden dem »heiligen« Walterich schon zu Lebzeiten wundersame Kräfte und Krankenheilungen nachgesagt, und noch heute gilt der 1226/27 selig-, aber nie heiliggesprochene Abt als Patron der Gelähmten, Gebrechlichen und Geisteskranken. Bald nach seinem Tod kamen immer mehr Pilger von nah und fern zu seinem Grab in der Walterichskirche, und mit der Reformation etablierte sich eine protestantische Karfreitagsprozession. 1612 ließ man die Grabplatte zerschlagen, um dem Wunderglauben ein Ende zu setzen, und baute Teile davon neben dem Portal als Opferstock in die Wand ein, was die Pilger allerdings genauso wenig abhalten konnte

wie die Überdeckung des Grabes im Jahr 1801. Die Prozession fand bis in die 1930er-Jahre hinein statt, heute gibt es Bestrebungen, sie ebenso wieder aufleben zu lassen wie die alte abgerissene »Büßertreppe«, auf der die Gläubigen auf Knien zur Kirche, dem Grab und dem aus Holz geschnitzten »Ölberg«-Altar rutschten. Therese Huber, selbst aufgeklärte Protestantin, berichtete in dem Brief vom 3. September ihrer Tochter: »Hinter dem Haus

Begabter Naturwissenschaftler und führender Pietist – Epitaph für den zuletzt in Murrhardt wirkenden Prälaten Friedrich Christoph Oetinger (1702–1782)

Links: »Wundertätiger« Opferstock aus Resten der ursprünglichen Grabplatte Walterichs. Rechts: Spätromanisches Kleinod – die Walterichskapelle

[Prälatur] ein schöner Garten, hübsche Teiche, die von einem kleinen Hügel begrenzt werden, auf den man auf einer alten moosigen Treppe hinaufsteigt und auf dessen Höhe eine dem heiligen Walderich geweihte Kapelle einen sehr malerischen Anblick bietet. Sie ist sehr alt, und obwohl sie seit Jahrhunderten von den Ketzern beschmutzt ist, pilgern die Katholiken noch zu ihr hin und bringen ihre Verehrung und den Tribut ihrer Frömmigkeit dar, der immer noch 50 bis 100 fl. [Gulden] jährlich ausmacht. Die Regierung hat diesen Götzendienst verboten; die Rechtgläubigen wagen nicht mehr, ihre Gaben in die Armenbüchse zu stecken, die sich vor dem Eingang befindet, wo früher das Bild des Heiligen aufgestellt war, sondern sie stopfen das Geld jetzt in den Rasen vor der Säulenhalle, um nicht ihre Devotionspflicht zu versäumen. Es kommen vor allem Frauen, die Kinder kriegen wollen.«

Eine protestantische Frau, deren todkrankes Kind nach ihrem Flehen zu Walterich gesund wurde und die nun etwas verschämt ihr Opfer darbringt, hat Schelling in seinem postum publizierten Fragment *Clara. Zusammenhang der Natur mit der Geisterwelt* gezeichnet, darin dem Kloster Murrhardt und der Wallfahrt zu Walterich ein literarisches Denkmal gesetzt und eine sicher nicht nur für Murrhardter interessante Frage gestellt: »Sollte nicht aber wirklich, sagte Clara hierauf, anzunehmen sein, daß Geister, denen lange Zeit an bestimmten Orten eine gewisse Verehrung erzeigt wird, durch die Magie des Glaubens wirklich Schutzgeister solcher Gegenden werden?«

Maulbronn

Auf Schritt und Tritt Literaten

*L*aßt alle Hoffnung fahren, die ihr hier eintretet«, mit diesem Wort Dante Alighieris, geschrieben an die Dormenttür, verabschiedete sich Hermann Kurz von seiner Seminarzeit und Maulbronn. Wie vielen er damit aus dem Herzen gesprochen hat, wissen wir nicht, der Einzige dürfte er aber nicht gewesen sein, dagegen spricht allein schon die statistische Wahrscheinlichkeit: Kein anderes Kloster in Baden-Württemberg kann sich derart vieler Berühmtheiten rühmen wie das ehemalige Zisterzienserkloster Maulbronn. Hermann Hesse, Theodor Heuss, Friedrich Hölderlin, Ricarda Huch, Johannes Kepler, Justinus Kerner, Friederike Roth, Joseph Victor von Scheffel, Caroline Schelling, David Friedrich Strauß, Lisa

Wo sich einst zuhauf die Dichter tummelten – Klosterhof des einstigen Zisterzienserklosters Maulbronn mit Kirche, Paradies und Konventgebäude

Tetzner, Friedrich Theodor Vischer sind nur einige wenige der bekannten Persönlichkeiten, die in den klösterlichen Mauern kürzer oder länger, zu einer Stippvisite oder zu mehrjährigem Aufenthalt weilten. Und von vielen blieben nicht nur Spuren wie eingeritzte Namen in den Klostermauern zurück, sondern finden sich Spuren der Klostermauern in Werken und Briefen. Ursache für die stattliche Zahl illustrer Besucher ist nicht nur die touristische Anziehungskraft, die von der wohl »am besten erhaltenen mittelalterlichen Klosteranlage nördlich der Alpen« ausging und ausgeht, sondern

Waschgelegenheit für Mönche – das Brunnenhaus im Maulbronner Kreuzgang, an dessen Decke sich das Fresko mit der Gründungslegende befindet

vor allem die Existenz als evangelische Seminarschule.

Die Gründung des Klosters reicht ins erste Drittel des 12. Jahrhunderts zurück, als Walter von Lomersheim sein heute am nordöstlichen Rand von Mühlacker gelegenes Erbgut Eckenweiher zur Gründung eines Zisterzienserklosters stiftete, in das er selbst eintreten wollte. Das um Unterstützung gebetene Kloster Neuburg im Elsass entsandte Abt Dieter von der Primarabtei Morimond, zwölf Mönche und mehrere Laienbrüder, doch diese mussten bald feststellen, dass sich Eckenweiher nicht eignete. Laut Gründungslegende schickten sie einen mit einem Sack Gold beladenen Maulesel los und errichteten dort, wo er stehen blieb, das Kloster. Der Esel kannte offenbar die Gepflogenheiten der Zisterzienser, die ihre Klöster vorzugsweise in wasserreichen, für Landwirtschaft und Viehzucht geeigneten Tälern situierten, und suchte eine günstige Stelle, eben Maulbronn, aus. Tatsache allerdings ist, dass Bischof Gunther von der zuständigen Diözese Speyer den Mönchen das Lehen schenkte, auf dem sie wohl ab 1147 eine blühende Kulturlandschaft entwickelten. Zeugnis davon legt unter anderem der weitläufige Wirtschaftshof ab, der gemäß den Forderungen des Ordensheiligen Bernhard von Clairvaux alle lebensnotwendigen Einrichtungen innerhalb seiner Mauern beherbergte.

Die Miniaturklosterstadt skizzierte Ricarda Huch 1927: »In eine kleine ummauerte Stadt treten wir ein, die wir mit einem Blick umfassen. Gemütliche

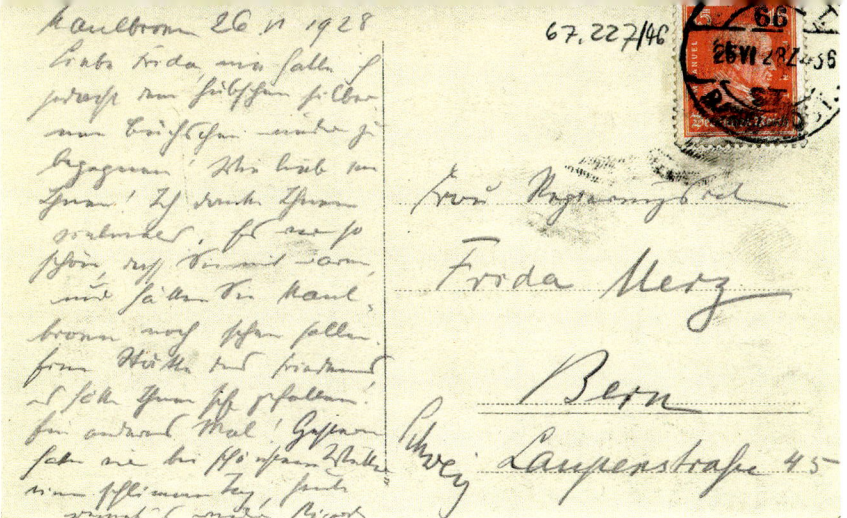

Urlaubsgrüße aus dem Kloster Maulbronn – Rückseite einer Postkarte von Ricarda Huch (1864–1947) an die befreundete Frida Merz vom 26. Juni 1928

Fachwerkhäuser erfüllen den Raum in malerischen Gruppen, vor allem fällt der riesige Fruchtkasten ins Auge, ein Giebelhaus, das das wohlige Bewußtsein aufgespeicherter Vorräte gewichtig zur Schau trägt. Türen, Fenster und Luken beleben in lustiger Unregelmäßigkeit das Dach und die Mauern. Hier sind die Laienbrüder, die nicht draußen in Wald und Flur beschäftigt waren, dem Handwerk und allerlei landwirtschaftlichen Betrieben nachgegangen. Ein Abt soll sich gerühmt haben, es gebe in Maulbronn Schuster, Schneider, Kürschner, Müller, Wagenmacher, Drechsler, Schmiede, Hufschmiede, Dachdecker, Maurer, Hafner, Seiler, Küfer, außer einer Menge von Vertretern höherer Berufe; alles das trieb sein Wesen in Häuschen und Hütten, von denen keines dem andern gleicht und die beliebig und zufällig im Hofe verteilt sind. Im Hintergrunde nach Osten zu sind nebeneinander Kirche und

Kloster hingelagert, geschieden von den profanen Gebäulichkeiten durch einen Brunnen und ein paar Linden, eine der Volksvorstellung treue und heilige Gruppe.«

Der Esel erhielt im Übrigen postumen Dank: Er wurde nicht nur zum Namengeber und Wappentier Maulbronns erwählt, sondern auch auf einem Wandbild im Brunnenhaus verewigt. Dieses Brunnenhaus, das um 1350 gegenüber dem Herrenrefektorium erbaut wurde und vermutlich der Waschung der Mönche diente, entwickelte sich mit der Zeit und natürlich neben dem Esel zu einem der Wahrzeichen des Klosters. Hermann Hesse, und nicht nur er, fing die Melodie des Brunnens unter anderem in einem Text aus dem Jahr 1914 ein. Er beschreibt darin den Brunnen, wie wir ihn heute kennen, wie er aber erst seit dem späten 19. Jahrhundert existiert, als die beiden oberen Schalen zu der vermutlich seit

Wo sich Kerner durch die Lüfte schwang – Kirche der Mönche mit reich verziertem Chorgestühl, hinter dem Lettner die Kirche der Laienbrüder

dem 13. Jahrhundert an Ort und Stelle befindlichen unteren Schale hinzukamen. »Verwirrt und beschämt trat ich dem Wunder näher, stand am Eingang der Brunnenkapelle und sah im klaren Schatten des gewölbten Raumes die drei Brunnenschalen übereinanderschweben, und das singende Wasser fiel in acht feinen Strahlen von der ersten in die zweite größere Schale und in acht feinen klingenden Strahlen von der zweiten in die riesige dritte, und das Gewölbe spielte im ewigen Dornröschentraum verzaubert mit den lebendigen Tönen, heute wie gestern, heute wie damals, die Jahre und Jahrzehnte hindurch, und stand herrlich in sich begnügt und vollkommen als ein Bild von der Zeitlosigkeit alles Schönen.«

Nicht nur dem Brunnenhaus, sondern auch der Vorhalle zur Kirche, dem aus der Übergangszeit zwischen Romanik und Gotik stammenden »Paradies«, galt und gilt die Aufmerksamkeit der Literaten. Dort war früher ein Deckengemälde mit der berühmten *Maulbronner Fuge* zu sehen, das Victor von Scheffel gegen 1860 zu seiner Version der Fuge inspirierte. Im Vorspann heißt es: »– – Wem das Kloster Maulbrunn bekanndt, der hat's können mit seinen Augen sehen, wie in dem Vorhoff selbiger schönen erbauten Kirchen oben im Schwibbogen unter anderen Gemälden auch eine Gans abgemahlt steht, an welcher eine Fläsch, Bratwürst, Bratspiß und dergleichen hangen, neben einer zur nassen Andacht gar wohl componirten Fuga folgenden Tenors mit ihrem unterlegten Text, gleichwohl nur den initialibus literis A. V. K. L. W. H.« Das »A. V. K. L. W. H.« wird dabei aufgelöst in »All voll, keiner [passender: Kanne] leer, Wein her«. In dem folgenden Lied veranstalten die Maulbronner Mönche ein Martinsgansessen, an dem auch Doktor Faust teilnimmt, der eigentlich in seinem Laboratorium sitzen und Gold herstellen soll, aber beim feucht-fröhlichen Gelage das wahre Gold des Klosters entdeckt: den berühmten Eilfinger Wein.

Die Faustsage ist tatsächlich eng mit dem Kloster verbunden. Glaubt man ihr, wohnte einst im »Faustturm«, einem ehemaligen Befestigungsturm und späteren herzoglichen Lustturm, der schillernde Doktor Faustus, der zu einer der faszinierendsten Gestalten in Musik, Kunst und Literatur avancierte. Justinus Kerner weiß in seinem *Bilderbuch aus meiner Knabenzeit* (1849) zu erzählen, dass Fausts Jugendfreund, Abt Johannes VIII. Entenfuß, ihn gerufen und den Turm »zum Laboratorium und Aufenthaltsorte« zur Verfügung gestellt habe, wo er eines Nachts mit einem schrecklichen »Stoß« verschieden sei. Auch Hermann Kurz berichtet in seinen *Jugenderinnerungen* (1874) von Alchemist und Abt sowie ihrer Goldküche. Bei einer nächtlichen Klettertour entdecken er und seine Freunde zudem ein Gelass zwischen Dorment und Kirche, das sie aufgrund eines braunen Flecks an der Wand als »Faustianum« zu identifizieren glauben. Bei genauerer Untersuchung stellt sich Furchtbares heraus: »Ein ganzer Haufen gebleichter Todtenköpfe liegt da unten!« Sie lassen eine Laterne hinab: »Endlich erreichte sie [die Laterne] den Grund und blieb unbefangen auf dem Hügel stehen, den wir für einen Haufen Todtenköpfe gehalten

Teuflisches neben Himmlischem, Irdisches neben Geistlichem – der Faustturm von Osten in idealisierter Landschaft neben der Klosterkirche

Der Faustthurm.

hatten, und der sich jetzt, durch das Licht der Wahrheit auf natürliche Gestalt und richtiges Maß des Daseins zurückgeführt, in ein Lager von frischen, kerngesunden Krauthäuptern verwandelte.« Was den braunen Fleck betrifft, so kommen sie zu dem Schluss, »daß er entweder vom Doctor Faustus herrühre oder nicht«. Keine Angst vor faustischem Spuk hatte im aufgeklärten 20. Jahrhundert Lisa Tetzner, die nach Hesse »wohl beste Märchenerzählerin Deutschlands«. 1919 kam sie auf einer ihrer Vortragsreisen nach Maulbronn und auf den Faustturm: »Hier soll den Doktor Faust der Teufel geholt haben. Ein riesengroßes schönes Zimmer mit fünf bunten Butzenscheiben blickt über die Baumwipfel nach dem Kloster herüber. Ratten und Fledermäuse sind hier zu Hause, und in dem alten Nußbaum haust die Eule. Es hat schon gar mancher versucht, da oben zu wohnen, und ist ihm nicht gelungen. Der Meister Scheffel wollte seinen Ekkehard da oben beenden, aber die Klosterfrauen fanden es wichtiger, ihre Wäsche in dem Gemach zu trocknen.«

Tatsächlich muss Fausts Existenz nicht ganz ins Reich der Dichtung verwiesen werden. Mit einiger Sicherheit kann man sagen, dass er um 1480 im nahen Knittlingen, heute Heimat des Faustmuseums, geboren wurde und zwischen 1536/39 in Staufen im Breisgau sein Ende fand. Dazwischen tauchte der Hellseher, Heiler, Horoskopsteller und Schwarzkünstler an verschiedenen, vorwiegend süddeutschen Orten auf; für einen Aufenthalt in Maulbronn gibt es bis heute allerdings kein Zeugnis. Doch warum sollte er nicht des Öfteren von Knittlingen nach Maulbronn gewandert sein, um seinen Zeitgenossen Abt Entenfuß zu besuchen? Der Unteröwisheimer war 1512 zum Abt berufen worden und ging als der große »Verschönerer« in die Klostergeschichte ein. Seiner regen Bautätigkeit verdankt das Kloster einige der berühmtesten Bauten, die allerdings Geld kosteten und dem Abt 1518 die Absetzung wegen Verschwendungssucht einbrachten – ein Alchemist, der ihm Aussichten auf Gold versprochen hätte, wäre ihm sicher nicht ungelegen gekommen.

1504, wenige Jahre vor Entenfuß' Absetzung, war das Kloster von Herzog Ulrich von Württemberg erobert worden. Im Westfälischen Frieden wurde es 1648 endgültig den Württembergern und damit dem Protestantismus zugesprochen. Schon 1556 hatte Herzog Ulrichs Sohn Christoph in Maulbronn eine evangelische Klosterschule eingerichtet, und noch das heutige Gymnasium mit evangelischem Internat weiß sich dieser Tradition verbunden. Von den Klosterschulen des Landes ist Maulbronn sicher die berühmteste, sie ging in die Weltliteratur ein und darf sich mit dem Namen eines Nobelpreisträgers für Literatur rühmen.

Hermann Hesse, der Sprössling aus pietistischer Missionarsfamilie, war für die geistliche Laufbahn bestimmt worden und kam 1891 mit 14 Jahren nach Maulbronn. Von der strengen Klosterzucht, die bereits sein Großvater mütterlicherseits, Hermann Gundert,

Der Apfel fällt nicht weit vom Stamm – links Hermann Hesse als Schüler, rechts sein Großvater Herrmann Gundert (1814–1893), einst Seminarist in Maulbronn

Leiter des Calwer pietistisch-missionarischen Verlagsvereins, genossen hatte, erhoffte man sich eine Disziplinierung des sensiblen, aber auch eigenwilligen und renitenten Jungen. Anfangs ließ sich tatsächlich alles gut an. Hesse schrieb der Familie Briefe eines braven Sohnes. Am 15. September, kurz nach seinem Eintritt, ist zu lesen: »Nebenbei bemerkt: Mir und den Herrn Lehrern geht's gut«, nur Geld und Kaffee vermisste er. Am 14. Februar hieß es: »Ich bin froh, vergnügt, zufrieden! Es herrscht im Seminar ein Ton, der mich sehr anspricht. Vor allem ist es das enge, offene Verhältnis zwischen Zögling und Lehrer, dann aber auch das nette Verhältnis der Zöglinge untereinander. [...] Dann das großartige Kloster! In einem der feierlichen Kreuzgänge mit einem Andern über Sprachliches, Religiöses, über Kunst etc zu disputieren, hat einen besonderen Reiz.« Am 4. März

klang es verhaltener: »Mir gehts soweit gut, wenigstens was Gesundheit und Schule betrifft.« Am 7. März um 5 Uhr und 10 Minuten traf bei den Eltern in Calw ein Telegramm ein: »Hermann fehlt seit 2 Uhr. Bitte um etwaige Auskunft. Professor Paulus.« Die Eltern konnten keine Auskunft geben, sie wussten von nichts. Am 8. März um 12 Uhr 15 Minuten traf in Calw ein weiteres Telegramm ein: »Hermann wohlbehalten zurück. Professor Paulus.« Hermann Hesse hatte ohne Mantel, Handschuhe und Geld, nur mit seinen Schulbüchern ausgestattet, die kalte Nacht auf freiem Feld zugebracht und war in den 23 Stunden seines Fernbleibens in Württemberg, Baden und Hessen herumgekommen. Die Lehrerschaft reagierte verständnisvoll, mit einer 8-stündigen Karzerstrafe wurde der Form Genüge getan. Hesses weiterem Verbleiben hätte nichts im

Weg gestanden, doch aus Angst vor einer möglichen Geistesverwirrung Hesses sorgten einige Eltern von Mitschülern dafür, dass er das Seminar verlassen musste.

Der Grund für Hesses Flucht liegt bis heute im Dunkeln. Näheren Aufschluss gibt vielleicht der Brunnentext: Hesse träumte in Maulbronn wohl nicht von der geistlichen Laufbahn, sondern vom Dichterruhm: »Was ich vom Leben hoffte, was ich zu sein und zu schaffen und zu dulden dachte, was von Heldentum und Ruhm und heiliger Künstlerschaft meine ersten

»Liebste Mama« – Brief Hölderlins an seine Mutter Johanna Gok aus dem Maulbronner Seminar, geschrieben zwischen dem 6. und 15. Juni 1788

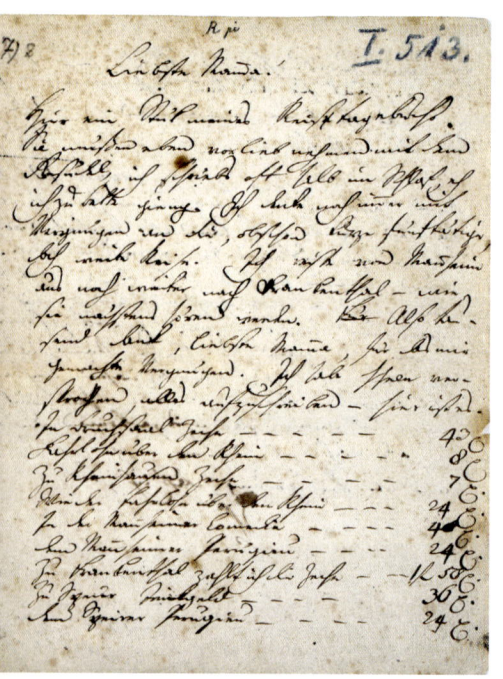

Lebensträume erfüllte, und bis zum Schmerz mit Fülle überquoll, das alles hat dieser Brunnen mir gesungen, das hat er belauscht und beschützt.« Möglicherweise war die Flucht eine Flucht aus der geistlichen Laufbahn hinein in das Dichtertum, und als Dichter verhalf Hesse dem Kloster in manchem seiner Werke zu literarischen Ehren. Schon früh wurde es Schauplatz in seinem Roman *Unterm Rad*, in dem er das rigide Schulsystem jener Zeit anprangerte. In seinem letzten großen Werk, dem *Glasperlenspiel*, verlieh er Waldzell, der Eliteschule der Ordensprovinz Kastalien, Züge von Maulbronn, und im Roman *Narziß und Goldmund* erlebte Maulbronn als Kloster Mariabronn eine Auferstehung. Dort heißt es: »Und immer war unter der Schar der Mönche und Schüler, der frommen und der lauen, der fastenden und der feisten, immer war zwischen den vielen, welche da kamen, lebten und starben, dieser und jener Einzelne und Besondere gewesen, einer, den alle liebten oder alle fürchteten, einer, der auserwählt schien, einer, von dem noch lange gesprochen wurde, wenn seine Zeitgenossen vergessen waren.« Dieser Satz gilt nicht nur für die Hauptfiguren Narziß und Goldmund, sondern für Hesse selbst und auch für Friedrich Hölderlin.

Hölderlin zog 1786 mit sechzehn Jahren aus der niederen Klosterschule Denkendorf in die höhere Klosterschule Maulbronn um. Er fühlte sich von Anfang an vereinzelt, suchte auch keinen Kontakt zu seinen Mitschülern, sah man einmal von seinem Herzensfreund Christian Ludwig Bilfinger ab.

Schülergraffiti aus dem 18. und 19. Jahrhundert – Inschrift mit dem Namenszug Hölderlin an der nördlichen Wand der Vorhalle zur Klosterkirche

Dabei hätte Hölderlin ganz glücklich leben können, schließlich hatte er sich ziemlich schnell nach seinem Einzug verliebt – in Louise Nast, die jüngste Tochter des Klosterverwalters Johann Conrad Nast. Ein Jahr nach dem ersten Zusammentreffen mit Louise schreibt Hölderlin an deren Vetter Immanuel Nast: »Ich kam hieher – sah sie – sie mich. [...] Wie's da in meinem Herzen tobte – wie ich beinah kein Wort reden konnte – wie ich zitternd kaum das Wort – Louise hervorstammelte – das weißt Du – Bruder – das hast Du selbst gefühlt.« Schon bald wurde die anfangs heimliche Liebe offiziell, es kam zur Verlobung. Nachdem aber Hölderlin 1788 das Seminar verlassen und zum Theologiestudium ans Tübinger Stift gewechselt hatte, entfernte er sich immer mehr von seiner Jugendfreundin, im Frühjahr 1790 gab er ihr ihren Ring zurück. Übrig blieben Gedichte an Louise oder, wie ihr poetisches Ich heißt, an Stella.

In Maulbronn erlebte Friedrich Hölderlin nicht nur seine erste Liebe, hier erwachte auch sein dichterischer Ehrgeiz. Er las viele bedeutende Autoren der Zeit – Klopstock, Schubart, Schiller, den Ossian – und wurde ähnlich wie später Hermann Hesse hin- und hergerissen zwischen der vorgegebenen Laufbahn und dem Wunsch, Dichter zu werden. Allerdings war es nicht so leicht, aus der eingeschlagenen Bahn auszubrechen. Vorerst fügte sich Hölderlin scheinbar einsichtig den Wünschen der Mutter: »Ich sehe jetzt! man kann als Dorfpfarrer der Welt so nützlich, man kann noch glücklicher sein, als wenn man, weiß nicht was? wäre.« Er blieb trotz inneren Widerstands in Maulbronn, absolvierte in Tübingen sein Theologiestudium – und trat nie eine Pfarrstelle an.

Ähnliche Konflikte hatte der Reutlinger Kaufmannsohn Hermann Kurz auszufechten. Er kam 1827 ins Seminar, gehörte zu den besten Schülern

Links: Schlank und dick im Wechsel – Säulen im zweischiffigen Herrenrefektorium. Rechts: Hermann Kurz (1813–1873)

und sollte doch, wäre es nach einem seiner Lehrer gegangen, relegiert werden. Kurz begehrte heftig gegen die strenge Seminarordnung auf, gründete und redigierte einen *Maulbronner Musenalmanach*, war Mitglied eines »Raucherkonventikels«, besuchte nächtens die Wirtshäuser der Umgebung und hatte andauernde Auseinandersetzungen mit Lehrern. In seiner »Noten-Latte«, Einträgen im heutigen Klassenbuch vergleichbar, ist zu lesen:

d.1t. Mai *1 mal [Eintrag] wegen Romanenlesens.*

d.4t. Juli *1 mal wegen Verfehlungen im Collegium.*

d.18t. August *4mal wegen Verfehlungen im Collegium.*

d.25. August *1 mal wegen fortgesetzter Unachtsamkeit in Religion*

d.9t. September *1 mal wegen Verfehlungen im Collegium*

d.10. September *3 mal wegen Unbescheidenheit*

Im Übrigen war er nicht der Einzige mit »Verfehlungen im Collegium«, Hermann Hesses Großvater Hermann Gundert gehörte offensichtlich auch zu den Übeltätern. Doch es war nicht nur die Klosterzucht, gegen die Kurz aufbegehrte, es war wie bei Hölderlin nicht zuletzt die Bestimmung zum Pfarramt. 1831 verließ er nach bestandenem Examen das Seminar, studierte in Tübingen Theologie, unternahm einen Selbstmordversuch, wurde wegen häufiger Vergehen gegen die Disziplin vom Stift verwiesen und machte dann trotzdem sein erstes theologisches Examen. Für kurze Zeit wurde er Vikar in Ehningen, danach ließ er sich als freier Schriftsteller in Stuttgart nieder. Bedeutung gewann er vor allem als Redakteur des demokratischen Blatts *Der Beobachter*, aber auch als Übersetzer und frührealistischer Erzähler. Von ständigen Geldsorgen getrieben, erfolgten im Lauf der Jahre mehrere Wohnsitzwechsel, am Ende wurde er Unterbibliothekar der Universitätsbibliothek Tübingen, wo er 1873 starb.

Obwohl er beim Abschied Dantes eingangs zitierte Worte hinterlassen hatte, erschien Hermann Kurz im Rückblick die Maulbronner Zeit gar nicht mehr so schlimm. In seinem Gedicht *Maulbronn* beschwört er geradezu eine Idylle, so heißt es unter anderem:

Dich entlegnes, stilles Kloster, das mich heimisch einst umfing, / Seh' ich oft im Geiste wieder hinter deinem Mauerring. / Deine alte Kirche steigt mir wieder aus der Jahre Kluft, / Mit dem Glöcklein, das so schrillend aus dem Feld die Schwärmer ruft. / In dem Kreuzgang altertümelnd wandl' ich wo in steinern Truh'n / Deine alten Mönche mit dem schlau verborgnen Golde ruh'n. / [...] / Schönes Tal, du liegst mir ferne, eine stille Siedelei, / Dran mich kaum auf raschen Schwingen einsam trägt mein Weg vorbei. / Aber, Wiege meines Herzens, meines Geistes, Segen dir, / Segen Deiner Söhne jedem, dem die Seele flammt wie mir!

Während die armen Seminaristen in der Schule ächzten und um ihre zukünftige Berufung rangen, vergnügte

sich Justinus Kerner, der von all solchen inneren Konflikten noch frei war, munter innerhalb der Klostermauern. In seinem *Bilderbuch aus meiner Knabenzeit* erzählt er ausführlich von Klostermauern und Kreuzgängen, Paradies und Prälatur – herrliche Spielplätze für einen Neunjährigen. »In dem Schiffe der schönen, echt gotischen Kirche war uns immer das 14 Fuß hohe Kreuz merkwürdig, das aus einem einzigen Stein gehauen war, aber sehr täuschend von Holz zu sein schien. Es blieb der würdige, obgleich schmerzensreiche Ausdruck im Gesichte seines Christusbildes mir lange im Gedächtnisse. Am liebsten aber verweilte ich mit meinen Gespielen im Chor der Kirche. Durch das viele Bildwerk der Chorstühle, auf deren Boden man, entstanden durch das viele Knien der Mönche im Gebete, ausgeschliffene Vertiefungen bemerkte, durch die vielen Grabmonumente und Gemälde auf dem Boden und an den Wänden wurde unsere Phantasie immer reichlich beschäftigt. [...] Über all diese Gebilde gossen die mit den schönsten Glasgemälden erfüllten riesigen Fenster des Chores eine oft zauberhafte Beleuchtung. Welche Lust aber, über all diesen Bildern, den Chorgestühlen, dem Hochaltar, in dem magischen Schimmer, leicht, wie zum Vogel verzaubert, zu schweben! Und dies geschah oft, und auf eine, für den älteren Zuschauer höchst beängstigende Weise. Wir umwanden uns nämlich mit den Glockenseilen, die von dem hohen Chorgewölbe herniederhingen, den Leib und ließen uns durch Kameraden vermittelst anderer an diese

Über den Tod hinaus – links die Totenpforte im südlichen Querhaus, rechts das Grabmal Caroline Schlegel-Schellings an der Südseite des Klosters

Glockenstränge befestigten Seile zuerst langsam, dann immer stärker und stärker, hin und her schwingen, bis wir zuletzt durch den ganzen Chor, ja fast bis an das Gewölbe desselben, über all die Wunder da unten dahinflogen und aus unseren seligen Träumen, wir seien fliegende Engel, nur dann erst erwachten, wenn wir unter uns auf einmal die Schlüssel und die Stimme des in Zipfelkappe und Schlafrock herbeigekommenen Professors Mayer hörten, der durch die Türe des Dormentes in den Chor der Kirche auf unser Lärmen stieg, und seinen Gottfried und mich unter dem Rufe: ›Hebräisch! Büble! Hebräisch! Und Sie Christel (so nannte man mich) lateinisch!‹ aus unserem Himmel auf seine Stube im Dormente zum Lernen transportierte.«

Justinus Kerner kam im Jahr 1795 nach Maulbronn, als sein Vater Christoph Ludwig Kerner als Oberamtmann von Ludwigsburg hierher versetzt wurde. Mit dem Protestantismus und der Umwandlung der Klöster hatten weltliche Ämter Einzug in die Klostermauern gehalten. Maulbronn wurde Oberamt; Sitz des jeweiligen Oberamtmanns und damit auch der Familie Kerner wurde das 1588 für Jagdaufenthalte gegenüber der Prälatur erbaute herzogliche Renaissanceschloss: »Die Oberamtei hatte zwei Erker (kleine Türmchen) an jedem Ende. In dem Erker, der gegen das Fronhaus hinschaute (ein langes Gebäude, in welchem sich mehrere Familien von Klosterinsassen, Weingärtner usw. befanden), war mir mein Aufenthalt angewiesen. Rings an den Wänden befanden sich Bücherständer, die mir mein Vater meistens mit naturhistorischen Werken, mit geographischen und mit Reisebeschreibungen aus seiner großen Bibliothek, die im unteren Stock des Hauses eingerichtet war, gefüllt hatte.« Justinus trieb sich nicht nur in den Gängen und Gelassen der Klostergebäude herum, sondern genoss auch sein Gärtchen und die Umgebung. Seine lebenslange Liebe zu Blumen führt er auf die Maulbronner Idylle zurück, und selbst im Alter noch erinnerte ihn der Geruch von Astern, Nelken, Lilien und Rosen an »jene Tage meiner Kindheit, und besonders, wo ich auch bin, immer wieder in meinen lieben Garten im Kloster Maulbronn«. Mit Maulbronner Seminaristen, die den zukünftigen Dichter, Arzt und Naturforscher neben seinem Vater und dem mit ihm verwandten Professor Johann Gottfried Mayer unterrichteten, erforschte er Tiere, Pflanzen und die Gesetzmäßigkeiten der Natur, was seinem »Forschergeiste neue Felder« erschloss. Stimmte das »tierische« Umfeld, widmete er sich durchaus auch gern der Lektüre: »Hatte ich aber nur einen Vogel, einen Hund bei mir in meinem Käfig, so vertiefte ich mich neben ihm schon auch gerne in einem Buch und las in demselben bis zum Ende fort.« Allerdings war in Maulbronn kein langes Bleiben für Justinus Kerner: Er wurde zum Unterricht nach Knittlingen gegeben, erkrankte an Magersucht, die ihm eine Kur in Brackenheim und Heilbronn einbrachte, und kaum zurück starb sein Vater. Nach nur vier Jahren kehrte die Witwe mit ihren Kindern nach Ludwigsburg zurück, wo den Jungen ein Stadtleben ohne Garten, Hunde und geheimnisvolle Klostermauern erwartete.

Zehn Jahre nach Justinus Kerners Vater starb im gegenüberliegenden Herrenhaus Caroline Schelling, von den einen als »kluggewordener Gott« verehrt, von den anderen als »Madame Luzifer« verachtet. Wie schon 1803 wollten sie und ihr Mann Friedrich Wilhelm Joseph Schelling 1809 eine lang ersehnte Italienreise antreten, doch Geldnöte, labile Gesundheit und die Napoleonischen Kriege machten den Plan einmal mehr zunichte. Stattdessen reisten sie nach Maulbronn, wo Schellings Vater seit 1807 als Prälat tätig war. Hier angekommen, konnte Caroline Schelling nicht die sonst übliche Begeisterung über die Klosterstadt teilen: »Leider, seit wir hier in Maulbronn sind, regnet es viel, was uns um so hinderlicher fällt, da Maulbronn mehr ein Platz ist, von dem man leichter an eine Menge von reizenden Orten, Aussichten und Gegenden gelangen kann, als daß er selbst eben schön wäre. Wir werden das Land rings umher zu Fuß und zu Roß durchstreifen, sobald sich das Wetter heiter zeigt.« Die Reisegesellschaft wartete nicht auf besseres Wetter, sondern unternahm an Carolines 46. Geburtstag eine Wanderung in das Strombergebiet, wo gerade die Ruhr grassierte. Wenig später kränkelte Caroline, Verdauungsstörungen stellten sich ein. Am 24. September 1809 schreibt Schelling an eine Freundin: »Einige Stunden nachher kamen die ersten Anfälle mit einigen schnell

»Lasst alle Hoffnung fahren, die ihr hier eintretet« – Aufgang zum Dormitorium im nördlichen Querarm der Maulbronner Klosterkirche

graben wurde sie im Herrenkirchhof, wo sich heute der zum Ephorat der Schule gehörige Garten befindet. Der Grabstein wurde inzwischen südlich der Klosterkirche, im Bereich des früheren »Kirchhöfle«, der Öffentlichkeit zugänglich gemacht. Der schlichte, auf einem Sockel stehende Obelisk war vom Witwer selbst entworfen worden. Auf der rechten Seite trägt er die bekannte Inschrift: »GOTT hat / Sie mir gegeben / der Tod kann / Sie mir nicht rauben.«

Während der Lebensweg von Caroline Schelling im Kloster Maulbronn zu Ende ging, fing bei manchen das Leben hier erst richtig an, indem sie zwischen den Klostermauern ihre wahre Berufung entdeckten. Ohne sie wäre die Literaturgeschichtsschreibung um vieles ärmer, auch wenn nicht alle so erfolgreich waren wie Hermann Hesse:

»Es muß für dich ein wunderliches Gefühl sein«, sagte später mein Freund, »hier herumzugehen und an damals zu denken. Damals warst du ja voll von Sehnsucht nach der Welt und nach der Kunst, und voll Zweifel, du wußtest ja nicht, wie alles sich einmal erfüllen würde. Und jetzt kommst du zurück aus der weiten Welt, aus deiner Arbeit, aus einem Künstlerleben mit Reisen und Festen und Freunden ...«

»Ja, es ist wunderlich«, konnte ich nur sagen. Dann setzte ich mich noch einmal unter den hohen Linden nieder, stieg noch einmal zum alten Spielplatz bei der Eiche hinauf, schwamm noch einmal im tiefen See und reiste wieder [...].

auf einander folgenden Ausleerungen: Caroline scherzte noch selbst darüber und fürchtete nichts; auch wurden durch die Anwendung der gewöhnlichen Hausmittel die Anfälle vor der Hand zurückgehalten; aber spät am andern Morgen, da ich frühe vor ihr Bette trat, sagte sie zu mir die Worte: ›Ich fühle die Destruction solche schnelle Fortschritte machen, daß ich glaub, ich könnte diesmal – sterben!‹ Ach, sie hatte nur zu wahr geredet!« Trotz aller Hilfsmaßnahmen starb Caroline Schelling am 7. September laut Totenregister an Ruhr und Nervenfieber. Be-

Schöntal

Versifex(e) in grüner Klostereinsamkeit

Barocke Poesie in grüner Klostereinsamkeit – das im hohen-lohischen Jagsttal gelegene Zisterzienserkloster Schöntal vom Fluss her gesehen

»Der alte Klosterwinkel hat es mir nun einmal angetan«, diesen Satz Max Eyths, der von 1841 bis 1852 in Kloster Schöntal aufwuchs, könnte wohl mancher unterschreiben. Eyth, der immer wieder an entscheidenden Lebensstationen das Bedürfnis verspürte, in das abgelegene Jagsttal zurückzukehren, in dem Maulbronner Zisterzienser 1157 ein Filialkloster gegründet hatten, dürfte voller Verständnis für die Namenswahl der Mönche gewesen sein: »Speciosa vallis« – Schöntal – hatten sie das idyllisch an einer Jagstschleife gelegene Kloster genannt, das auf eine Stiftung Wolframs von Bebenburg zurückgeht, der damit seinen Dank für die glückliche Heimkehr aus dem Zweiten Kreuzzug abstatten wollte.

Sieht man Schöntal heute, denkt man unwillkürlich an geradezu göttlichen Reichtum, liest man dessen Geschichte und die Erinnerungen ehemaliger Schöntaler, stellt sich dagegen der Eindruck häufiger pekuniärer Miseren ein. Vielleicht war ja die Stiftung nicht sonderlich gut ausgestattet, vielleicht

Der Brückenheilige St. Nepomuk auf der 1609 erbauten Jagstbrücke bei Kloster Schöntal, im Hintergrund die Heiliggrabkapelle auf dem Kreuzberg

erhielt. Knapp achtzig Jahre später, anno 1495, war es damit jedoch auch schon wieder vorbei, das Kloster wurde dem Erzbistum Mainz unterstellt. Ob die Äbte wohl wieder allzu weltlich gewirtschaftet hatten? Nicht wirtschaftliche Missstände, sondern kriegerische Auseinandersetzungen waren es dann, die Schöntal in der Zeit des Bauernkriegs 1525 und während des Dreißigjährigen Kriegs in schwere Bedrängnis brachten. Sie führten zu einem mehrmals wiederkehrenden Kreislauf von Belagerung des Klosters, Flucht des Konvents, Plünderung des Klosters, Rückkehr des Konvents, was einem Gedeihen nicht eben zuträglich war. So bedeutete das Ende des Dreißigjährigen Kriegs auch beinahe das Ende des Klosters: Wieder waren die finanziellen Mittel erschöpft, doch wieder konnte es sich erholen. Als gerade erneut Kriegswirren einsetzten, kam 1683 Abt Benedikt Knittel, um dem Kloster fast fünfzig Jahre lang vorzustehen und ein kleines Wunder zu vollbringen.

Der zukünftige Abt wurde als Johannes Knittel und dritter Sohn eines Ratsherrn 1650 in Lauda geboren, am 2. Oktober 1671 trat er ins Kloster Schöntal ein, wo er mit dem Ablegen des Ordensgelübdes den Namen Benedikt erhielt und drei Jahre später zum Priester geweiht wurde. Das Theologiestudium absolvierte er mit großer Wahrscheinlichkeit in Würzburg, der nächstgelegenen Universität. Knittel stieg in Schöntal zügig die klösterliche Karriereleiter hinauf und wurde unmittelbar nach dem Tod seines Vorgängers am 6. Juli 1683 zum Abt gewählt.

lag es auch an der Misswirtschaft der Klosterbrüder, aber schon 1282 stand das Kloster zum ersten Mal vor dem Ruin. Das Mutterkloster Maulbronn konnte nicht direkt helfen, sondern suchte einen ›Investor‹, den es im bayerisch-schwäbischen Zisterzienserkloster Kaisheim fand. Dort zahlte man die Schulden der Hohenloher Mönche, unterwarf sie aber zugleich strenger Kontrolle – mit Erfolg: Anfang des 15. Jahrhunderts war die Zisterze so bedeutend, dass sie 1418 die Reichsunmittelbarkeit

Den neuerlichen Kriegswirren zum Trotz betätigte er sich schon bald als Bauherr und schuf Klosterbauten, die ganz und gar nicht dem Armuts- und Bescheidenheitsgebot der Zisterzienser zu entsprechen schienen, sondern schon eher barockem Repräsentationsanspruch. Unter seiner Ägide wurden neben kleineren Bauten wie der Heiliggrabkapelle auf dem Kreuzberg und dem an die Alte Abtei angebauten Archivturm vor allem die Neue Abtei, der Konvent und die Klosterkirche errichtet, die noch unter dem 1707 verstorbenen Bamberger Baumeister Johann Leonhard Dientzenhofer begonnen und nach dessen Plänen fertiggestellt wurden. Der Abt tat sich aber nicht nur als Bauherr hervor, sondern auch als Dichter. Er war nicht der erste schreibende Mönch des Klosters, so veröffentlichte im 13. Jahrhundert Abt Richalm seine Visionen, andere wie im 17. Jahrhundert Bartholomäus Kremer und Angelus Hebenstreit verschrieben sich der Chronistik, aber Knittel war der bei Weitem berühmteste. Er verfasste Werke, die sich der Geschichte des Klosters und der Erbauung der Leser widmeten, und publizierte ein äußerst ungewöhnliches Buch, ein Buch, dessen Seiten einem buchstäblich in die Augen springen und in dem man in der Kirche oder auf dem stillen Örtchen, in- oder außerhalb der Klostermauern, lesen kann. Dass es die darin enthaltenen Gedichte auf Papier gibt, dafür hat unter anderem Knittel im Jahr 1714 mit einer ersten Veröffentlichung in dem Werk *Antiquo-Moderna* gesorgt. Aber am schönsten ist es, die meist lateinischen, ab und zu auch deutschen Verse des Buches am Ort ihrer Erstpublikation zu lesen – nämlich als Inschriften, die auf den ehemaligen Besitzungen des Klosters wie auch innerhalb des gesamten Klosterareals, eben in der Kirche wie auf dem stillen Örtchen, in der Hostienbäckerei wie im Krankenbau, auf Sonnenuhren, Glocken und Weinfässern zu finden sind und im Verein mit der neu entstandenen barocken Anlage des Klosters ein in Wort und Bild außergewöhnliches Kunstwerk ergeben. Zum Inhalt haben die Inschriften sowohl theologische Glau-

Versifex mit Abtwürde und Krummstab – Epitaph von Abt Benedikt Knittel (1650–1732) im nördlichen Chor der Klosterkirche, direkt hinter dem Chorgitter

benssätze als auch Ermahnungen zum mönchischen Leben, Hinweise auf Knittels eigenes Leben wie auf seine Bautätigkeit, und selbst das Lob des Weines wusste der Klosterherr reichlich auszugießen. Kaum ein Thema, das nicht mit Versen bedacht wurde. Auch sein Dichten ließ der Abt, der gern als »Versifex« bezeichnet wird, nicht unkommentiert, so heißt es etwa auf der Rückseite des Titelblattes seiner Gedichtsammlung *Poemata Sacro-Profana*: »Falls vielleicht irgendetwas Tadelnswertes in meinem Geschriebenen sein sollte, so bitte ich Dich, lieber Leser, entschuldige es! / Ich habe nur gelernt, Knittelverse zu dichten, sie

Himmelwärts strebende Säulen im südlichen Seitenschiff der nach Plänen von Johann Leonhard Dientzenhofer ab 1708 erbauten neuen Klosterkirche

geben für das gute Leben dennoch viel Lehrsames.« »Knittelverse«, deren einzige Vorgabe darin besteht, dass sich zwei aufeinanderfolgende Verse reimen müssen, waren – das war Knittel bei seinem Wortspiel sehr wohl bewusst – schon seit Hans Sachs in der deutschen Dichtung gebräuchlich und nicht etwa eine Erfindung des Schöntalers. Eine Stelle hat Benedikt Knittel, der hochbetagt am 21. August 1732 im Kloster starb, übrigens nicht mit Versen versehen: seine Grabplatte, die heute noch unverändert unmittelbar hinter dem Chorgitter an der Nordwand der Klosterkirche zu finden ist.

Dafür wurde ein anderes berühmtes Grab oder vielmehr eine andere Berühmtheit, die in Kloster Schöntal begraben liegt, von Knittel mit Versen bedacht. Im Ostflügel des Kreuzgangs liegen Mitglieder der Familie von Berlichingen bestattet. Nicht verbürgter Überlieferung zufolge wollte der Stifter Wolfram von Bebenburg das Kloster nicht auf den Höhen seines eigenen Territoriums, sondern im Jagsttal gründen und somit den Vorgaben der Zisterzienser entsprechen, die ihre Klöster vorzugsweise in fruchtbare Ebenen setzten, um sie zu autarken Wirtschaftsbetrieben zu entwickeln. Allerdings gehörte das anvisierte Gebiet Engelhardt von Berlichingen, mit dem Wolfram möglicherweise mütterlicherseits verwandt war. Engelhardt gewährte die Bitte, stellte allerdings die Bedingung, auf alle Ewigkeit jeden verstorbenen Berlichingen im dortigen Kreuzgang feierlich beizusetzen. Das älteste Grabmal eines Berlichingen an dem besagten Ort stammt aus dem Jahr 1380, das jüngste aus dem Jahr 1573, das berühmteste weist das Datum 1562 auf. Bei Letzterem handelt es sich um das Grab des Ritters Götz von Berlichingen, der am 23. Juli 1562 auf Burg Hornberg bei Metterzimmern verstarb – »über etlich achtzig Jar alt«, wie gegenüber auf einer Tafel zu lesen ist. Nicht erst Goethe setzte dem alten Haudegen mit der eisernen Hand, der sein Leben selbst beschrieben und somit für sein Nachleben gesorgt hatte, ein literarisches Denkmal, schon Benedikt Knittel wusste und hielt unter anderem schriftlich fest, dass der greise Götz – »toto notus in orbe« – auf der ganzen Welt bekannt war.

Obwohl evangelisch, wurde Götz von Berlichingen im Kreuzgang eines katholischen Klosters begraben. Reformation und Dreißigjähriger Krieg waren an Schöntal zwar nicht spurlos vorübergegangen, hatten aber nichts an den Herrschafts- und Konfessionsverhältnissen geändert. Dies war erst 1802 der Fall, als im Zuge der Säkularisation das Kloster den Württembergern zugeschlagen und von deren Truppen besetzt wurde. Den amtierenden Abt versetzte man in Ruhestand, die Klosterkirche blieb katholisch, während in die Kilianskapelle die evangelische Kirche Einzug hielt. 1810 ließ der württembergische König in dem leerstehenden Gebäude der Neuen Abtei und des Konvents ein evangelischtheologisches Seminar einrichten, das von einer Unterbrechung im Zweiten Weltkrieg abgesehen bis 1975 Bestand hatte. Heute befindet sich in den Räu-

Ein Haudegen im Kreuzgang – Titelblatt der Biographie des Götz von Berlichingen, der wie andere seines Geschlechts im Kreuzgang begraben liegt

men ein Tagungshaus der Diözese Rottenburg-Stuttgart.

1841 wurde Eduard Eyth, Lehrer an der Lateinschule in Kirchheim unter Teck, als Professor für Klassische Philologie und Geschichte in das noch junge Seminar Schöntal berufen, wo er bald zum Ephorus aufstieg. Neben seiner Lehrtätigkeit verfasste er Gedichte, Übersetzungen aus dem Griechischen und Lateinischen sowie Schulbücher und unterhielt losen Kontakt zu Justinus Kerner und Ludwig Uhland. Er war nicht das einzige Familienmitglied, das schriftstellerisch tätig war: Seine

Frau Julie, geborene Capoll, veröffentlichte anonym ab 1848 Aphorismen, die ihr Mann 1852 unter dem Titel *Bilder ohne Rahmen* als Buch herausgab – wieder ohne Verfasserangabe und mit großem Erfolg. Äpfel fallen bekanntlich nicht weit vom Stamm, so ist es nicht verwunderlich, dass auch Sohn Max zur Feder griff. Mit siebzehn Jahren schrieb er die erst 1882 veröffentlichte Erzählung *Mönch und Landsknecht*, die mitten im Bauernkrieg spielt und neben Jagsthausen vor allem Kloster Schöntal zum Schauplatz hat. Zahlreiche Werke folgten, darunter von 1871 bis 1884 die sechs Bände umfassende Reihe *Wanderbuch eines Ingenieurs* und 1899 der Bestseller *Hinter Pflug und Schraubstock*. Dass fast das gesamte literarische Œuvre Eyths in der Zeit seines in Ulm verbrachten Ruhestands entstand, mag daran gelegen haben, dass er vorher schlichtweg keine Muße dafür hatte.

Der Apfel war in gewisser Hinsicht nämlich doch weit vom Stamm gefallen: Das Multitalent Max Eyth, das auch als Maler gute Berufsaussichten gehabt hätte, hatte nicht die familienübliche Laufbahn als Lehrer oder Theologe eingeschlagen, sondern war ein erfolgreicher Ingenieur geworden. Auf Arbeitssuche kam der gelernte und studierte Maschinenbauer nach Leeds, wo er die Auslandsvertretung für die Dampfpflüge der Fabrik Fowler übernahm, die ihn weit in der Welt herumbrachte und ebenso wie später seine drei Jahre dauernde Anstellung als Chefingenieur beim ägyptischen Prinzen Halim Pascha viel Stoff für seine Zeichnungen und literarischen Werke bot. Zurück in Deutschland war er maßgeblich an der Gründung der Deutschen Landwirtschaftsgesellschaft (DLG) beteiligt. Max Eyth war als Fünfjähriger mit seiner Familie nach Kloster Schöntal gekommen, und seine Biographie scheint so gar nicht zu den üblichen Lebensläufen der Schöntaler zu passen. Ein Eisenhammer stellte die Weichen anders, weg von Pfarr- oder Lehramt. Im benachbarten Kochertal entdeckte der junge Max Eyth, wie er in *Im Strom unserer Zeit* (1904) erzählt, einen wasserbetriebenen Eisenhammer, »die einzige Spur industriellen Lebens weit und breit in jener von allem Verkehr abgeschnittenen Gegend«. Die Begeisterung für die Technik war geweckt. Er wurde nie Seminarist, von seinem Vater erhielt er Privatstunden, am Unterricht im Kloster durfte er gastweise teilnehmen. Der Mathematiklehrer Christian Zeller scheint ihm in besonderer Erinnerung geblieben zu sein, denn am Lebensende setzte Eyth ihm in dem kurz nach seinem Tod am 25. August 1906 erschienenen Roman *Der Schneider von Ulm* in der Figur von »Magister und Hilfslehrer Zeller« ein Denkmal. Für den übrigen Unterricht, insbesondere den in alten Sprachen, scheint Eyth nicht ganz so großes Interesse aufgebracht zu haben, freute er sich doch darauf, »endlich den Staub und Moder der fürchterlichen Klassiker abschütteln« zu dürfen. Im ersten Brief aus dem Studium klingt auch durch, dass das Leben neben den Seminaristen nicht immer so angenehm für ihn war, beklagt er doch mit ironi-

Jugend in Schöntal – links Fotografie vom späteren Theologen Johann Christoph Blumhardt (1805–1880), rechts Aquarell mit dem späteren Ingenieur Max Eyth (1836–1906)

schem Unterton, »unter der Tyrannei einer ganzen Promotion« gelebt zu haben. Trotzdem kehrte er aus der großen Welt immer wieder in den »waldreichen Winkel an der Jagst, im weltabgeschiedensten Teil Württembergs« und in »die Poesie jener grünen Klostereinsamkeit« zurück, um aus dem Bleibenden, dem sich kaum Verändernden neue Kraft zu schöpfen, »um in der halb schlummernden Natur mit dem Gefühl der Morgenfrische aufs neue zu erwachen«. Kaum einer kannte ihn bei seinen Besuchen mehr, »außer Baum und Strauch, Thürmchen und Mauern, Treppen und Gängen in und um das Kloster; denn diese Dinge sind vierzig

Jahre lang geblieben wie sie waren, in einer Weise, die man anderwärts nicht für möglich halten würde. Und auch die Seminaristen scheinen die alten zu sein: halbwüchsige Bürschchen mit Brillen auf den Nasen, die sich vergeblich bemühen, in würdigem, gemessenem Schritt einherzuspazieren und den Nachbar plötzlich, ohne allen Grund, in den Straßengraben stoßen.«

Einen geradezu vorbildhaften Seminaristenlebenslauf wies dagegen ein Schüler auf, der schon vor Max Eyth in Schöntal ein und aus ging. 1820 trat der aus mittelloser, aber strenggläubiger Stuttgarter Bäckerfamilie stammende Johann Christoph Blumhardt

Schwungvoller und sinnenreicher Rokokoempfang – Treppenhaus in der zwischen 1737 und 1749 erbauten repräsentativen Neuen Abtei des Klosters

in das Seminar ein. Dank seiner überdurchschnittlichen Leistungen hatte er, ohne Unterrichtsgebühren bezahlen zu müssen, das Stuttgarter Gymnasium besuchen dürfen und hielt, nachdem er im zweiten Anlauf das gefürchtete Landexamen bestanden hatte, die Eintrittskarte zum Seminar und schließlich zum Theologiestudium in Tübingen in der Hand. Unterrichtet wurde er

in Schöntal unter anderem von Gottfried August Hauff und Jakob Friedrich Abel. An Abel, der in jungen Jahren als Lehrer an der Militärakademie Herzog Karl Eugens großen Einfluss auf einen Schüler namens Friedrich Schiller hatte, erinnert sich Blumhardt in einem späteren Lebenslauf: »Dieser ehrwürdige Greis nahm sich meiner besonders an, und eindringlich waren mir etliche seiner längeren, wahrhaft väterlichen Unterredungen mit mir.« Blumhardt fand unter den Mitschülern schnell gleichgesinnte Freunde, mit denen er gemeinsame Betstunden abhielt. Die Atmosphäre des ehemaligen Klosters scheint allerdings nicht übermäßig christlich auf ihn gewirkt zu haben. Mit seinem besten Freund, Wilhelm Hoffmann, der es zum äußerst einflussreichen Ersten Hofprediger beim preußischen König Friedrich Wilhelm IV. brachte, führte er nach eigener Aussage in Schöntal Gespräche, die »nur selten auf's Christliche kamen«, und es bedurfte schon der Ferien, um die Begeisterung für pietistische Betübungen wachzuhalten: »In der Regel gieng's so, daß die Vakanzen mich wieder erneuerten; sodann gieng's in den ersten Wochen nach der Vakanz ziemlich ordentlich; ich betete regelmässig und las viel zu meiner Erbauung; bald aber ließ ich nach und wurde lauer und lauer, bis die nächste Vakanz mir wieder neues Leben einhauchte.« Keiner wird allerdings dem späteren Pfarrer und geistlichen Schriftsteller christliche Gesinnung absprechen. An seiner ersten Pfarrstelle in Möttlingen bei Bad Liebenzell geriet er in den Ruf eines Wunderheilers und zog Hunderte von Gläubigen in die Kirche. 1852 übernahm er die Leitung des Seelsorgezentrums im Kurhaus von Bad Boll, dem er bis zu seinem Tod 1880 vorstand. In die Literaturgeschichte ging Blumhardt nicht so sehr auf Grund seiner erbaulichen Werke ein, als vielmehr durch die engen Verbindungen zu namhaften Literaten, allen voran Eduard Mörike. Sein Sohn und Nachfolger Christoph, der vom selben christlich-sozialen Denken geprägt war wie der Vater, setzte dessen Werk in jeder Beziehung fort. An die weitverzweigten literarischen Beziehungen der beiden erinnert in Bad Boll die 2005 eingerichtete Gedenkstätte »Blumhardts Literatursalon«.

Ein weiterer angehender Pfarrer, der es zu literaturgeschichtlichen Weihen bringen sollte, trat etwa hundert Jahre nach Blumhardt ins Schöntaler Seminar ein: Albrecht Goes. Nachdem der Pfarrersohn aus Langenbeutingen das niedere Seminar in Schöntal und das höhere Seminar in Bad Urach absolviert hatte, studierte er in Tübingen Germanistik und Geschichte und wandte sich schließlich der Theologie zu. Bis 1953 hatte er verschiedene Pfarrstellen inne, zuletzt in Gebersheim, quittierte dann aber den Dienst, um als freier Schriftsteller zu leben. Eine erste Gedichtsammlung war 1932 unter dem Titel *Verse* erschienen. Mit zahlreichen Literaturpreisen geehrt, starb Goes am 23. Februar 2000 an seinem letzten Wohnsitz in Stuttgart-Rohr. In den dreißiger Jahren veröffentlichte er drei Erzählungen, in denen heitere Erinnerungen an Schöntal lebendig werden. In *Die Einladung*

(1939) wird des gesellschaftlichen Lebens außerhalb der Schulräume, aber innerhalb der Klostermauern gedacht, in *Abschied* (1940) stehen die Abschiedsvorbereitungen einer Promotion im Mittelpunkt. In der ersten Erzählung – *Beutezug* aus dem Jahr 1937, die Hermann Hesse gewidmet ist – vermittelt der Autor den Lesern einen Eindruck vom Leben der vierzig Seminaristen: »[...] früher hatte es Klosterschule geheißen, einst war es wirklich ein Kloster gewesen. Refektorium, Dorment, Lektorat und Respondieren – dergleichen Bezeichnungen erinnerten noch daran, und einige lateinische Inschriften über den steinernen Türbogen waren Zeugen einer Epoche, in der Geist und Witz als gute Geschwister hier beieinander zu hausen gewusst haben. [...] Aber sonst war es aus mit dem mönchischen Wesen. [...] Jeder trug seinen eigenen Kopf und die eigenen Wünsche in diesem Kopfe, jedem formte das eigene Ziel den eigenen Weg: halb Kinder, halb Männer, halb Meister, halb ABC-Schützen; tagsüber griechische Helden und nachtsüber heimwehkrank; etwelche Tugendspiegel und Oberstreber, etwelche liebenswürdige Faulpelze, etwelche geniale Außenseiter – nimmt man sie zusammen, eine farbige Welt.« Es war die Zeit der galoppierenden Inflation von 1923, die, wie sollte es anders sein, selbst

Albrecht Goes
(1908–2000)

das abgelegene Kloster erreichte und es wieder einmal in finanzielle Nöte stürzte. Der Tisch der Seminaristen war entsprechend karg gedeckt, obwohl der Speisemeister »sich wohl weidlich den Kopf zerbrochen [hatte], wie er damals vierzig halbwüchsige Burschen mit einem wenig halbwüchsigen Appetit sättigen möchte«. In seiner späteren Erzählungen *Langenbeutingen, zum zweitenmal* (1977) kommt Goes noch einmal darauf zurück: »Wir lasen Cicero und Homer und hatten Hunger, lasen Sankt Lukas und hatten Hunger, lasen Schiller und Lessings ›Minna‹, und waren so traurig dran wie der verabschiedete Major von Tellheim, und hatten immer noch Hunger.« Ein Ausflug zu Verwandten von »Kloster Schönenberg« nach »Baiting«, so die Namen in der ersten Fassung, oder von Schöntal nach Langenbeutingen, wie es 1977 heißt, bringt den Stubenkameraden wenigstens für kurze Zeit einen in aller Heimlichkeit reich gedeckten Tisch.

Auch ein anderer konnte von diesem äußerst weltlichen Hunger erzählen: Goes' Stubenkollege Gerd Gaiser. Wie Goes war Gaiser 1908 in einem Pfarrhaus zur Welt gekommen und nach dem Landexamen in Schöntal eingetreten, von wo aus er das Seminar in Urach besuchte. Anders als Goes wurde er nicht Pfarrer, sondern nach dem Studium der Malerei und Kunstgeschichte Lehrer und schließlich Professor für Kunsterziehung an der Pädagogischen Hochschule in Reutlingen, wo er 1976, drei Jahre nach seiner Emeritierung, verstarb. 1941 veröffentlichte Gaiser mit *Reiter*

am Himmel einen ersten Gedichtband, dem schnell weitere Gedicht- und Erzählbände sowie Romane folgten, die ihm hochdotierte Preise eintrugen. 1977 erschien *Ortskunde*, in dem Schöntal ein Kapitel mit dem Titel »Abt Knittel und Ritter Götz« gewidmet ist. Der Erzähler kehrt nach langer Zeit zurück und erinnert sich an »herrliche Jahre damals, schlechte, hungrige Jahre«, daran, dass ein Klosterschüler quer über den Hof einem anderen seine Brotkanten zuwarf, was zu einem »Vermerk im Strafbuch« geführt habe »– wegen Wegwerfens einer Gottesgabe durch die Luft«. Geändert scheinen sich die Dimensionen zu haben: »Jeder kennt die Erfahrung von der Kleinheit eines jeden Dings, das man lange Zeit später wiedersieht. Seltsamerweise zeigte sich in Schöntal alles größer, als die Erinnerung haben wollte. Als wir morgens durch das Marientor eintraten und dann unter dem Fischertor durch, wo herkömmlich erst die Klosterfischer und dann die Musiklehrer hausten, waren wir nicht auf die Maße gefaßt, auf den Hochdrang der Turmflanken, die Frontecke von Dientzenhofers Bau mit der Abtsäule davor, auf das Eckrisalit der Neuen Abtei, das jetzt anspruchsvoll seinen Schritt vortat. Alles groß, nein nicht das Klösterchen, wie es guckkastenhaft im Gedächtnis verwahrt lag.«

Von einem »Klösterchen« kann man bei Kloster Schöntal, das gut erhaltene Bauten aus fünf Jahrhunderten beherbergt, wahrlich nicht sprechen, nicht einmal aus einiger Entfernung wirkt es »guckkastenhaft«.

Stift Neuburg

Hüter für hundertundein Jahre

Am 6. September 1926 hatte der Schriftsteller, Übersetzer und Alchemist Alexander von Bernus einen schweren Gang vor sich: Die Inflation zwang ihn, das von seinem Adoptivvater ererbte Stift Neuburg, in dem er einen großen Teil seiner Kindheit und Jugend und manche Erwachsenenjahre nicht zuletzt als Gast-geber bedeutender Literaten verbracht hatte, an die Benediktinerabtei Beuron zu verkaufen: »Hundertundein Jahre war Stift Neuburg Familienbesitz ge-wesen, und an jenem Mittag nach den vollzogenen Unterschriften unter dem Kaufvertrag hatte mir der Prior der künftigen Abtei Neuburg, Pater Lu-cas, die Hand gereicht mit den Wor-

Romantikerklause und Dichterherberge für hundertundein Jahre –
das bei Heidelberg gelegene Stift Neuburg von der Neckarseite aus betrachtet

Treppe zu einer Neuburger Krypta – Holzschnitt von Joachim Lutz

ten: ›Wir danken Ihnen, daß Sie uns ein so treuer Hüter waren ...‹ Schlagartig wurde mir da die Zeitlosigkeit der katholischen Kirche bewußt: Vier Generationen nur die Hüter ... Und doch: Während dieser hundertundein Jahre war Stift Neuburg eine geistige Mitte gewesen, die unvergeßlich bleiben wird, nicht nur in der Geschichte Heidelbergs als lebendige und einmalige Begegnung der Dichter und ihrer Gesellen.«

Heute ist Neuburg keine Sommerfrische für Dichter und ihre Gesellen mehr, sondern das, was es vor mehr als 880 Jahren schon war: ein dem heiligen Bartholomäus geweihtes Männerkloster der Benediktiner.

1130 wurde »Niwenburg« als Filialkloster der Reichsabtei Lorsch gegründet und dem heiligen Bartholomäus geweiht. Obwohl Bartholomäus vielen Gewerben, darunter auch den Bauern und Winzern, als Schutzpatron galt und gilt, wollte sich das neue Kloster nicht so recht entwickeln. Was die Männer nicht schafften, sollten deshalb wohl die Frauen geradebiegen: Pfalzgraf Konrad von Staufen initiierte 1195 die Umwandlung Neuburgs in ein Nonnenkloster, doch auch das änderte nichts an den wirtschaftlichen

Problemen. Als Lorsch Prämonstratenserkloster wurde, fiel das Tochterkloster zunächst an das Bistum Mainz, dann an das Bistum Worms, das aus dem Benediktinerinnenkloster 1303 ein Zisterzienserinnenkloster machte. Es scheint der richtige Schritt gewesen zu sein, denn in der Folge schaffte das Kloster den wirtschaftlichen Aufstieg, der unter anderem mit reger Bautätigkeit einherging. Die Nonnen, die ab 1460 wieder der benediktinischen Observanz unterstellt waren, verfolgten selbstbewusst ihren eigenen Weg. So erlaubte die Äbtissin Brigitta von Pfalz-Simmern, eine Cousine des zum Protestantismus übergetretenen Kurfürsten Ottheinrich, dass im Kloster die lutherische Lehre verkündet wurde, was 1562 zu dessen Auflösung führte. Nach wechselnder Nutzung, etwa als »Lusthaus« für die Gemahlin des pfälzischen Kurfürsten Friedrich IV., wurden 1672 die alten Gemäuer zum »Fürst-Gräff- und Adeliches Fräulein und Jungfern Stifft« umfunktioniert und weiteren Umbauten unterzogen. Die Bezeichnung »Stift« blieb, die protestantischen Stiftsdamen gingen: Als die Kurwürde den pfälzischen Wittelsbachern und damit einem katholischen Haus übertragen wurde, mussten sie 1706 den Jesuiten weichen.

Unter den Neuburger Stiftsfräulein scheint es keine zu literarischem Nachruhm gebracht zu haben, hundert Jahre später allerdings verband sich der Name einer berühmten Frankfurter Stiftsdame und Dichterin mit dem ehemaligen Kloster. 1804 lernte Karoline von Günderrode hier einen Mann kennen, von dem sie für den Rest ihres Lebens nicht mehr frei sein sollte. 1780 in Karlsruhe geboren, verlor sie schon früh den Vater und zog mit der Mutter sowie den Geschwistern nach Hanau. Erbstreitigkeiten und finanzielle Engpässe ließen Karoline Günderrode mit siebzehn Jahren in ein Frankfurter Stift für adelige Damen eintreten. Hier begegnete ihr in Friedrich Carl von Savigny ihre erste Liebe. Der spätere Schwager von Bettina und Clemens Brentano brachte sie nicht nur mit den Brentanos in Kontakt, die ihr zur Ersatzheimat wurden, sondern überhaupt mit den Heidelberger Romantikern. Bei einem Besuch in der Neckarstadt lernte Karoline Günderrode den Philologen und Mythenforscher Georg Friedrich Creuzer kennen: »Die Dich-

terin Günderrode, welche eine Familie in die Neckargegenden begleitete, war gestern morgen hier angekommen. [...] in einer großen Gesellschaft gingen wir nach dem Stifte, lagerten uns hinter demselben in dem Wäldchen, welches man passirt, wenn man nach dem Fürstenweiher gehet, und ließen uns durch Brentanos Gesang und Zitherspiel ergetzen. Fräulein Günderrode ist durch Anspruchslosigkeit und Einfacheit liebenswerth. Nach Brentanos Versicherung ist sie eine tiefe Denkerin und liest viel. [...] Die hiesige Gegend gefiel ihr sehr. Wir hatten uns beim Hausacker übersetzen lassen und gingen über den Berg und das Schloß zurück.« So die Erinnerung eines Kollegen von Creuzer. Was nun folgte, war das Trauerspiel zweier Königskinder, die konnten zusammen nicht kommen. Creuzer war

Unglückliches Liebespaar mit Anfängen auf Stift Neuburg – links Karoline von Günderrode (1780–1806), rechts Georg Friedrich Creuzer (1771–1858)

verheiratet, hätte sich aber scheiden lassen, um Karoline zu heiraten, sie wollte ihn haben, aber nicht heiraten. Karoline Günderrode steigerte sich immer mehr in ihre schwärmerische Liebe hinein und fand nur in ihrer Dichtung Ventil und Ablenkung. Kurz vor der Begegnung mit Creuzer war unter dem Pseudonym Tian ihr erstes Buch – *Gedichte und Phantasien* – erschienen, weitere folgten. Als Creuzer 1806 schwer erkrankte und von seiner Frau gesundgepflegt wurde, versprach er dieser, sich von Karoline Günderrode zu trennen. Die Nachricht ereilte das Stiftsfräulein in Winkel am Rhein. Kurz zuvor hatte Johann Friedrich Heinrich Schlosser, angehender Jurist in Frankfurt und angeheirateter Neffe von Goethes Schwester Cornelia Schlosser, Bettina Brentano um ein paar Zeilen an die Freundin gebeten, die er gerne kennenlernen wollte. Aus Angst um Karoline drängte Bettina ihn, schnell nach Winkel zu fahren. Wenig später war sie selbst auf dem Weg, kam aber zu spät: Karoline Günderrode hatte sich am 26. Juli 1806 am Rhein erdolcht. Bettina und ihre Begleiter näherten sich vom Neckar aus der Stelle: »Dort stand der Fritz Schlosser am Ufer, und der Bauer, der sie gefunden, zeigte ihm, wo der Kopf gelegen hatte, und die Füße und daß das Gras noch darniederliege.« Neunzehn Jahre später erstand besagter Fritz Schlosser Stift Neuburg, wo Ende des 19. Jahrhunderts »ein bleichblaues Heftchen« gefunden wurde, auf dem zu lesen war: »Fragment eines unediert gebliebenen Werks von Tian (Karoline v. Günderode) 1806. Der Druck war nicht über den fünften Bogen fortgesetzt, – die bereits gedruckten Bogen wurden supprimiert. 1806.« Es handelte sich um *Melete*, Günderrodes letztes Werk. Wie das Heft auf Stift Neuburg gelangte, ist nicht bekannt, möglicherweise schenkte Creuzer, der den Druck einstellen ließ und die Spuren seiner Beziehung zu der Verfasserin nach Möglichkeit verwischte, das einzige erhaltene Exemplar Schlosser; vielleicht darf man aber auch spekulieren, dass die Dichterin selbst es ihm kurz vor ihrem Tod in Winkel übergab. Einer der darin befindlichen beiden Briefe »An Eusebio« beginnt mit den Worten: »Mit Freude denk ich oft zurück an den Tag, an welchem wir uns zuerst fanden.«

Als Karoline Günderrode und Georg Friedrich Creuzer sich im Wald hinter Stift Neuburg kennenlernten, war das beliebte Ausflugsziel der Heidelberger Romantiker schon in weltlichen Besitz übergegangen. Der Papst verbot 1773 die Jesuiten, das Kloster fiel dem Orden der Lazaristen/Vinzentiner zu. Ende des Jahrhunderts wurde es, um der Finanznot der Heidelberger Universität abzuhelfen, zunächst säkularisiert. Einer scheint diese Änderungen nicht so recht wahrgenommen zu haben: Johann Heinrich Voß. Der Schriftsteller und renommierte Übersetzer von Homer, Ovid, Horaz und vielen anderen antiken Autoren erhielt 1805 eine Professur an der neugegründeten Universität Heidelberg, und es blieb nicht aus, dass er mit Stift Neuburg in Berührung kam. Auch wenn

Aufklärer versus Romantiker – Johann Heinrich Voß (1751–1826) und Clemens Brentano (1778–1842)

die Jesuiten schon seit einer Weile weg waren, galten dem protestantischen Spätaufklärer die klösterlichen Gebäude weiterhin als ein »Etablissement für Jesuiten«. Voß starb im März 1826, kurz nachdem 1825 Johann Friedrich Heinrich Schlosser, inzwischen wohlbestallter kaiserlicher Rat in Frankfurt, das Stift erworben hatte. Clemens Brentano schrieb seinem Bruder Christian: »Gestern stand der Tod des Kirchenfeindes Voß in der Zeitung – er finde einen barmherzigen Richter! Nun kann doch Fritz Schlosser, welcher diesen Sommer das Heidelberg gegenüber im Neckarthale gelegene Stift Neuburg gekauft und bezieht, ruhig und unverjesuitirt und verglatzpfäffelt es bewohnen.« Ohne Berührung zur Kirche blieb das Kloster allerdings auch in Zukunft nicht, denn Schlosser und seine Frau Sophie Charlotte du Fay, Tochter einer begüterten Frankfurter Hugenottenfamilie, traten 1814 zum katholischen Glauben über und beherbergten zahlreiche kirchliche Würdenträger und katholisch gesinnte Politiker und Professoren in den ehemaligen Klostermauern, die sie erneut umgestalten ließen. Nicht die führenden Persönlichkeiten aus Politik, Kirche und Wissenschaft aber bescherten Stift Neuburg und Schlosser Nachruhm – oder bestenfalls einen zwielichtigen, so sprach Karl Gutzkow von der »ultramontanen Gespensterburg« –, sondern die hundertundeinjährige Geschichte als Musensitz, die mit Johann Friedrich Heinrich Schlosser erst so richtig begann.

Mit dem Erwerb von Neuburg zog sich Schlosser aus seinen Ämtern zurück und lebte fortan ganz der Literatur und Kunst. Er schrieb Gedichte,

Kontemplation hinter Glas – Blick in den Kreuzgang von Neuburg mit seinen verglasten Fenstern und auffallend rot gestrichenen Deckenbalken

sammelte Kirchenlieder, bearbeitete Legenden, übersetzte vorzugsweise aus dem Lateinischen und Italienischen und unterhielt Kontakte zu Romantikern wie Clemens Brentano, Ludwig Tieck, Joseph von Eichendorff, Friedrich und Dorothea Schlegel, den Grafen Stollberg und Justinus Kerner, von denen viele auf Neuburg zu Besuch weilten. Als Kunstmäzen war er Förderer der Nazarener, und bildende Künstler wie Friedrich Overbeck, Edward von Steinle und Philipp Veit leisteten ihren Beitrag zum fröhlichen Kommen und Gehen im Stift. Ernst Fries, in seinen letzten Jahren Hofmaler in Karlsruhe, war nicht nur häufiger Gast, sondern fertigte auch sechs Lithographien von der Klause seines Gastgebers an. Am 13. April 1830 übersandte Schlosser Goethe »eine Rolle mit einigen

lithographierten Blättern, die Herr Fries im verflossenen Spätsommer für mich gearbeitet hat, und welche Ihnen die nächsten Umgebungen unsers reizenden Landsitzes in der Nähe von Heidelberg vor Augen legen werden«. Das Geschenk sollte dem angeheirateten Weimarer Onkel Lust auf einen Besuch machen. Der hielt es für einen »glücklichen Gedanken [...]: durch einen geschickten Künstler Ihre ernstheitere Wohnung und die unschätzbare Gegend abbilden und vervielfältigen zu lassen«, angereist kam er trotzdem nicht, dafür weilten später seine Enkel zu Besuch.

Häufiger Gast war auch – »als putziges Großmütterchen« inzwischen etwas in die Jahre gekommen – Goethes ehemalige Muse, die im »Buch Suleika« des *West-Östlichen Divan* verewigte Marianne von Willemer. Ihrer Begleiterin Emilie Kellner verdankt sich ein Einblick in die Häuslichkeit und baulichen Gegebenheiten auf Stift Neuburg: »Früh morgens 7 Uhr rief das Läuten der Glocke die anwesenden Katholiken in die heilige Messe, welche in der kleinen, reizenden Hauskapelle abgehalten wurde. Hohe Bogenfenster mit prachtvoller Glasmalerei gingen nach dem Parke, und wenn die Zweige der großen, alten Bäume säuselnd durch die geöffneten Fenster herein winken, die gefiederten Bewohner derselben ihren Gesang in der Morgenstille ertönen ließen, störte dies durchaus nicht die Andacht der Versammelten! Nach der Messe wurde zum Frühstück geläutet. Man kam im möglichst netten Morgennegligé zum gemeinsamen Frühstück in dem einfachen Eßzimmer zusammen.« Frau Rat Schlosser ließ es sich nicht nehmen, den »köstlichen Mokka« am runden, mit weißem Damast gedeckten Tisch selbst zuzubereiten, ihre Gäste zu bedienen und auch noch den Tauben vor dem Fenster Brosamen zukommen zu lassen. »Es war ein Eckzimmer, in dem gefrühstückt, überhaupt die Mahlzeiten eingenommen wurden. Zwei Fenster gingen nach dem Hof, wo mitten auf dem großen mit hohen Bäumen bepflanzten Rasenplatz ein Taubenschlag stand. Der Blick weitete gerne auf dem stattlichen Tore mit seinen himmelhohen Pappelbäumen und dem Hofe, der stets belebt war durch Hühner, Pfauen, Welsche Enten, Hunde und sonstige Geschöpfe des Tierreichs. Durch die offene Glastüre, welche von der andern Seite nach der großen Terrasse zuging, sah man das wunderschöne Neckartal mit seinem grünen, rauschenden Fluß und die lieblichen Ufer, hinter welchen sich die hohen bewaldeten majestätischen Berge erhoben. Blumendüfte zogen herein, man hörte das Plätschern des Springbrunnens, oder vielmehr einer kleinen künstlichen Wasserglocke, worunter täglich ein frischer Blumenstrauß oder Kranz zur Zierde angebracht war.« Gegen zehn Uhr zog sich die Hausfrau dezent zurück, »um das Räderwerk ihres Haushaltes in Bewegung zu setzen«, die Gäste erholten sich auf ihren Gemächern, im Garten

Erster Hausherr des Musensitzes auf Stift Neuburg – Johann Friedrich Heinrich Schlosser (1780–1851)

oder nahen Wald. Um 14 Uhr rief die Glocke zum Mittagessen, man versammelte sich »in bester Toilette« im Wohnzimmer und ging anschließend gemeinsam ins Esszimmer. Der Kaffee wurde, sofern das Wetter es zuließ, »in der großen Laube auf der Terrasse« eingenommen, ein größerer Spaziergang »in die schöne Umgegend oder den Wald« folgte: »Der Philosophenweg, das Brunnenstübchen, die Engelswiese und vor allem das alte Schloß bei Heidelberg sind Orte, die sämtlich einen Zauber ausübten auf die Besucher.« Um 19 Uhr dann ertönte aufs Neue die Glocke, dieses Mal zum Tee im Wohnzimmer: »Der Tisch stand vor dem Sopha, über demselben hingen lebensgroße Porträts in Öl, Herrn und Frau Schlosser in ihrer Jugend darstellend.« Frau Rat Schlosser bediente »den summenden Theekessel«, im Anschluss las man sich gegenseitig vor, spielte Gesellschaftsspiele, musizierte und unterhielt sich. Kein Wunder, dass Cajus Graf zu Stolberg-Stolberg Stift Neuburg »wie ein Aufenthalt des größten irdischen Glückes« erschien, und kein Wunder, dass sich Marianne von Willemer Jahr für Jahr, bis kurz vor ihrem Tod, dort einfand.

Sie hinterließ dem Stift und seinem Hausherrn nicht nur zahlreiche Briefe, sondern auch ein Bändchen mit Scherenschnitten, die sie von den Größen des Sturm und Drang sowie von Goethe und Lotte angefertigt hatte. Es gehörte zu jenen Ausstellungsstücken, die Schlosser in sein Goethe-Museum aufnahm. Denn den Westteil des Kirchenschiffes hatte er zum »heiter hellen ›Goethesaal‹« umbauen lassen und dort das weltweit erste Goethemuseum eingerichtet. Die beachtliche Sammlung, darunter auch eine umfangreiche Goethe-Bibliothek, ging nach seinem Tod an das katholische Seminar in Mainz über.

Aus den Berichten über Schlossers Neuburg und dessen kultivierte Gesellschaft weht die Luft heiterer, unbeschwerter Sommertage, wie sie Jane Austen nicht besser hätte beschreiben können. Erzählungen von Gespenstern, Alchemisten, dunklen Verschwörungen scheinen in dieser Idylle keinen Platz gehabt zu haben – und doch gab es sie. Noch vor Schlosser erstand 1804 der Regierungskommissar Ludwig Hout das Anwesen. Einer seiner Gäste hieß Carl Maria von Weber, und ihm fiel in der Bibliothek des Hausherrn *Das Gespensterbuch* von Johann August Apel und Friedrich August Schulze in die Hände, eine Anthologie mit den damals so beliebten Schauergeschichten. Unter anderem enthielt das mehrbändige Werk auch die Geschichte »Der Freischütz«, die auf einer alten Volkssage basierte und Weber als Vorlage zu seiner gleichnamigen Oper diente. Das war noch vergleichsweise harmlos, es sollte viel schlimmer kommen. Karl Gutzkow besuchte in Schlossers Abwesenheit das Stift. Zunächst lässt sich alles gewohnt idyllisch an: »Ein kiesbestreuter Weg schlängelt sich um die Mauer einer Terrasse von welcher Rosenbüsche und Orangebäume uns entgegendufteten. Aus der Mauer rieselt frisches Quellwasser jenes Berges, an den die Gebäude sich lehnen.« Durch eine eiserne Pforte geht es in den Hofraum mit seinen Hunden und Pfauen, eine Bedienstete zeigt dem Reisenden die Räumlichkeiten. Der kommt schon mit düsterem Wissen im Gepäck an: »Es geht in Franken und am Neckar die Sage, dies modernisirte alte Kloster wäre der Sitz manches unheimlichen Spukes.« Verschlossene Kutschen aus weiter Ferne, Bischofsmützen, die aus Fenstern nicken, Mönche, die durch Laubengänge huschen, Versammlungen ganzer Konsilien – der (katholischen) Schrecknisse gab's laut Gutzkow vielerlei, und »alle diese Grauen geschähen im Stifte Neuburg am hellen Tage«. Dagegen sei der Protest des Hausherrn machtlos, denn selbst »wenn man die behagliche Villa mit ihren bescheidenen kleinen Fenstern so traulich in der Abendsonne schimmern sieht, wenn man auf der Terrasse auf epheuumrankten Sesseln ruht und in das friedliche Neckarthal hinunterblickt«, ist da etwas anderes zu spüren, so »war es mir zuweilen in den Sälen und Corridoren, als hört' ich etwas rascheln von dem Spuk der Sage«. Bei der Besichtigung kommt Gutzkow nicht etwa ein durch die Ewigkeit irrender Mönch entgegen, sondern: »Erst ist es Göthe, den wir noch in den Ursprüngen dieses Hauses zu entdecken glauben. [...] In den Zimmern selbst leuchten uns die Reminiscenzen Italiens entgegen. [...] In den Gesellschafts- und Familienzimmern, in den Toiletten- und Schlafgemächern begrüßen uns mit einem gewissen salbungsvollen Ernste die Portraits der älteren Glieder der Familie.« Durch

Auf der Flucht vor den geistlichen Geistern auf Stift Neuburg – der aus Berlin stammende Schriftsteller und Journalist Karl Gutzkow (1811–1878)

die Korridore gelangt er in die Hauskapelle und in einen größeren Saal: »Das Versammlungszimmer ist der umfangreichste Raum des Gebäudes. Die Wände sind mit goldumrahmten Gemälden geschmückt, in der Mitte steht eine große, irr' ich nicht, grün behängte Tisch-Tafel, die in der That diesem Raume das Ansehen eines Sessionszimmers giebt.« Und nach all dem Spuk drinnen erscheint auch draußen die Natur bedrohlich: »Bei aller Lieblichkeit hat die Natur hier doch etwas Düsteres. Der rothe Sandstein der Berge von drüben mit den dunkelgrünen Tannenstreifen darauf, dazwischen das sonnige Heidelberg mit dem offnen Blick in die heitere, lustige, ich möchte sagen rationalistische Pfalzebene – man fühlt sich, so hart an der Kante der freien, fröhlichen Welt, von diesem Dunkel und Gemunkel des Stiftes Neuburg beunruhigt, ja gepeinigt. [...] Selbst die dunkeln Grotten des Gartens, selbst die frischen grünen Weingeländer, selbst die üppigen Rosen auf der Terrasse könnten mich hier nicht zurückhalten.« Er verlässt flugs die »ultramontane Gespensterburg« und ward nie mehr hier gesehen.

Die Gespenster waren offensichtlich nicht so leicht zu vertreiben wie Gutzkow, und so scheinen sie nach hundert Jahren, als Klaus Mann, der eben die Odenwaldschule vorzeitig verlassen hatte und für einige Monate auf Stift Neuburg Unterschlupf suchte, noch immer ihr Unwesen getrieben und die Bewohner beschäftigt zu haben: »Eine kleine Plauderei über Seelenwanderung gehörte durchaus zum Alltäglichen auf Stift Neuburg. Man unterhielt sich über Erzengel, Poltergeister und die verschiedenen Stufen der Erleuchtung mit einer Selbstverständlichkeit, mit der man in anderen

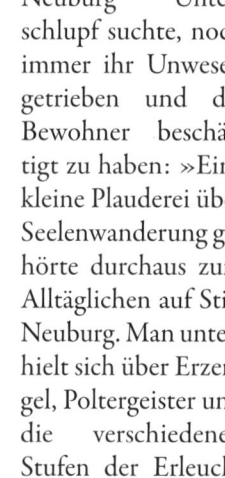

Ferien auf dem Stift – Klaus Mann (1906–1949) weilte 1924 einige Zeit bei Familie Bernus auf Stift Neuburg

Kreisen den Stand der Börse oder das Wetter diskutierte.« Mögen die Geister vielleicht die alten und ein allgegenwärtiges und romantisch anmutendes Thema gewesen sein, der Hausherr, seine Familie und seine Gäste waren zu Klaus Manns Zeiten andere und das Stift keine Romantikerklause mehr. Schlossers blieben kinderlos, und so vermachte Sophie Schlosser, die Johann Friedrich Heinrich Schlosser überlebte und nach seinem Tod das Stift noch sehr viel stärker katholischen Kreisen öffnete, das Anwesen ihrer Nichte Marie, die mit dem Frankfurter Senator Franz Freiherr von Bernus verheiratet war. Dem Enkel Alexander erschien der Park als »Märchenwald von grenzenloser Weite«, und auch wenn ihm keine Gespenster begegneten – oder er zumindest in seiner Autobiographie *Wachsen am Wunder* nichts davon erwähnte –, so war er doch »froh der überstandenen Gefahren«, wenn er auf die Terrasse gelangte und von dort in den angrenzenden Gutshof, »das Paradies des Kindes«, in dem noch immer »Hühner, Tauben, Enten, Gänse« und natürlich »auch Truthähne« herumliefen. Einlogiert war er mit seinem Kindermädchen im »Willemer-Zimmer«; später, als Neuburg nach dem Tod der Großmutter seinen Eltern zufiel, zog er vom Gastflügel in den Hauptbau und bewohnte eine Flucht aus kleineren Zimmern, die am ehemaligen Kreuzgang lagen. Bei der Übersiedelung auf das Stift war Alexander von Bernus neuneinhalb Jahre alt, genoss es in vollen Zügen, Dachboden und Gemächer, Gänge und Schränke, Wirtschaftsgebäude und Garten zu er-

Das Kloster über den Neckar hinweg betrachtet –
Postkarte von Hanna Wolfskehl an Melchior Lechter aus Stift Neuburg

kunden, und »schlug [...] während dieses ersten Sommers tief und tiefer Wurzeln auf Stift Neuburg«. Alexander von Bernus, der viel Zeit in der heimischen Bibliothek mit ihrem »Stiftsgeruch« zugebracht und als Fahnenjunker und Leutnant in Karlsruhe Muße gehabt hatte, sich »mit der neuen deutschen Literatur bekannt zu machen«, studierte in München Literaturwissenschaft und Philosophie, kam mit der Schwabinger Boheme in Kontakt, begann zu schreiben – insgesamt verfasste er weit über 400 Werke – und gründete 1907 mit den »Schwabinger Schattenspielen« seine eigene Bühne. 1908 erbte er sein Kindheitsparadies, was lag da näher, als die alte Schlosser'sche Tradition wiederaufleben zu lassen und das Stift zu einem kulturellen und geistigen Musensitz zu machen? 1904 hatte er bei Ricarda Huch den Schriftsteller und Übersetzer Karl Wolfskehl kennen-

gelernt, mit dem ihn eine lebenslange Freundschaft verband. Im Sommer 1909 verbrachte dieser mit seiner Frau Hanna, dem Dichter und Literaturwissenschaftler Friedrich Gundolf, den Zeichnern Rolf von Hoerschelmann und Karl Thylmann sowie dem Musiker Wilhelm Petersen den Sommer auf Stift Neuburg.

»Die Gegend, der Garten, das Kloster, die gothischen Säle und Zellen, die romantischen Zimmer, die außer allen geliebten Meublen auch noch die Luft von Göthe und Brentano in sich bergen, alles hüllt uns ein in eine besondere Welt!«, schwärmte Hanna Wolfskehl auf einer Postkarte an Freunde. Kein Wunder, dass der »Meister« des Kreises, Stefan George, der Einladung, die ihn Pfingsten 1908 ereilte, sofort nachkam. Er sollte (mindestens) eine unruhige Nacht erleben: »Das ihm zugedachte Zimmer – es war das schönste

Der Meister und die Gegenkräfte – Stefan George (1868–1933), zeitweiliger Gast von Alexander von Bernus

und ihm gemäßeste Gastzimmer auf Stift Neuburg, denn es führte nebenan über eine Stufe in eine kleine Zelle mit gotischem Gewölbe –, das Zimmer hatte auch seine zwielichtige Seite: es war darin nicht recht geheuer. [...] Geräusche wurden hörbar, und mitunter, wenn auch ganz selten, kam es von unter dem Fußboden her wie das Rollen von Kegelkugeln. Nicht ich allein, auch andere, die in dem Zimmer schliefen, machten die gleiche Wahrnehmung. Als ich mit Karl Wolfskehl Stefan George nach seiner Ankunft in das Zimmer geleitete, glaubten wir, ihn auf diese Eigentümlichkeit des Zimmers aufmerksam machen zu müssen, um ihn auf etwaige nächtliche Überraschungen vorzubereiten. Stefan George nahm es zur Kenntnis und sagte nur: ›Vielleicht sind heute Nacht stärkere Gegenkräfte anwesend.‹ Karl Wolfskehl war von dieser Antwort überwältigt. Ich dachte: abwarten. Am anderen Morgen erschien George etwas übernächtigt am Frühstückstisch. [...] von Wolfskehl befragt, ob er während der Nacht in seinem Zimmer etwas gespürt oder wahrgenommen habe, [gab er] zur Antwort: ›Sie sind da. Ich habe die ganze Nacht kein Auge zugetan ...‹ Die Gegenkräfte waren nicht stark genug gewesen.« In der Folge war keine Rede mehr von den dunklen Mächten der Nacht, und sie waren auch nicht der Grund dafür, dass George zwar wiederkam, aber kein Dauergast auf dem Stift wurde. Bernus selbst sagt von sich, »niemals dem Stefan George-Kreis angehört« zu haben, er habe sich der bedingungslosen Hingabe verweigert und »gegen jede Besitzergreifung« »immun« gemacht. Dies führte zu Spannungen, konnte aber den Erinnerungen an die »unvergeßlichen Nachmittage müßiggängerischer Sommerfeier«, die der Kreis auf Stift Neuburg verlebte, nicht wirklich Abbruch tun.

Im Jahr 1911 war es damit vorbei: Zwischen Bernus' Frau Adelheid und Wilhelm Petersen entwickelte sich eine Liebesbeziehung, die Ehe wurde geschieden, 1912 heiratete Bernus die Künstlerin Imogen von Glasenapp, im selben Jahr verunglückte sein Sohn Albert beim Spielen in der Klosterkirche tödlich – die Zeit der unbeschwerten Sommertage auf Stift Neuburg war vorbei. Der Schlossherr löste sich endgültig vom Georgekreis, er kam mit Rudolf Steiner in Kontakt, der 1913 zum ersten Mal Neuburg besuchte. Pläne, das anthroposophische Goetheanum auf dem Stiftsgelände zu errichten, womit auf gewisse Weise Goethe wieder Einzug gehalten hätte, wurden nicht verwirklicht. »Er hatte seine Laufbahn als literarischer Bohémien begonnen«, so Klaus Mann in *Der Wendepunkt* über Alexander von Bernus, »um sich aber bald tieferen Studien und Abenteuern zuzuwenden. Aus dem verspielten Ästheten wurde ein Mystiker, aus dem Mystiker ein professioneller Adept und Künder der okkulten Sphäre.« Wenn er sich laut Klaus Mann nicht dem Studium der anthroposophischen Schriften widmete, »beschäftigte sich der Schloßherr von Stift Neuburg mit Alchemie, Astrologie und der Herstellung von allerlei heilsamen Pulvern und Tinkturen nach Rezepten des Paracelsus«, wozu er sich in den Kellergewölben eine »Hexenküche« einrichtete. 1926 verfasste Bernus den Gedichtzyklus *Kloster Neustift*, in dem er ihm wichtige Orte auf dem Stift in Versen verewigte. In einem der Gedichte klingt auch seine Beschäftigung mit dem Okkulten an:

Und hier die Gotische Zelle. Drinnen steht / Auf Fach und Sims viel magisches Gerät / So nahgerückt und handgerecht, als diene / Es noch für den Gebrauch. Und an den Wänden /

Sieh Bild an Bild: Adepten, Astrologen / Und Magier, Alchimisten, vielbeschriene. / Sie hatten unser Wissen lange schon, / Das sie aus andrer Welt, als wir bezogen. / Noch heute liegt verhüllt in ihren Händen / Der Stein der Weisen, aber keine Miene / Verrät das Rätsel der Transmutation ...

Der Stein der Weisen wurde von Bernus nicht gefunden, immerhin aber erwiesen sich, auch das berichtet Klaus Mann, die »magischen Pillen schon jetzt als Goldquelle, weshalb der Baron

Betendes Stiftsfräulein – Relief auf einer im Jahr 1909 von Imogen von Bernus aus Bruchstücken des Klosters neu zusammengesetzten Mauer

sich denn auch auf diese Branche der Geheimwissenschaft besonders konzentrierte.« Doch es half alles nichts, die Inflation galoppierte schneller, als die Pillen unter die Menschen zu bringen waren, und Bernus musste Stift Neuburg verkaufen. Am 13. Februar 1927 schrieb er *Abschiedsabend auf Stift Neuburg*, in dem es unter anderem heißt:

Mein Stift, ererbt, erworben,
Verwaltet wie ein Amt:
Heut gebe ichs dem Orden
Zurück, von dem es stammt,

Das bald nur noch Gebete,
Wie heut Gedichte faßt.
Wenn ich es neu betrete,
Bin ich hier nurmehr Gast.

Ich war in dieser Stube
Ja schon als Kind daheim,
Hier schrieb der scheue Bube
Einst seinen ersten Reim. [...]

Nun steh ich in fast leerer
Behausung, ausgeräumt.
Der Abschied fällt noch schwerer,
Als ich mir je geträumt. [...]

Alexander von Bernus starb 1965 auf Schloss Donaumünster, das er 1921 gekauft und zunächst nur als Sommersitz genutzt hatte. Das Stift kehrte in den Besitz seiner Gründer zurück. Werner Bergengruen beschreibt in seinem 1959 erschienenen Buch *Deutsche Reise* seine Eindrücke von der jetzigen Abtei Neuburg. Bei der Ankunft findet er »ein reizvolles, ummauertes An-

wesen, das kleine Kirchlein mit dem rührenden, schüchternen und doch so helltönigen Turm und das Wohngebäude im guten und gastlichen Herrenhausstil des vorvorigen Jahrhunderts. Hohe alte Bäume neigen sich über die Gebäude, die gelblichen Mauern mit Türmen und Bastionen leuchten in der Mittagssonne.« Ein Pater führte ihn durch die Gebäude und Gärten, und Hausenstein zieht das Faszit: »Die romantische Suggestion der Örtlichkeit ist noch heute stark. Es will gesetzlich und notwendig scheinen, daß dies nachblühend bis in unsere Tage die letzte Burg der Romantik wurde. Und der Weg scheint nicht weit von dem Konvertiten Schlosser, von dem Ehepaar Schlegel, von Brentano, Steinle, Veit und Overbeck bis zu den Männern vom Orden des heiligen Benedikt.« 1981 zeigte sich der Erzähler in Michael Buselmeiers Roman *Der Untergang von Heidelberg* nicht sonderlich erbaut von der Abtei Neuburg: »Der Vorplatz ist leer, die schöne Aussicht versaut. Grabsteine von Bischöfen und Äbten lehnen an der Wand. Kinder mit Milchkannen betreten durch eine Seitentür den Wirtschaftshof des Klosters.« Neuburg hat sich verändert, die alten Gebäude wurden renoviert, ausgebaut, teilweise abgerissen und mit neuen ergänzt, die romantisch überwucherte Natur ist einer gepflegten Kulturlandschaft gewichen, am Fuß des Hügels führt eine Schnellstraße vorbei, Hühner, Hunde und Pfaue sind aus dem Wirtschaftshof verschwunden, doch der Brunnen plätschert noch immer. Heute wird statt weltlicher vor

Hühner, Hunde, Pfaue von einst mögen fehlen, doch der oft erwähnte Brunnen spendet im Innenhof von Stift Neuburg noch immer sein Wasser.

allem geistliche Literatur gelesen, werden Meditationsmandalas gemalt und Choräle eingeübt. Nach wie vor zählt die Gastfreundschaft zu den obersten Grundsätzen, da nach der Benediktsregel in einem Kloster Gäste nie fehlen dürfen – offensichtlich befolgten diese Regel auch die literatur- und kunstbegeisterten Hüter von Stift Neuburg, die es zwischen 1825 und 1926 hundertundein Jahre liebevoll pflegten und zweimal zum Musensitz kürten.

Baden-Baden

Vom Menschenmarkt zum lichten Tal

»Europas Menschenmarkt ohn' Ruh'«, so lautete Justinus Kerners wenig schmeichelhaftes Urteil über Baden-Baden, das er allerdings im nächsten Vers seines Gedichtes *Aus Lichtenthal* relativierte: »Glanzvoll und wert zu schauen.« Als der Weinsberger Dichterarzt diese Zeilen 1843 schrieb, galt Baden-Baden als »Sommerhauptstadt Europas«, die Schönen und Reichen – und viele, die es gerne gewesen wären – gaben sich während der Saison ein Stelldichein an der Oos. Es war ein buntes »Gewimmel« und »in Gasthöfen, Straßen und auf den Promenaden recht volkreich und lebendig«, wie Ludwig Uhland 1822 bei einem Ausflug feststellte. Ein Gewimmel allerdings, das ihm nicht sonderlich zusagte und dem sich auch Justinus Kerner auf Dauer nicht hingeben wollte. Das lyrische Ich seines Gedichtes zog es stattdessen vor, sich »vom Markte zur Kapelle« zu begeben. Diese Kapelle befand sich, wie der Gedichttitel schon besagt, im damals etwa eine halbe Fußstunde von Baden-Baden entfernten Kloster Lichtenthal.

Dem Gewimmel der Badegäste sehr viel näher, wenn auch nicht so alt und schon gar nicht so romantisch gelegen, befand sich das Kloster der Augustiner-Chorfrauen vom Heiligen Grab. Markgräfin Franziska von Baden konnte 1670 die Chorfrauen in die Stadt locken, damit sie sich der höheren Mädchenbildung annahmen, was sie trotz mancher politischen Hindernisse auch erfolgreich taten. Erst im Jahr 2001 mussten die Schwestern mangels Nachwuchses ihre Pforten schließen und den Unterricht ganz der Weltlichkeit überlassen. Das Kloster lag am Römerplatz, der nicht von ungefähr so heißt. Wie Ausgrabungen zeigten, hatten die Römer als Erste die heißen Quellen genutzt und – der Name ist Programm – um 70 n. Chr. die Stadt Aquae gegründet. Der Schriftsteller Reinhold Schneider, der 1903 in Baden-Baden zur Welt kam, Kindheit und Jugend hier verlebte und 1944 vor den Luftangriffen auf seinen Wohnort Freiburg hier bei den Augustiner-Chorfrauen Schutz suchte, erinnert sich: »Ich stieg wohl einmal erschauernd in die Bäder

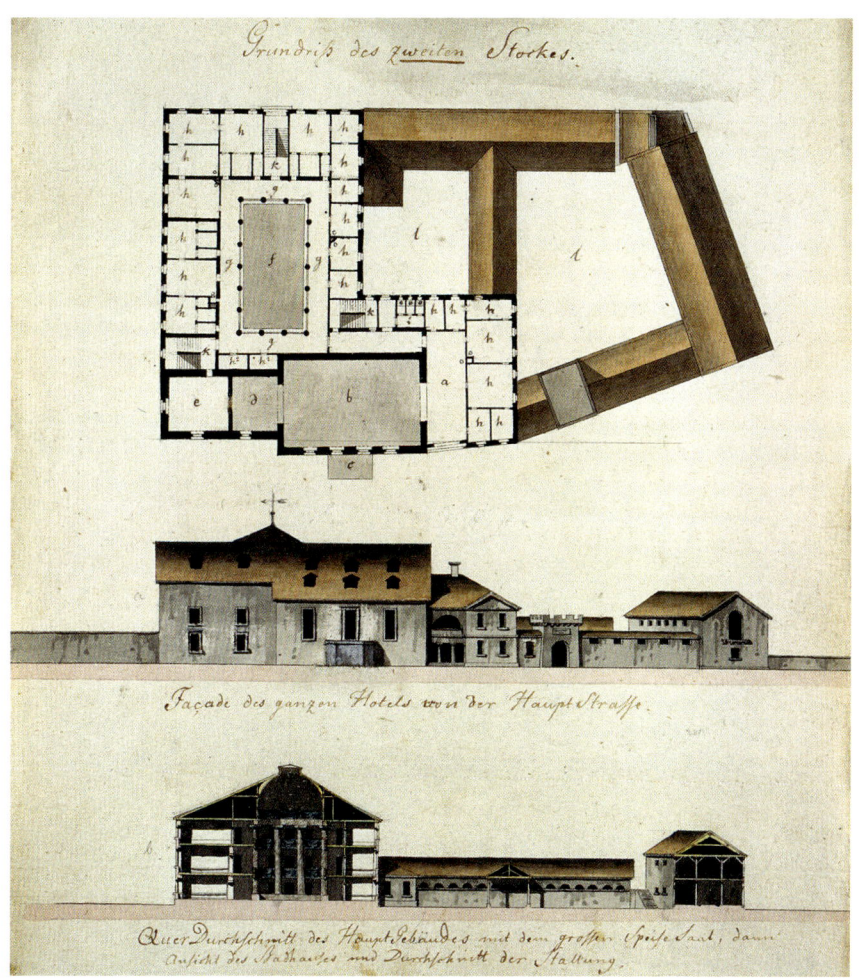

Vom Franziskanerkloster zum Kurhotel »Badischer Hof« – Grundriss des zweiten Geschosses, Fassadenansicht und Aufriss, 1810 erschienen bei Cotta

der Römer hinab, die sich unter dem Kloster zum hl. Grab ausdehnen. Von der Klosterkirche blickt ein Relief der Auferstehung auf den Platz; die Ordensfrauen haben die Verehrung des Grabes, die Wache am Grab und Heranbildung junger Menschen aus dem Ernst dieses Wächterdienstes erwählt: sie gleichen in ihrer altertümlichen Tracht den badischen Markgräfinnen, die über ihnen im Schloss wohnten.«

Schneiders Eltern führten das Hotel Messmer, in dem unter anderem Kaiser Wilhelm I. und seine Gattin Augusta jahrelang Gäste waren. Das Messmer gehörte zu den ersten Häusern am Platz, aber den Rang, das erste Luxushotel in Baden-Baden und überhaupt das erste

Luxushotel in Europa gewesen zu sein, machte ihm ein anderes streitig: der Badische Hof. Baden-Baden wurde ab der Mitte des 18. Jahrhunderts Schritt für Schritt zu einem Bad ausgebaut, 1748 erhielt es die, im wahrsten Sinn des Wortes, Gewinn bringende Konzession für Glücksspiel, 1755 eine Bäderkommission. Karl Friedrich Markgraf von Baden lud die Mitglieder des von 1797 bis 1799 tagenden Rastatter Kongresses ein, sich an der Oos von den anstrengenden Friedensverhandlungen mit Frankreich zu erholen. Es war eine kluge Marketingstrategie, die 1805 durch die Verlegung der mark-

Markgräfliche Ruhestätte – Außenansicht der Fürstenkapelle von Kloster Lichtenthal, die von 1288 bis 1424 Grabstätte des Hauses Baden war

gräflichen Sommerresidenz hierher und die Tatsache, dass Baden-Baden zu Zeiten der Napoleonischen Kriege ein friedliches Eiland blieb, weiter vorangetrieben wurde. Der Erfolg schlug sich in Zahlen nieder: Kam man 1800 noch nicht einmal ganz auf 400 Badegäste, waren es 1807 immerhin 2000 und in den 1830er-Jahren wohl um die 10 000. Diese wollten standesgemäß untergebracht sein, weshalb es nahelag, ein entsprechendes Hotel bauen zu lassen.

Der Franzose Philipp Hofmeister hatte 1803 als Erster die Idee, ein auf der linken Oos-Seite gelegenes Kapuzinerkloster zu requirieren und zu einem Badehotel mit Theater- und Spielbetrieb umzubauen. Nur das geforderte Spielmonopol missfiel der Bäderkommission, ansonsten sagte ihr die Idee grundsätzlich zu, und sie beschloss, die Kapuziner nach Bruchsal umzusiedeln, die Gebäude zu versteigern und die Grünanlagen in einen öffentlichen Park umzuwandeln. 1630 war das Kloster durch den Markgrafen Wilhelm von Baden-Baden gestiftet worden, der sich dafür bedanken wollte, dass ihm acht Jahre zuvor zwei Kapuzinermönche die Nachricht vom Sieg über den protestantischen Markgrafen von Baden-Durlach überbracht hatten. Es mag nicht der Grund für die Aufhebung gewesen sein, doch eine gewisse Genugtuung dürfte er empfunden haben, als der aus eben jenem unterlegenen und inzwischen an die Macht gekommenen Haus Baden-Durlach stammende Karl Friedrich das Kloster säkularisierte. Er sorgte 1807 dafür, dass es nicht in die

Hotelgast und Hotelier – links Ludwig Tieck (1773–1853),
rechts Johann Friedrich von Cotta (1764–1832)

Hände des Franzosen Hofmeister gelangte, sondern in die des »Bonaparte
unter den Buchhändlern«, Johann
Friedrich Cotta, und seines Teilha-
bers, des Diplomaten Johann Ludwig
Klüber. Der Tübinger und Stuttgarter
Verleger hatte in kurzer Zeit das ma-
rode Familienunternehmen zu *dem*
deutschen Buch- und Zeitschriften-
Verlag gemacht, doch trotz seiner be-
herrschenden Marktstellung, trotz der
Tatsache, dass er die wichtigsten Autoren der Zeit, allen voran Goethe und
Schiller, unter Vertrag hatte, wollte er
sich nicht nur auf dieses eine Bein stüt-
zen: Das Hotel in Baden-Baden war
das erste Projekt, das er außerhalb des
Verlagsbereichs anging, Investitionen
in die Dampfschifffahrt auf dem Bodensee und in die Landwirtschaft folgten. Unter der Ägide des kurfürstlichen
Baudirektors Friedrich Weinbrenner
entstand aus dem Kapuzinerkloster ein

klassizistischer Prachtbau, der von seiner vormaligen Existenz nichts mehr
ahnen ließ. Aus der Kirche wurden
Säle, aus den Zellen die Beletage, aus
dem Badhaus moderne Badanlagen,
aus dem Kreuzgang der Speisesaal –
allerdings konnten die wenigsten Gebäude einfach umfunktioniert werden,
ein Großteil wurde abgerissen, der Rest
grundlegend umgebaut. Ganz ohne
Protest angesichts dieses gottesläster-
lichen Bauvorhabens ging es nicht ab,
Ludwig Tieck fasste den Widerstreit
1810 in Verse:

Der Kapuziner. / O Greuel! hier, wo
wir sonst Gott verehrten / Die Orgel
fromm in uns're Feste klang, / Wo
mancher Geist sich aus den Gram-
beschwerten / Regionen auf zum
leichten Himmel schwang? / hier seh'
ich nun die wilden, die verkehrten /
Gemüther frech berauscht in Lust

Maria, der Königin der Zisterzienser, geweiht – Abteikirche von Kloster Lichtenthal, Chor mit den von Emil Wachter geschaffenen Glasfenstern

und Sang? / Die stille Kirche muß so hell erglänzen, / Musik ertönen zu den flüchtgen Tänzen? / Antwort an den Kapuziner. / Mein Freund, es zürnt kein Gott dem leichten Leben, / Das gern vergißt, wovon es oft gequält, / Beglückt, wem alle Tage Freuden geben, / Daß er nach Lust und Scherz die Stunden zählt, / Der darf so hoch den frohen Muth erheben, / Den Glauben, der ihn gegen Leiden stählt, / Daß, wo sich arglos gute Menschen freuen, / Die heilgen Tempel Gottes sich erneuen.

Heftige Kritik klang beim Hoteliersohn Reinhold Schneider an: »Für Klöster hatten die braven Landesväter kein Verständnis mehr: ihr Nutzen ließ sich nicht nachweisen. [...] nun mußten auch die Kapuziner ausziehen: aus ihrem Kloster wurde ein Badhotel [...]. Inzwischen hatte Cotta aus Tübingen an Goethes und Schillers Schriften genug verdient, um das Kloster der Kapuziner zu erwerben und es in eine Unterkunft für das vornehme Publikum umzuwandeln.«

Nicht viel besser als den Kapuzinern von der Oos erging es den Franziskanern vom Fremersberg. 1411 war dort eine Einsiedelei entstanden, die sich zu einem »Klösterlein« entwickelte, das aber offenbar wieder aufgegeben wurde. Mitte des 15. Jahrhunderts ließ sich ebendort ein Franziskanerkonvent nieder, der nach manchem Auf und Ab 1826 aufgelöst wurde. Die Gebäude wurden versteigert und abgebrochen, an der Stelle des Hochaltars ein Steinkreuz errichtet, auf dessen Sockel an das Franziskanerkloster erinnert wird. Der Gründungslegende nach, die unter anderem der theologische Schriftsteller Emil Frommel in der Erzählung *Am Kreuz des Klosters Fremersberg* gestaltete, ließ Markgraf Jakob I. das Kloster errichten, weil ihm die »Waldbrüder« während eines Unwetters ein Dach über dem Kopf angeboten hatten. Der erste Baden-Badener Musikdirektor Miroslav Könnemann komponierte dazu ein beliebtes Monumentalwerk mit dem Titel *Fremersberg*, in dem er laut Schneider »Sturm, Blitz, Donner und Waldfinsternis, in der sich der Landesherr verirrt hatte am Westhange des Fremersberg« beschwor, bevor »das Glöckchen der Franziskaner-Eremiten zu vernehmen« war, die den Markgrafen retteten: »Der Gewitternacht folgte Morgenfrische, in der das Kreuz vor dem Klösterchen weit ins Land hinaus strahlte. Niemals, versicherte der Stadtchronist, habe dieses Werk seine Wirkung verfehlt.« Bei einem Ausflug kam Schneider auch zum ehemaligen Fremersbergkloster: »Welche Insel der Stille! Der Blick gegen die Rheinebene, ein paar Mönche zur Gesellschaft, das Wild vor den Mauern, und fern draußen die Völkerstraße am Rhein und der Zug der Schiffe und die große Unruhe [...]. Nur die steinerne Pforte des Klösterchens ist geblieben, mit dem Wappen des Scherers, Schröpfers und Bademeisters Hans Ulrich, der ein Wohltäter der Einsiedler war. Der Landesvater entschuldigte sich für die Säkularisation mit einem pietätvollen, an Stelle des Altars errichteten Denkstein.«

Sehr viel mehr Glück als Jesuiten, Franziskaner und Augustiner-Chorfrauen haben die Zisterzienserinnen von Kloster Lichtenthal, die sich nicht nur früher als alle anderen an der Oos niederließen, sondern auch länger als alle anderen ausharrten – noch heute leben, arbeiten und beten sie am Rande der Kurstadt. Schon die Gründerin des Klosters, Irmengard von Baden, zeichnete sich durch Standhaftigkeit und Durchsetzungsvermögen aus, Eigenschaften, ohne die es das Kloster in dieser Form wohl nicht gegeben hätte. Bernhard von Clairvaux soll auf dem

Weg von Speyer nach Konstanz den Wunsch geäußert haben, »in diesem lichten Tale« seinem Orden ein Kloster zu erbauen. Der berühmteste aller Zisterziensermönche hätte sicher keine Probleme gehabt, seinen Wunsch zu realisieren, anders stellte sich das für seine Anhängerin Irmengard dar. Als sie nach dem Tod ihres Mannes Hermann V. im Jahr 1242 in Clairvaux' lichtem Tal, das in unmittelbarer Nähe der Burg Hohenbaden und damit zum Hauptsitz der Markgrafen lag, ein entsprechendes Frauenkloster gründen wollte, stieß sie auf Schwierigkeiten. »Auf dem rechten Ufer saßen die Franken, auf dem linken die Alemannen. Zugleich war sie die Grenze zwischen den Bistümern Speyer und Straßburg. Weil sie sich vom Nachbarbischof mehr versprachen als vom angestammten, haben die Lichtenaler Cistercienserinnen vor langer Zeit einmal den Fluß umgeleitet, so daß sie auf seine andere Seite gelangten. Deutlich gewahrt man noch heute den auffallenden, das Kloster ausklammernden Bogen des Flußbettes.«

In der Tat bildete, wie Werner Bergengruen in seinem »Reiseführer« *Badekur des Herzens* darlegt, die Oos die Grenze zwischen den Bistümern Straßburg und Speyer, in einem Punkt jedoch irrt der Schriftsteller: Sie wurde nicht umgeleitet, weil sich die Zisterzi-

Lichtenthaler Stammgast – Reinhold Schneider (1903–1958)

enserinnen vom Nachbarbischof mehr erwarteten, sondern weil es sonst in dem lichten Tal gar kein Lichtenthal und keine Zisterzienserinnen gegeben hätte. Das für das geplante Kloster vorgesehene Terrain lag im Bistum Straßburg, der Straßburger Bischof aber stellte sich der Gründung entgegen. Irmengard, nicht bereit, von ihrem Vorhaben zu lassen, holte sich die Erlaubnis des Bischofs von Speyer und ließ kurzerhand die Oos umleiten, wodurch Grund, Boden und Kloster in die Zuständigkeit Speyers gelangten. 1245 holte die Stifterin, die selbst dem Konvent beitrat, die ersten Nonnen aus dem östlich von Pfullendorf gelegenen Kloster Wald. Drei Jahre später erfolgte die Übergabe der Gründungsgüter durch Irmengards Söhne an den Konvent, wurde das neue Kloster in den Zisterzienserorden aufgenommen und der erste Kirchenbau geweiht. Ebenfalls 1248 ließ seine Witwe, die ihren Willen durchgesetzt hatte, die sterblichen Überreste Hermanns V. von Backnang überführen und an exponierter Stelle vor dem Altar beisetzen, 1260 sollte sie neben ihm bestattet werden. Das Kloster entwickelte sich zum Hauskloster und für acht Generationen zur Grablege der Markgrafen von Baden. Der französische Schriftsteller sowie Freund und Übersetzer Heinrich

Werner Bergengruen (1892–1964)

Heines, Gérard de Nerval, der sich, von Geisteskrankheit gezeichnet, unter anderem 1838 in Baden-Baden aufhielt, entwarf in seinen Reiseimpressionen *Lorelei* ein nicht nur schmeichelhaftes Bild der 1830 unter Großherzog Leopold von Baden rekonstruierten Fürstenkapelle: »Die Klosterkirche liegt am Ende des großen Hofes, rechts davon das Klostergebäude und links, im rechten Winkel, eine neugotische Kapelle, wo die Gräber der Markgrafen untergebracht sind und alles, was man an historischen Glasfenstern und Marmorinschriften auftreiben konnte. Nun stellen Sie sich ein Kircheninneres in übertriebenstem Pompadourstil vor, Heilige in mythologischen Gewändern in den manieriertesten Posen, getragen, gestützt, liebkost von kleinen Engelsdämonen, die nackt sind wie Amoretten. Die Kapellen gleichen Boudoirs; Muschelornamente schlingen sich um reizende Medaillons und erlesene Gemälde von Vanloo. Einzig zwei Altäre bringen den Geist zurück auf düstere Gedanken, indem sie den Blicken die allzu gut erhaltenen Reliquien der Heiligen Pius und Benediktus darbieten. Aber auch hier hat man nach Mitteln gesucht, den Tod ansehnlich und fast kokett darzustellen.« Die Tatsache, dass das Kloster die Gräber der Markgrafen barg, rettete Lichtenthal Anfang des 19. Jahrhunderts als einziges badisches Kloster vor der Säkularisierung.

Hatte einer geglaubt, Frauen eigneten sich nicht für das auf Ackerbau und Viehzucht ausgerichtete Leben der Zisterzienser, dann straften ihn die Lichtenthaler Nonnen Lügen. Bis

Mitte des 14. Jahrhunderts gedieh das Kloster, um nach kurzem Niedergang und 1426 durchgeführter Reform erneut Aufschwung zu nehmen. In jener Zeit wurde nicht nur die Klosterkirche kostbar ausgestattet, unter der Schreibmeisterin Regula entstanden auch bedeutende Handschriften, unter anderem Abschriften von Chorbüchern, die heute in der Badischen Landesbibliothek aufbewahrt werden. Dem gesungenen Lob Gottes kommt seit jeher eine besondere Bedeutung im Kloster zu, Nerval durfte ihm lauschen: »Nun erklinget, strenge Noten des Kirchengesanges, große und viereckige Noten, die ihr die heilige Sprache Roms in die Sprache des Himmels übersetzt! Majestätische Orgel, verströme deine Töne gleich Fluten in diesem halb profanen Kirchenschiff! Inspirierte Stimmen der heiligen Mädchen, schwingt Euch auf zum Himmel zwischen Engels- und Vogelgesang! [...] Hier begann die seltsamste Messe, die ich je gehört hatte, ich, der ich immerhin die italienischen Messen kenne. Es war eine Messe im Rokokostil wie die ganze Kirche, eine äußerst fröhlich gehaltene Messe mit Geigenbegleitung.« Schließlich erklingt ein Solo: »Das waren unglaubliche Läufe, Koloraturen, Verzierungen [...]. Sie verstehen meine Freude; ich will niemandem verheimlichen, daß diese Musik, dieser Gesang mich in den siebten Himmel hoben.«

Nicht durch ihren Gesang, sondern vielleicht durch ein Wunder, oder wenigstens wie durch ein Wunder, überstanden die Nonnen die Zeit der Bauernkriege und des Dreißigjährigen

Stifterin mit Zielstrebigkeit, Mut und Ideen – Markgräfin Irmengard von Baden, Grabplatte in der Fürstenkapelle des Klosters Lichtenthal

Kriegs. Das Verdienst der Rettung wird der in der Fürstenkapelle stehenden Madonna zugerechnet, der man beim Einfall der Schweden die Schlüssel des Klosters anvertraute und die mit ihrem Strahlenglanz die Soldaten in die Flucht schlug. Die Legende wurde auf einem Fresko der Baden-Badener Trinkhalle festgehalten. Gerhard Helfrich fasste im 19. Jahrhundert eine andere Variante in Verse: Nach dieser wurde das Kloster dank einer List der Bewohnerinnen gerettet, indem sie die

Fassade zerstörten, während sie sich selbst dahinter in den unversehrten Räumen verbargen. Die Soldaten seien in dem Glauben, dass schon andere vor ihnen gebrandschatzt hätten, unverrichteter Dinge weitergezogen. Ob durch Wunder, glückliche Fügungen oder Klugheit, das Kloster schaffte es immer wieder, in Kriegen oder Zeiten politischen Gegenwinds äußeren Bedrohungen zu widerstehen und seinen Gebäudebestand nicht nur zu retten, sondern auch zu erweitern und den jeweiligen Erfordernissen entsprechend zu renovieren. Der kämpferische Geist der Gründerin scheint sich durch die Jahrhunderte unter den Zisterzienserinnen weitervererbt zu haben.

Als das Kloster sein 700-jähriges Jubiläum feierte, ersuchte die Äbtissin M. Adelgundis den gesundheitlich schwer angeschlagenen Reinhold Schneider um einen Beitrag zur Festschrift, worauf dieser am 10. März 1948 die Abtei besuchte. Die Schwestern waren »alle sehr ergriffen von seinem durchgeistigten Wesen, von seiner ausgesprochen religiösen Denkweise, die sich einzigartig in seiner Ehrfurcht und seiner Vornehmheit der Sprache und Haltung ausdrückte«. Schneider bedankt sich am nächsten Tag für den Empfang, der »als eine der schönsten Ehrungen meines Lebens mir in Erinnerung bleiben« werde, und schickte ein Sonett für die Festschrift. Einen weiteren Tag später kam das sechsstrophige Gedicht *Lichtenthal* an, dessen erste beiden Strophen lauten:

Zuverlässige Schlüsselhüterin –
spätromanische Schlüssel-
madonna in der Fürstenkapelle,
die wohl älteste Marienstatue
im Kloster Lichtenthal

Das Waldtal dampft; es brennen Sonnenhänge, / Wo früher, schwerer noch die Beere reift / Als in den Gärten sommerlicher Enge; / Das Licht, das Tal und Felsen überstreift, Tönt Himmelsklang in irdische Gesänge, / Der wieder heim ins Unerschaute schweift; / Die Welle blitzt im Morgenwiderscheine / Und strudelt fort in bergesfrischer Reine.

Gesegnet Tal! Hier ward das Heil ergründet, / Das Stadt und Land mit Segenskräften speist, / Der Geist, der sich im Heiligen entzündet /

Und unbeirrt um seine Mitte kreist / Und Geistesmacht mit Geistesmacht verbündet / Und aufwärts schwebt zum unerschaffnen Geist; / Es ist das Licht, das lichtesgleich gestaltet / Und Ewiges im Vergänglichen entfaltet.

Dem ersten Besuch folgten wechselseitige Briefe und Geschenke, und Schneider, der in *Verhüllter Tag* gestand, den Leiden des Krieges nicht gewachsen zu sein und nur *eine* »Möglichkeit der Existenz und zugleich der Gegenwirkung« zu sehen, nämlich »das Gebet«, suchte immer wieder für mehrere Tage die Stille seines »Heimatklosters« Lichtenthal auf. Im Januar 1949 schrieb er an den befreundeten Werner Bergengruen, der sich 1958 in Baden-Baden niederließ: »Ich habe jetzt einen Unterschlupf gefunden in einem der Klöster meiner Heimat, wo ich immer einmal acht bis zehn Tage verbringe. Gast in einer siebenhundertjährigen ungebrochenen Ordnung.« Die Äbtissin hielt ihm und seiner Lebensgefährtin Anna Maria Baumgarten Zimmer frei, er bekam die Schlüssel dafür und musste seine Ankunft nur kurz vorher anmelden. Von der Anwesenheit des genügsamen und in seine Arbeit versunkenen Dichters wussten ausschließlich »die damit betrauten Schwestern«. Schneider, glücklich, wenigstens zeitweise dem Chaos der Nachkriegszeit entkommen zu sein, bedankte sich »von ganzem Herzen« bei M. Adelgundis für die Zuflucht, »die sie mir geschaffen haben«, und freute sich »schon ungeduldig auf den Blick in den Klosterhof und auf die

schöne ernste Ordnung des Lebens, die von dort ausgeht«. Als er einen Rundfunkbeitrag über das Kloster ausarbeitete, bat er die Äbtissin um Material. Unter den ihm zugeschickten Schriften befand sich auch ein Heft mit der Lebensgeschichte der Chorfrau Stephanie Lanner, die 1811 ihr

**Otto Flake
(1880–1963)**

Ordensgelübde abgelegt und im August 1814 verstorben war. Schneider verarbeitete dieses Schicksal in seiner Erzählung *Unlösbar*. Er war nicht der einzige Autor, den dieser Tod inspirierte, Friedrich von Matthison, Franz Friedrich von Maltitz und Max von Schenkendorf verfassten noch im Jahr 1814 Gedichte zum Tod der jungen Nonne, wobei Ersterem am 28. August im *Badwochenblatt* mit Abstand das kürzeste gelang: »Ach! wohl, Befreyte! wohl dir! ach, dein Traum / Im Lande der Entsagung war so schwer.«

Offensichtlich bot dieses Schicksal den Stoff, der die romantischen Sehnsüchte der Zeit perfekt bediente. Tatsächlich bezeichnete Gérard de Nerval Lichtenthal als eine »romantische Zuflucht«, ein »Hospiz der leidenden Herzen« und eine »Klause für Heldinnen kleiner Romane«, aber auch als eine »heitere Kartause«. Allein schon die Oos eigne sich nicht für tragischen Weltschmerz: »Der Fluß von Baden plätschert zu Füßen seiner

Mauern, bietet aber nirgends genügend Tiefe, um zum Grab einer tragischen Verzweiflung zu werden«, ist er doch »ein friedliches Rinnsal der *Carte du Tendre*, an dessen Saum die Dorfschafe grasen, hübsch gekämmt und mit Bändern versehen im Stile Watteaus.« Die ländliche Umgebung, die Lichtenthal einschloss, berührte immer wieder die Schriftsteller, und nicht nur diese, wenn sie vom heutigen Goetheplatz in Baden-Baden aus den »der Schnur nach durchgeführten Weg«, die Lichtentaler Allee, bis zum Kloster wanderten. Die Allee entlang des linken Ufers der Oos, laut Aloys Schreiber »das schönste Stück Thalsohle der Welt« und als »Allee der Könige« bekannt, war im 19. Jahrhundert die wohl prominenteste Promenade und bei aller Idylle alles andere als ein weltabgeschiedener, friedlicher Spazierweg. Nerval hielt fest: »Auf der Straße nach Lichtental drängen sich Equipagen, Spaziergänger, Reiter; man sieht hier alles Leben und Treiben, allen Luxus, allen Glanz einer Pariser Promenade.« Andere klagten: »Es wird in dieser Allee so fürchterlich gefahren und geritten, dass man an den Stellen, an welchen Fahrweg und Fußweg zusammentreffen, seines Lebens nicht mehr sicher ist.« Die Spaziergänger wandelten, oder drängelten, über zwei Kilometer weit durch eine englische Parklandschaft, vorbei an Villen, Pavillons und Denkmälern, über Brücken und Stege, unter Kastanien und Linden hin zum Klosterplatz. In Otto Flakes Baden-Badener Gesellschaftsroman *Hortense oder Die Rückkehr nach Baden-Baden*

lässt der seit 1928 in der Kurstadt lebende Autor den Vetter der Heldin, Georg von Wierssen, mit dem russischen Schriftsteller Iwan Turgenjew die Lichtentaler Allee – allein schon das Wort verbinde sich »in allen europäischen Köpfen mit einer Fülle von Vorstellungen« – entlangwandern: »Das Tal verbreitete sich so weit, daß ein paar Äcker Platz neben der Allee hatten. Die Türme um das Kloster tauchten auf; Hügel überschwangen sie und schmiegten sich an den Wall des Gebirges. [...] Lichtental, das waren lange gelbe Mauern, an denen die am Tage gespeicherte Wärme strahlte, Gehämmer einer Schmiede, spielende Kinder, Geruch von Holzfeuer aus abendlichen Kaminen, Gemüsegärten mit Glasbeeten und ein Glöckchen, das die Nacht einläutete.« Später kommt die Protagonistin Hortense am Kloster vorbei: »Schwestern mit weißen Hauben und blauen Schürzen arbeiteten darin. Davon hatte sie einmal in New York geträumt. Auch das Glöckchen, das zur Vesper rief, fehlte nicht. Lichtental war völlig ländlich. Kein Spaziergang wurde ihr lieber.«

Innerhalb der Klostermauern war von dem Gewimmel und Gedrängel auf der Lichtentaler Allee nichts mehr zu spüren, Stille kehrte ein. Im Jahr, bevor Reinhold Schneider zu Ostern 1958 nach einem Kirchenbesuch stürzte und an den Folgen verstarb, weilte er ein letztes Mal in Baden-Baden. Er wohnte im Hotel Atlantik und sah den Abbrucharbeiten an seinem Elternhaus zu, am letzten Sonntag im Januar besuchte er das Kloster. Dieses

»Vor dem schönen schmiedeisernen Barockgitter« – Lichtenthaler Sprechgitter, vor dem Reinhold Schneider den Nonnen von seiner »Welt« erzählte

Mal kam er nicht still und leise, nur für einige Eingeweihte sichtbar, sondern offiziell und wurde im Sprechzimmer empfangen, in dem alle Nonnen versammelt waren. In seinem noch 1957 erschienenen Werk *Der Balkon* erinnert er sich:»Nun also sitze ich auf dem hohen Stuhl vor dem schönen, schmiedeisernen Barockgitter, hinter dem sich im Halbkreis die Ehrwürdigen Frauen aufgestellt haben. Es ist mir sehr peinlich, daß sie stehen. Und natürlich schweigen sie, und der Herr Pater schweigt auch. Ich begreife, daß ich etwas berichten soll von der ›Welt‹, in der ich mich zwar herumtreibe, von der ich aber gar nichts verstehe.« Der Dichter erzählte, erzählte und erzählte, die Nonnen, die inzwischen ihre Klappstühle aus der Ecke geholt hatten, lauschen gebannt. Später bedankte er sich in einem Brief »für die gütige Aufnahme im Kloster«: »Der Anblick der verehrungswürdigen Frauen hat mich mehr ergriffen, als ich sagen kann. Wer in der Welt herumgeworfen wird und sich doch wieder in sie hineinwerfen muss, fühlt einen unendlichen Trost, wenn er sich eine Stätte der Reinheit und des Glaubens, ungebrochener Tradition vergegenwärtigen darf. Niemand kann den Segen ermessen, der von Ihrem Haus ausgeht. Aber ich weiß wohl, dass er, wie jede Gnade, ausgehend von oben, Verzicht und Gehorsam des Menschen fordert.«

Reinhold Schneider war nicht der Einzige, der gleichzeitig Verzicht, aber auch den Segen des Hauses empfand: Justinus Kerner, von seiner zunehmenden Erblindung bedroht und stark unter dem Verlust des Augenlichts leidend, suchte mehrmals die tröstende Ruhe des Klosters und der umgebenden Natur auf und verarbeitete seine Gefühle in den drei Gedichten *Aus Lichtenthal* (1843), *Gruß an Lichtenthal* (1845) und *An Lichtenthal* (1846):

Aus Lichtenthal

Frag' nicht, warum war deine Wahl
Das ferngelegne Lichtenthal,
Statt Badens stolzer Quelle?
Fliehst du nicht gern ins
*   Mondenlicht,*
Mein Freund! wenn Gram dein
*   Herz zerbricht,*
Vom Markte zur Kapelle?

Die Sonne bist, o Baden, du!
Europas Menschenmarkt ohn' Ruh',
Glanzvoll und wert zu schauen.
Doch du, mein stilles Lichtenthal,
Du bist des Mondes milder Strahl,
Mit frommen Klosterfrauen,

Mit tausend Wassern frisch und rein,
Melodisch rieselnd aus dem Stein,
Den Moos und Sinngrün decket,
Mit Wäldern, drin die Nachtigall
Statt der Musiken lautem Schall,
Den müden Schläfer wecket.

Glanzreiche Sonne! dir sei Preis!
Doch wem du bist zu licht, zu heiß,
Der flieh' mit seinen Wunden
Ins Tal, das wie ein Zauberstrahl
Des Monds verklärt, nach
*   Lichtenthal –*
Gewiß, er wird gesunden!

Von Allerheiligen nach Zwiefalten

Kreuzgangpoesie im Kleinformat

Allerheiligen – Entzückendes Menschennest

1878 machten sich zwei Amerikaner auf den Weg, das altehrwürdige, geschichtsträchtige Europa zu Fuß zu erkunden, fanden aber genug Möglichkeiten, alles andere als zu Fuß zu gehen. Die stark autobiographisch gefärbten Erlebnisse dieser Reise schrieb kein anderer als Mark Twain, der geistige Vater von Huckleberry Finn und Tom Sawyer, in seinem satirischen Reisebericht *Bummel durch Europa* (*A Tramp Abroad*) nieder. Immerhin kamen die beiden zur Schwarzwälder Klosterruine Allerheiligen auf einem im Reiseführer empfohlenen »alten Weg« wirklich per pedes: »Den ganzen Weg waren wir bergan gegangen. Gegen fünf oder sechs erreichten wir die Höhe. Ganz plötzlich teilte sich der dichte Vorhang des Waldes, und wir sahen tief hinunter in ein herrliches Tal und über den Bergwald mit den sonnenbeschienenen Gipfeln und den von

Romantische Kulisse wie aus einem Gemälde und doch echt – die Ruine des Prämonstratenserklosters Allerheiligen im Lierbachtal bei Oppenau

Um 1195 gegründet, 1819 zum Abbruch freigegeben, heute Attraktion für Schwarzwaldtouristen und Schriftsteller gleichermaßen – Allerheiligen

Lichtungen durchfurchten Hängen, die schwarzblaue Schatten verdunkelten. Die Schlucht zu unseren Füßen, Allerheiligen, bot auf ihrer Wiesensohle einem lauschigen, entzückenden Menschennest Raum, das abgeschlossen lag von der Welt und ihren Ärgernissen. Die Mönche hatten es in alter Zeit erspäht. Die braunen anmutigen Ruinen ihres Klosters und ihrer Kirche lagen dort unten zum Beweis, daß die Priester vor siebenhundert Jahren mit ebenso feinem Instinkt die ausgewähltesten Winkel und Ecken eines Landes aufzustöbern verstanden haben wie die Priester von heutzutage.«

Als Amerikaner des 19. Jahrhunderts wusste Mark Twain wahrscheinlich nicht, dass sich europäische Mönche im Mittelalter, wenigstens den Sagen nach, weniger auf ihren Instinkt

als auf eine Art Gottesurteil verließen, so auch im Fall des in einem Seitenarm des Renchtals, heute in der Gemarkung Oppenau gelegenen lauschigen Menschennests Allerheiligen. Wieder einmal trug, wie etwa in Maulbronn, ein Esel die Verantwortung, mittels eines abzuwerfenden Goldsacks den richtigen Ort für das geplante Kloster zu finden. So die Sage, wobei die Stelle, an der um 1195 Kloster Allerheiligen durch Uta von Schauenburg gegründet wurde, damals wohl tatsächlich nur mit Eseln und Maultieren zu erreichen war. Der sagenhafte Esel schüttelte den lästigen Sack ab, der aber war's noch nicht zufrieden, und er rollte den Hang hinunter ins Tal. Wäre er oben liegen geblieben, hätte man das Kloster vielleicht besser erreichen können, was Mark Twain vermutlich lieb und dem

Gedeihen Allerheiligens dienlicher gewesen wäre, so aber hatten es die Prämonstratenser recht schwer. Immerhin schafften sie es Ende des 13. Jahrhunderts, eine Wallfahrt zu etablieren, und das Kloster, das mehrere Brände erleben musste, allmählich zu ansehnlicher Größe zu entwickeln.

Die Schauenburger, verwandt mit den Staufern und Welfen, stellten Jahrhunderte später einen heute weit über die Grenzen der Ortenau, des Schwarzwalds, ja Baden-Württembergs und Deutschlands hinaus bekannten Dichter als Verwalter – damals Schaffner genannt – für ihre Besitzungen ein: Hans Jacob Christoffel von Grimmelshausen. Mit dem Ende des Dreißigjährigen Kriegs wurde 1649 auch dessen unstetem Soldatendasein ein Schlusspunkt gesetzt, zumal er in eben jenem Jahr heiratete und es allein schon wegen der Familiengründung – im Laufe der Zeit sollten er und seine Frau auf zehn Sprösslinge blicken können – angebracht war, ruhigeres Fahrwasser aufzusuchen. Dreizehn Jahre blieb Grimmelshausen den Schauenburgern treu, dann wechselte er als Burgvogt zu einem benachbarten Straßburger Arzt und schließlich 1767 als Schultheiß von Renchen, dem Ort, in dem er 1676 auch verstarb, in den Dienst des Straßburger Bischofs. Vermutlich war er ein spätberufener Schriftsteller, zumindest erschien sein erstes Werk erst 1666, sein berühmter Schelmenroman *Der Abenteuerliche Simplicissimus Teutsch* folgte drei Jahre später. In *Das wunderbarliche Vogel-Nest* (1672) kommt der Erzähler Michael Rechulin auf seinen Wanderungen »zu einem ansehnlichen Closter und beyliegendem Flecken / welches ich seiner Grösse halber von weitem vor eine ziemliche Stadt ansahe«. Dank eines unsichtbar machenden Vogelnestes kann sich Rechulin frei wie ein Vogel umschauen, kein Ort ist vor seiner Inspektion sicher, keine Gebräuche oder Gewohnheiten bleiben ihm fremd. Am Ende resümiert er nicht ohne Kritik: »Im übrigen so hätte ich dasselbe Closter wol vor einen seligen Ort / gehalten / und passiren lassen / wofern nur der leidige Neid und Mißgunst nicht auch dorten gewohnet hätte; Von allem was ich sonst sahe / bedunckt mich ein Gnüge und Uberfluß vorhanden zu seyn / auch solche mässige und *regu-*

Geschäftspartner der Mönche von Allerheiligen? – Hans Jacob Christoffel von Grimmelshausen (1622–1676)

lirte Ordnung daß ich mir kein besser Leben hätte wünschen mögen; aber allein diese gedachte heimliche Seuch hielt sich so verborgen / daß sie nicht zu curiren war.« Die Beschreibung der Baulichkeiten wie der Lage lassen darauf schließen, dass Grimmelshausen beim Benediktinerkloster Schuttern, wenige Kilometer nordwestlich von Lahr gelegen, Anleihen gemacht hatte, aber auch Kloster Allerheiligen war ihm nicht unbekannt. Dass er in seiner Eigenschaft als Schaffner der Schauenburger und auch als Schultheiß von Renchen in geschäftlicher Beziehung zu dem Prämonstratenserkloster stand, ist erwiesen, möglicherweise schickte er einen Sohn dort auch auf die Schule und benutzte die umfangreiche Klosterbibliothek für seine Studien. Verwunderlich wäre es also nicht, sollte Allerheiligen ein Stück weit in das Werk des Simplicissimus-Dichters eingegangen sein.

Das Kloster wurde 1802 vom Markgrafen von Baden säkularisiert, eine Wollspinnerei zog in die Gemäuer, 1804 musste es einen weiteren Brand erleben, 1819 erfolgte die Freigabe der heiligen Hallen zum Abbruch. Die Schwarzwälder machten regen Gebrauch davon, und so fand Reinhold Schneider schon in seiner Kindheit nur noch eine – wenn auch beeindruckende – Ruine vor. Wie er in *Schicksal und Landschaft* berichtet, war das Kloster nach den heimatlichen Burgen von Baden-Baden »wohl die erste Ruine, die ich gesehen habe«. Damals stellte die Welt für ihn noch ein festes Gefüge dar, war seine Kinderwelt noch

heil, doch als er etwa fünfzehn Jahre später wiederkam, war nichts mehr so, wie es gewesen war. Die Eltern hatten das renommierte Baden-Badener Hotel Messmer durch die Wirren des Ersten Weltkrieges verloren, die Mutter die Familie verlassen, der Vater sich erschossen und Schneider selbst einen Selbstmordversuch hinter sich: »Ich hatte ihren Untergang nicht bewältigt: ratlose Schwermut war in mir zurückgeblieben. Als ich zwischen den Trümmern vor den leeren steinernen Sarkophagen stand, deren Höhlung mit einer besonderen Rundung für das Haupt der menschlichen Gestalt nachgebildet ist, erschütterte mich die Frage nach den Toten. Wo waren sie? Wo war ihr Gebein? [...] Mich überwältigte die Sehnsucht nach dem Tode, nach dem Nicht-mehr-Sein, Nie-mehr-Sein. Ich wollte mich begraben lassen wie die Mönche von Allerheiligen, fest einschließen lassen in einen Fels [...]. Und ich vergaß die Särge von Allerheiligen nicht.« Die Frage, die von den Särgen ausging, war Schneider nicht beantwortet worden, in der Folge riefen sie ihn »auf jedem Weg in die Heimat«. Jahre später sollte der innerlich so zerrissene Schriftsteller in einem anderen Kloster, in Lichtenthal, ein wenig zur Ruhe kommen. 1950, kurz nach seinem ersten Besuch bei den Lichtenthaler Zisterzienserinnen, schrieb er den Essay über Allerheiligen und beendete ihn mit dem Satz: »Es ist wohl die Aufgabe meines Lebens gewesen, eine Antwort auf die Frage zu suchen, die mir die leeren Särge von Allerheiligen stellte.«

Bad Mergentheim –
Orientierungsprobleme und
Neuorientierung

In Bad Mergentheim den Überblick zu behalten, ist gar nicht so einfach, zumindest in Bezug auf die Ordens- und Klosterlandschaft. »Mergintaim« muss ungeheuer attraktiv für Klostergründer gewesen sein, gleich vier Orden – Johanniter, Deutscher Orden, Dominikaner und Kapuziner – traten sich im Lauf der Jahrhunderte in der einst nördlichsten Stadt Württembergs zumindest zeitweise auf die Füße. Der erste Orden, der sich hier niederließ, waren die Johanniter. 1208 übergab Albrecht von Hohenlohe ihnen das Patronat der dem heiligen Kilian geweihten Mergentheimer Kirche, in der Folgezeit bauten sie die Niederlassung

aus und errichteten zwischen 1250 und 1274 das Münster St. Johannes. Vermutlich hätte sich ein blühendes Ordensleben am Ledermarkt entwickelt, hätte nicht bald darauf, nämlich im Jahr 1219, Andreas von Hohenlohe den nächsten Ritterorden nach Mergintaim geholt: den Deutschen Orden. Dessen Sitz war, quasi um die Kurve zu den Johannitern, eine Wasserburg der Hohenloher, die nach und nach zur ansehnlichen Residenz ausgebaut wurde. Es musste kommen, wie es kam: Die beiden Ritterorden führten einen jahrhundertelangen Kampf um Macht und Vorrangstellung in der Stadt. Wo zwei sich streiten, freut sich bekanntlich der Dritte. Vielleicht dachten sich das ja die Dominikaner, als sie in der zweiten Hälfte des 13. Jahrhunderts als dritter Orden ihre Zelte in Mergentheim aufschlugen und am heutigen Hans-Heinrich-Ehrler-Platz zwischen 1320

Einst Zentrum des Deutschen Ordens – die Schlosskirche in Bad Mergentheim

Konkurrenzloses Brunnenwasser im Hof und die heilige Jungfrau auf der Wetterfahne – Blick in den Vorhof des Kapuzinerklosters von Mergentheim

und etwa 1380 die Marienkirche errichteten. Der Grund für das Kommen der Dominikaner ist bis heute strittig, die einen meinen, der Deutsche Orden habe sie an die Tauber gelockt, um sich mit ihnen gegen die Johanniter zu verbünden, die anderen sind der Überzeugung, die Johanniter hätten sie geholt, um bessere Seelsorge zu gewährleisten. Was immer der Beweggrund gewesen sein mag, eins zumindest steht fest: Siedelten sie sich aus der Berechnung heraus an, der lachende Dritte zu sein,

verrechneten sie sich gründlich. Zuerst kam es nämlich zu Auseinandersetzungen mit den Johannitern um die Stadtpfarrei, danach mit dem Deutschen Orden um die Stadtherrschaft.

Glücklicherweise dauerte es etwas, bis Orden Nummer vier ankam. 1628 trafen, vom Hochmeister Johann Caspar von Stadion zur Rekatholisierung der Gegend gerufen, die Kapuziner an der Tauber ein und ließen sich vor dem Igersheimer Tor nieder. Zu dieser Zeit war der Deutsche Orden, der nach dem Verlust seiner preußischen Gebiete 1525 seine Residenz nach Mergentheim verlegt hatte, längst schon der mächtigste Orden am Platz: 1554 hatten ihm die Johanniter all ihre Habe und Rechte verkauft und das Feld überlassen. Somit ist es nicht verwunderlich, dass sich der in Riga geborene Werner Bergengruen an seine Heimat erinnert fühlte, als er sich in den 1950er-Jahren zu einer Lesung in Mergentheim aufhielt: »Wie ein freudiges Erschrecken überkommt es mich jedes Mal wenn ich irgendwo – in Marburg, in Wetzlar, Graz, Bozen, Wien, Mergentheim, Koblenz – den Spuren des Deutschen Ordens begegne, der meine Heimat dem christlichen Europa gewonnen, der sie erobert, getauft, verteidigt und vier Jahrhunderte lang beherrscht hat. [...] Ich kann meiner Ergriffenheit nicht wehren; es ist mir, als stünde ich mitten in fremdem Lande und in fremder Zeit mit einem Schlage auf eigenem, exterritorialem Boden.«

1809 kam jedoch das Aus für alle drei noch in der Tauberstadt ansässigen Orden – die Säkularisation. Das

Haus Württemberg wurde zum neuen Hausherren und zog die Schätze ein. Der Deutsche Orden verlegte seine Zentrale nach Wien, die Schlosskirche, von 1731 bis 1736 anstelle einer älteren Kirche erbaut, wurde 1817 evangelisch, das Schloss ab 1827 Residenz des selten anwesenden Prinzen Paul von Württemberg, der aber immerhin Hofgarten und Naturalienkabinett für die Badegäste öffnete; später war es wechselnder Nutzung unterworfen. Der 1767 in Langenburg geborene Schriftsteller Karl Julius Weber hatte sich als Privatsekretär des Grafen Christian zu Erbach-Schönberg, Statthalter des Deutschen Ordens, noch vor dieser Zeit in Mergentheim, »einem der freundlichsten Landstädtchen Württembergs«, aufgehalten und trauerte in seinem Werk *Deutschland, oder Briefe eines in Deutschland reisenden Deutschen* (1826–28) der alten Zeit nach: »Weiland die Residenz des Hoch- und Deutschmeisters, und der glänzende Waffenruhm des im Mittelalter hochwichtigen Ordens verbreitete noch seine verblichenen Strahlen am Vorabend seiner Auflösung magisch über die schwachen Überreste; die Ceremonie eines Ritterschlages brachte die ganze Gegend in Aufruhr.« Auch beklagt er den Umgang mit den Spuren aus jener Zeit: »Vergebens fragt der unterrichtete Reisende nach Denkmälern des berühmten Ordens, die Grabmäler sind zerstört, selbst die Wappen weggemeißelt worden (1809!) und nur im Schloss findet er allenfalls noch die Bildnisse der Deutschmeister von Walther von Cronberg (1525) und,

wenn man nicht zu viel verlangt, einen steinernen Ritter auf dem Marktbrunnen.« Sicher hätte sich Weber gefreut, wäre ihm bekannt gewesen, dass 1996 im Schloss das Deutschordensmuseum seine Tore öffnen sollte, in dem eingehend der Geschichte des Ordens gedacht wird, aber auch der Geschichte von Stadt und Region sowie Eduard Mörikes, des berühmtesten Bewohners Mergentheims.

Den vier Orden verdankt die Stadt also die Tatsache, dass nicht nur ein einziger Kirchturm über dem Mergentheimer Taubergrund in die Höhe ragt. Den Ulmer Kunsthistoriker Max Schefold, der in seinen zahlreichen Schriften auch Bad Mergentheim bedachte, veranlasste dies bei der Betrachtung alter Ansichten zu der Feststellung, dass es die Türme, »je nach der Blickrichtung mehr oder weniger eng zusammengedrängt«, sind, die »als entscheidender Eindruck« ins Auge springen. In diesem Fall trumpft tatsächlich einmal Quantität vor Qualität, zumindest findet das Schefold: »So fällt auch die Vielfalt der Kirchen und Kapellen mehr ins Gewicht als ihr Kunstwert im einzelnen.« Kein Wunder, dass der Kunsthistoriker vor Ort Orientierungsprobleme hat: »Tritt man aber in die Stadt hinein, so muß man die Kirchen erst suchen, die Schlosskirche hinter der staatlichen Front des Deutschordensschlosses und die Stadtkirche, die sich [...] gegen den Marktplatz hinter großen Bürgerhäusern versteckt und nur mit ihrem Turm darüber hinauslugt.« Es soll aber noch verwirrender kommen: Nicht nur viele

Türme und Klöster hat Bad Mergentheim zu bieten, sondern darüber hinaus laut dem vielgereisten Schriftsteller Kasimir Edschmid »zwei Gesichter«, nämlich »ein historisches und ein neuzeitliches«. Das neuzeitliche gehört »auf der einen Tauberseite« dem Kurort, »mit Kuranlagen und Gebäuden, Villen und Gärten, die hell und freundlich den Fluß begleiten«, das andere der alten Stadt jenseits der Tauber, die »einen hübschen Marktplatz mit einem vornehmen Rathaus von 1564« besitzt, »dessen Giebel in Treppenform in die Höhe strebt.«

So zwei, die Bad Mergentheim im 20. Jahrhundert besuchten. Ein anderer, Eduard Mörike, kam im Jahrhundert davor und sollte zu einer ganz anderen Art von Orientierung in Mergentheim finden. Bei seinem ersten Besuch 1837 betrachtete er sich zunächst das Ganze in aller Ruhe aus ein paar Schritten Entfernung: »Die Gegend ist reizend und fröhliche Leute umher. Die Badegebäude frei vor der Stadt mit Aussicht auf die Tauber und auf die hohen Bäume des Schlossgartens, welcher dem Publikum geöffnet ist; dahinter sehn die Thürme dieser alten fast ganz kathol. Stadt hervor; weiter zurück und so nach allen Seiten lustige Weinberge u. sanfte Hügel.« Der Dichter wusste also schon ein Stück weit, auf was er sich einließ, als er nach dem kurzen Badaufenthalt samt Schwester Klara sieben Jahre später aufs Neue kam und – jetzt nicht mehr Pfarrer, sondern Frühpensionär – fast sieben Jahre blieb. Das erste Domizil in der heutigen Unteren Mauergasse 28 war allerdings eine »Fuchshöhle mit ihren trüben Kasernenfenstern« und nicht zum längeren Aufenthalt angetan, schon gar nicht für einen wie Mörike, der gern aus dem Fenster schaute und das, was er sah, in Briefen, Dichtungen und auch Zeichnungen festhielt. Glücklicherweise fanden die Geschwister bald eine Wohnung in der Beletage des Hauses Marktplatz 7, von der aus Mörike wieder, wie etwa im Dezember 1846, dem Blick nach draußen frönen durfte: »Besonders angenehm sieht jetzt der Marktplatz aus, mit seinen vielfach sich durchschneidenden Fußwegen, die ohne Absicht u. Plan, sich gleichsam von selbst zu einem scheinbar ganz methodisch angelegten Netz für die Communication der Menschen ausgebildet haben.« Mörike hatte den Stadtplan im Kopf, zog es aber vor, sich noch mehr Überblick zu verschaffen und kletterte deshalb auf den Turm des Münsters: »Neulich (am Tag MARTINI) Vormittag halb 12 Uhr als die Sonne so gut schien, bestiegen wir den großen Thurm, ausdrücklich um das prächtige Geläut mit allen Glocken [...] zu hören und das Schwanken des Thurmes zu fühlen, das mir neulich der Wächter, mein Schneider, beschrieb. Da hieß es dann:

Ein Glocken-Ton-Meer wallet
Zu Füßen uns und hallet
Weit über Stadt und Land.
So laut die Wellen schlagen,
Man fühlet mit Behagen
Sich hoch zu Schiff getragen
Und hält sich schwindelnd fest am
Rand.«

Beim Turmschneider auf dem Münsterturm kehrte in seiner Jugend auch Hans Heinrich Ehrler oft ein: »Wen hatte einst der Turmschneider Hermann zum lieberen Besuch als mich in seiner hochgehängten Stube? War ich darin, schwankte diese immer leis im Weltraum. Er las mir dort seitenlange von ihm verfaßte Poeme vor, deren einige sogar in der Tauberzeitung kamen. Vielleicht hat der selig arme Mann mitverschuldet, daß sein Zuhorcher der keinnützen[!] Kunst der Dichtung verfiel.« Der »Zuhorcher« wurde 1872 in Bad Mergentheim geboren und verdiente sich im Erwachsenendasein seinen Lebensunterhalt als Journalist und freier Schriftsteller, vorzugsweise allerdings im Schwäbischen. So verbrachte er etwa die Hälfte seines Lebens in der Region Stuttgart, wo er 1951 auch starb. 1926 erschienen seine Erinnerungen *Die Reise in die Heimat*, in denen er unter anderem den Kirchturmbesuch schildert. Ebenfalls in jenem Jahr wurde im Schlosshof *Der Spiegel des Hoch- und Deutschmeisters Maximilian Franz* aufgeführt, ein Festspiel anlässlich der Feier zum 100-jährigen Jubiläum der Entdeckung der Wilhelmsquelle, bei der der Stadt auch der Zusatz »Bad« verliehen wurde.

Ein fleißiger Konsument des Quellwassers, aber auch interessierter Besucher des Naturalienkabinetts und begeisterter Spaziergänger im Hofgarten war Mörike, der einen guten Kaffee in einem der Pavillons im Park nicht verschmähte oder sich gern unter die Fichten setzte. War ihm der Kurbetrieb zu viel, zog er sich dann und wann in den

Dichter auf Orientierungssuche und Freiersfüßen im Kurort Bad Mergentheim – Eduard Mörike im Jahr 1851

»stillen DominicanerKlostergarten« zurück, vor allem aber ist immer wieder vom Kapuzinerkloster die Rede. Dort stand im Hof ein Brunnen, dessen Trinkwasserqualität besonders gelobt wurde oder, wie Mörike es in einem Brief an den im nahen Wermutshausen lebenden Freund Wilhelm Hartlaub ausdrückte, »der wirklich seinesgleichen sucht.« Im Jahr 1846 verband sich jedoch ein trauriger Anlass mit dem Kloster: Ludwig Amadeus Bauer, gemeinsamer Freund aus Schultagen, war im Mai gestorben, aus einem seiner Briefe ging hervor, dass er 1831 Mergentheim besucht und »im Garten eines ehemaligen Klosters an der Straße nach Ickersheim« von einem Freund Abschied genommen hatte. Dieses Briefzitat mit seinem Bezug auf das Kapuzinerkloster ging Mörike und Hartlaub nun nicht mehr aus dem Sinn. Letzterer schreibt: »Nun werden wir nicht mehr dran vorbeigehen können ohne seiner zu gedenken«, und Ersterer antwortet: »Wie oft habe ich seit Deinem lezten Brief auf meinen Gängen nach dem herrlichen Schloßgarten das CapuzinerCloster angesehn und die Jungfrau auf der [Wetter-]Fahne, deren durchdringend schöner Klageton im Wind mich früher manchesmal zum Stillstehn brachte.« Mag ihn die himmlische Jungfrau auf der Wetterfahne zum Stehen gebracht haben, hat ihn vermutlich eine irdische junge Frau von seinen traurigen Erinnerungen an den verstorbenen Freund abgelenkt. Über der Mörike'schen Wohnung lebten die Hausbesitzer, Oberstleutnant Valentin von Speeth und seine Familie. Schnell entstand zwischen Klara Mörike und dessen Tochter Margarethe eine Freundschaft und schließlich im Verbund mit dem Dichter eine Ménage à trois. 1846, im Jahr von Bauers Tod, machte Mörike »Gretchen« einen ersten Heiratsantrag, nach geraumer Zeit, am 25. November 1851, schließlich heirateten die beiden in der Schlosskirche, zwei Tage später verließen sie die Ordensstadt an der Tauber, der Mörike anlässlich eines 1848 gedruckten Gelegenheitsgedichts, *An Fräulein E. Bauer / bei ihrer Abreise nach England*, eine Liebeserklärung gemacht hatte: »Ein Städtlein blüht im Taubergrund, / Das lob und preis ich

alle Stund': / Da lebt es sich so feine.« Für Mörike ging mit den Mergentheimer Jahren ein glückliches Kapitel seines Lebens zu Ende. Zwar war es eine finanziell magere Zeit gewesen, wie aus dem akribisch geführten Mergentheimer *Haushaltungs-Buch* ersichtlich ist, doch durfte er frei von den ungeliebten Pflichten eines Pfarrers leben, fand eine neue Liebe, schrieb manches Gedicht und vor allem 1846 die berühmte *Idylle vom Bodensee* und führte ein ruhiges, aber nicht langweiliges Leben abseits des Getümmels der Landeshauptstadt. In der Stadt, in der manche, wenn auch aus anderen Gründen, mit Orientierungsproblemen kämpften, hatte er sich neu orientiert.

Bad Urach und Güterstein –
Von den Musen zu den Mauleseln und zurück

Als 1977 das evangelisch-theologische Seminar in Bad Urach geschlossen wurde, stand einer vorne am Rednerpult und trug sein *Abschiedswort* vor – einer, der wusste, von was er sprach, hatte er doch selbst in der Promotion 1924/26 das Seminar besucht: der Schriftsteller und Theologe Albrecht Goes. In Abwandlung des Kennedy-Zitats bekannte er sich zu seiner Schulzeit am Fuß der Schwäbischen Alb mit dem Satz: »Ich bin ein Uracher.« Es seien »recht strenge Arbeitsjahre«, es sei eine »klösterliche Zeit« gewesen,

Blick auf den Albtrauf bei Bad Urach mit der Festung Hohenurach, dem Runden Berg in der Mitte und den Resten der Gütersteiner Kartause am rechten Bildrand

auf die er aber mit Wohlwollen und Wehmut zurückschaut. Die Assoziation mit »klösterlich« kommt nicht von ungefähr, da es sich auch beim Seminar Urach um eine jener »Klosterschulen« handelte, in denen seit der Reformation in klösterlich anmutender Strenge und Abgeschiedenheit der Pfarr- und Lehrernachwuchs des Landes Württemberg herangezogen wurde und die in säkularisierten Klöstern untergebracht waren.

Die an die Amanduskirche angebaute dreiflügelige Anlage des »Mönchshofs« wurde eigentlich die meiste Zeit ihres Bestehens wenig klösterlich genutzt. Dabei war sie genau zu diesem Zweck unter Graf Eberhard V. von Württemberg, dem berühmten Eberhard im Bart, errichtet und 1477 den »Kanonikern vom gemeinsamen Leben«, einer mönchsähnlichen Gemeinschaft, die ohne eigenen Besitz lebte und sich der Seelsorge sowie der Erziehung und Bildung widmete, übergeben worden. Die »Kappenherren« übernahmen in Urach die Lateinschule, unterhielten an der neu gegründeten Universität Tübingen ein Studienhaus und gaben sich der Welt der Bücher hin. Vermutlich waren sie maßgeblich daran beteiligt, dass schon zwei Jahre nach ihrer Ankunft in Urach auch ein Buchdrucker, Konrad Fyner, hier zu finden war, der unter anderem die Erzeugnisse der Kanoniker herausbrachte, allerdings wohl mit der Verlegung der Residenz von Urach nach Stuttgart schon nach wenigen Jahren wieder abwanderte. Auch die Kanoniker vom gemeinsamen Leben blieben nur bis 1517, dann hob der neue Herzog, Ulrich von Württemberg, zusammen mit anderen Brüderhäusern des Landes

In unmittelbarer Nachbarschaft zu Kanonikern, Chorherren, Buchdruckern, Pferden und Seminaristen – die spätgotische Amanduskirche in Bad Urach

auch das Uracher Bruderhaus auf und wandelte es in ein weltliches Chorherrenstift um. An die Kappenherren erinnert heute noch das Chorgestühl der Amanduskirche. Den Kanonikern vom gemeinsamen Leben waren nur vierzig Jahre in Urach beschieden gewesen, die neuen Chorherren konnten noch nicht einmal so lange bleiben. Die Reformation schlug ihre Wurzeln, und so war mit dem Jahr 1535 die Zeit der Chorherren in Urach endgültig vorbei. Zunächst zogen Diakon und Lehrer der Lateinschule in die leerstehenden Gebäude ein, dann kam mit Johann Ungnad von Sonnegg ein Kärntner

Adeliger, der sich zum neuen Glauben bekannte, deswegen gegen Ende seines Lebens aus seiner katholischen Heimat ins Württembergische ausgewandert war und sich in Tübingen dafür gewinnen ließ, geistliche Bücher in kroatischer Sprache zu drucken, um dem evangelischen Glauben auf dem Balkan eine Basis zu verschaffen. Laut Gustav Schwab war er »ein Mann von langer Statur und achtunggebietendem Anblick, aber freundlich und gnädig«. Im Refektorium des ehemaligen Uracher Stifts richtete er mit Genehmigung des Herzogs eine äußerst produktive Buchdruckerei ein, die in nur vier Jahren 37 kroatischsprachige Druckerzeugnisse, darunter nach Schwab »das neue Testament, die Confession, Katechismen, Erbauungsbücher an 25.000 Exemplare« hervorbrachte. Nach dem Tod Ungnads ging es in Sachen Bildung mit dem Mönchshof bergab, Anfang des 19. Jahrhunderts wohnten weder Mönche noch Lehrer noch Buchdrucker in dem Gemäuer, sondern Pferde: »*Olim musis, nunc mulis*, einst für die Musen, heute für die Maulesel«, hieß es jetzt, als König Friedrich I. ein Gestüt einrichten und etwa den Kreuzgang zum Fohlenstall umfunktionieren ließ. Seiner Schwiegertochter, der Zarentochter Katharina, hat diese Nutzung offenbar nicht sonderlich gefallen, weshalb sie ihren Mann Wilhelm, als dieser König war, gebeten haben soll, bei der Standortsuche für ein neues evangelisch-theologisches Seminar an den Mönchshof zu denken. Er folgte dem Rat seiner Gattin, und so öffnete nach dem Auszug der irdischen Pferde im Herbst 1818 das neue Seminar seine Pforten für die erste Promotion und damit auch für manchen, der vom göttlichen Pferd Pegasus beflügelt wurde, allen voran Eduard Mörike.

Eigentlich hätte der 14-Jährige nicht zu den Auserwählten gehört, da seine Noten zu schlecht waren, doch dank des funktionierenden familiären Netzwerkes wurde der vaterlose Jüngling »gnadenhalber« aufgenommen. Obwohl ihn gleich in den ersten Wochen eine Scharlachinfektion für längere Zeit im Bett festhielt, fand Mörike schnell Freunde, die ihn nach Ende der Ansteckungsgefahr auf der Krankenstube besuchten. Einer von ihnen, Wilhelm Hartlaub, erinnert sich: »Als er besucht werden durfte, strömten die Mitschüler in den Freistunden zu ihm. Wundershalber ging ich auch einmal mit. Wie ward mir. Mit hundert Scherzen erfreute und unterhielt er den Haufen um sich her, jedoch nichts Gewöhnliches kam aus seinem Munde, den heitersten Sonnenschein verbreitete sein Wesen, in dem es jedem sogleich wohl wurde.« Eine lebenslange Freundschaft entstand. Später sollte Mörike auch den Dichter Wilhelm Waiblinger kennenlernen, der als Gasthörer dem Unterricht beiwohnte, während er als Hilfsschreiber beim Uracher Oberamtsgericht arbeitete. Mörike offenbarte dem gut zwei Monate jüngeren Waiblinger, dass auch er Gedichte schreibe, worauf dieser aus dem ganzen Schatz seiner Erfahrung heraus den Rat gab: »Auch Du ein Dichter? – Ich wünsche Dir Glück und habe Dich darum lieber – aber bedenke, Du hast

ein großes Ziel, es ist nicht leicht etwas Gutes zu liefern.« Für das Seminar verfasste der angehende Poet Mörike manches Gelegenheitsgedicht, etwa anlässlich der Feier der lang ersehnten Verfassung für das Königreich *Die Liebe zum Vaterland* oder *Senior der ersten Uracher Promotion*.

In die Uracher Zeit gehören aber auch die Gedichte *Erinnerung*. *An. C. N.* und *In der Hütte am Berg*, die beide 1822 entstanden und auf Mörikes unglückliche Verliebtheit zu seiner Cousine Klara Neuffer Bezug nehmen. Bei der »Hütte am Berg« handelte es sich um seine Hütte »Sorgenfrey«, die sich in der Nähe des Wasserfalls, unterhalb des Eppenzillfelsens, befand und in die er sich gerne zurückzog. Überhaupt verbrachten die Seminaristen ihre karg bemessene Freizeit vorzugsweise außerhalb der engen Klostermauern in der »freien« Natur. 1827 hielt der Freund und Mitschüler Johannes Mährlen eine plötzlich ihn anwandelnde Erinnerung an die gemeinsame Uracher Zeit fest: »Ein Zuck u. ich war in der seeligen Beschränktheit der Uracherzeit, wenn man nach einem heißen Sommertage zum schwarzen Thore hinten oder von dem feuchten Burgweg herab, od. vom Breitensteine herein an der schwarzen finstern Traufe des Waldes, – Abends um halb 9 Uhr matt-seelig hereintrollte, dann unter den heimsingenden Stimmen das Dorment entlang, durch das sich wohl auch im Finstern grimassirend der Phattle hindurchzwang, zum Preciren sich verfügte, und nach demselben gleich wieder zu dem heissern Chor der Grillen od. zu einer fernherschlagenden Wachtel, od. zu den glimmenden Sternen Ohr u. Auge entweder vom Collegiensaal od. vom Waschzimmer aus an den alten baufälligen Baraken vorbei zum Fenster hinaustrekte. Stehen die Berge dort auch so still, wie die Du jezt ansiehst? Lauffen die hellen Quellen auch noch so kühl u. geschwätzig zwischen den fetten saftigen Kräutern u. Stauden hin? Rollt auch noch jetzt ein Stein, unbekannt von wem aus dem Felsen abgelöst, durch das dürre Laub den jähen Berg herab u. unbeschadet an den Füssen Heimkehrender vorbei?«

Einer der beliebten Spaziergänge führte zur ehemaligen Kartause Güterstein. Wahrscheinlich Anfang des

Die herzogliche Rache folgt auf dem Fuß – die Gütersteiner Kartäuser verweigern dem auf der Flucht befindlichen Herzog Ulrich die Aufnahme.

Herzog Ulrich vor der Carthause Güterstein bei Urach.
Pfaffe einen solchen Schurken nehmen wir nicht in unsere Mauren auf!
Herzog Wort Pfaffe das ist ein zweites Rom aber ich will ein zweites Jerusalem draus machen.

13. Jahrhunderts als Kloster »zum Stein« von Konrad von Urach in unmittelbarer Nähe zu Hohenurach gegründet, lag das wohl den Zisterziensern zugedachte Kloster etwa 150 Jahre lang brach, bis es Benediktiner aus Zwiefalten übernahmen. Aus politischen Gründen wurden 1439 die Benediktiner durch die Kartäuser ersetzt, die in der Folge nicht wenig Einfluss gewannen und, glaubt man Gustav Schwab und der landläufigen Überlieferung, große Bedeutung für Eberhard im Bart hatten: »Das nahe Karthäuserkloster Güterstein, jetzt bis auf die Spur verschwunden (an seine Stelle ist ein Wasserwerk und in der Nähe ein Fohlenhof getreten), hatte wahrscheinlich grossen Anteil an der Sinnesänderung des edeln, aber in seiner Jugend rohen und ausschweifenden Eberhard. ›Der alte Vater‹, ein Prior zu Güterstein, besass sein ganzes Zutrauen, und als die Reue ihn nach dem Heiligen Grabe trieb, legte er hier sein Testament nieder und empfing kniend des alten Vaters Segen.« Auch Rudolf Magenau kannte diese Sage, der er mit dem Gedicht *Die Cartause zu Güterstein* Tribut zollte. Die Kartäuser pflegten im Übrigen in besonderem Maß die volkssprachige Literatur, um mit ihrer Hilfe der breiten Bevölkerung theologische Themen nahezubringen. Nur waren es ab der Reformation die falschen Themen, 1535 wurden sie von den nun protestantischen Württembergern vertrieben und die Kartause einschließlich der Marienkirche völlig abgetragen, obwohl sie für einige Zeit Grablege des Uracher

Zweiges der Württemberger war. Dieses radikale Vorgehen erklärte man sich spätestens seit dem 18. Jahrhundert mit der angeblichen Unfreundlichkeit der Gütersteiner Mönche gegen den flüchtenden Herzog Ulrich. Karl Julius Weber geht in seinem Werk *Die Möncherey, oder geschichtliche Darstellung der Kloster-Welt* (1819) darauf ein: »Die Carthause *Güterstein* bey Urach – einem herrlichen Erdwinkel, der in die Schweiz versetzt; unweit des Wasserfalles im Brühl – war ein Lieblings-Aufenthalt der Grafen von Wirtemberg und ihr Erdbegräbniß. Herzog Ulrich, vom Schwäbischen Bunde verjaget, unstät und flüchtig, suchte hier Zuflucht, und wurde – abgewießen. Die erste Handlung, die er bey seiner Wiedereinsetzung vornahm, war – die ungastliche Carthause zu zerstören.« Einzig der Pfleghof in der Neuen Straße 1 in Urach blieb stehen.

Auch wenn die Kartause zu Mörikes Zeit nicht mehr stand und an seine Stelle Wasserhebewerk und ein weiterer Fohlenhof getreten waren, ein Spaziergang lohnte sich auf alle Fälle. Das Uracher Tal, der Albtrauf, die dichten Wälder, die Erms, der Wasserfall, die Burg Hohenurach sollten zusammen mit den Erinnerungen an die Zeit im evangelisch-theologischen Seminar zu bleibenden Eindrücken werden. 1834 resümiert Mörike, der sich nach bestandener Prüfung im Herbst 1822 auf den Weg ins Tübinger Stift machte, anlässlich seines Amtsantritts als Pfarrer in Cleversulzbach: »Die prachtvolle Gebirgsgegend, das schöne Tal, worin wir wohnten, das enge Zusammensein mit einer Menge junger, nach Art und Begabung höchst verschiedener Menschen, die Eigentümlichkeit der Lehrer, die Bekanntschaft mit den Büchern, die nicht unmittelbar auf meinen Beruf hinwiesen – dies alles gab dem nun zum Jüngling erwachsenden Knaben in einer abgeschlossenen und einförmigen Lage die mannigfaltigsten Anregungen.« 1827 entstand sein wohl schönstes Zeugnis in Bezug auf die Uracher Zeit, das Gedicht *Besuch in Urach*, in dessen letzten Versen es heißt: »O Tal! du meines Lebens andre Schwelle! / Du meiner tiefsten Kräfte stiller Herd! / Du meiner Liebe Wundernest! ich scheide, / Leb wohl! – und sei dein Engel mein Geleite!«

Bad Wimpfen –
Wo Oben und Unten zum Himmel gehören

Ähnlich wie in Bad Mergentheim gibt es auch in Bad Wimpfen jede Menge Türme, und zwar so viele, dass Werner Bergengruen sich veranlasst sah, von »einer türmigen Stadt« zu sprechen, und Elly Knapp 1906 gegenüber ihrem Verlobten Theodor Heuss schwärmte: Wimpfen »lag in dem blauen Duft wie das Jerusalem mit den goldenen Türmen«. Zum Teil sind die Türme weltlicher Natur, wie etwa der Blaue Turm, das Wahrzeichen der Stadt, und der Rote Turm, beides Bergfriede der Kaiserpfalz; zum Teil sind sie geistlicher Natur, wie die der evangelischen Stadt-

Unterwegs von ganz unten in den Himmel – romanische West-fassade, Portal und Türme der Ritterstiftskirche St. Peter in Bad Wimpfen im Tal

kirche, der katholischen Kirche zum Heiligen Kreuz und der Ritterstiftskirche St. Peter. Auch in Bad Wimpfen existierten mehrere Orden, doch im Gegensatz zu Bad Mergentheim gab und gibt es hier keine Orientierungs-probleme, sondern eine klare Gliede-rung in Oben und Unten: »Wimpfen am Berg« und »Wimpfen im Tal«.

»Wimpfen am Berg«, das ist der Teil der Stadt, von dem der Amerikaner Mark Twain sagt, er sei »sehr malerisch verfal-

len und schmutzig, aber interessant«, und Gustav Schwab schreibt, er habe ein »labyrinthisches Ansehen; die Strassen sind unregelmässig und krumm, mitten durch dieselben zieht sich hier und da altersschwaches Mauerwerk mit Thoren hin, wodurch anschaulich wird, dass der Stadtbau ganz verschiedene Perioden durchgemacht hat.« »Wimpfen am Berg«, das ist vor allem die Stauferpfalz, vor deren »Macht und Schönheit«, glaubt man Kasimir Edschmid, »fast das meiste, was Wimpfen, mit großer Fülle, sonst zu geben hat: die Pfarrkirche mit der Kreuzigungsgruppe, die zierlichen Brunnen, die Fachwerkpaläste und die Dominikanerkirche« verblasst. Karl Ju-lius von Weber gar ist der Meinung, man besuche Wimpfen »nur wegen ihres fern hinblickenden *blauen Thurms*, um der wunderschönen Aussicht zu genie-ßen«. Tatsächlich kommt das Domini-kanerkloster oben am Berg bei den Lite-raten ein wenig zu kurz. Seine Anfänge sind nicht exakt mit Zahlen zu greifen, so ist von 1259 oder 1264 die Rede, auch ist nicht klar, ob der Bischof von Worms oder der große Albertus Magnus, zu je-ner Zeit Bischof von Regensburg, bei der Grundsteinlegung der ersten Kirche anwesend war. Das Kloster erfreute sich großer Unterstützung seitens der Adeli-gen und wohlhabenden Bürger aus Stadt und Umgebung, was ihm zu ansehnli-chem Reichtum verhalf. Erst mit der Re-formation trübte sich das Verhältnis, wo-bei der Konventuale Johannes Fabri, der sich später als Domprediger in Augsburg mit zahlreichen gegen die Reformation gerichteten geistlichen Schriften einen Namen machte, 1536 das Eintreten der

Bürger für den alten Glauben rühmte. Fast dreihundert Jahre später hätte er ihr Engagement über die Konfessionsgrenzen hinweg erneut loben können, denn als das Kloster 1802 zunächst an das Großherzogtum Baden, 1803 dann an das Großherzogtum Hessen überging und säkularisiert wurde, sorgten die Bürger dafür, dass die Dominikaner noch bis 1818 bleiben durften. Heute gehören Konventsgebäude und Kreuzgang zum Hohenstaufengymnasium, während die ehemalige Klosterkirche zur katholischen Stadtpfarrkirche Zum Heiligen Kreuz mutierte. Neben den Dominikanern existierte »oben« auch noch der »Orden vom Heiligen Geist«, der das vor 1230 von den Johannitern gegründete Spital unterhielt. Über die Tätigkeit dieser Ordensleute in Wimpfen, die ebenfalls nach der Säkularisation weichen mussten, ist wenig bekannt, heute befindet sich in dem an der Hauptstraße gelegenen Gebäude unter anderem das Reichsstädtische Museum.

Dominikanerkloster und Heilig-Geist-Orden in »Wimpfen am Berg« stehen nicht nur im Schatten der Stauferpfalz, sondern auch im Schatten des Ritterstifts St. Peter in »Wimpfen im Tal«, wofür Werner Bergengruen einen Grund gefunden hat: »Die Stadtkirche, die Heiliggeistkirche, das Dominikanerkloster mit seinem Kreuzgang sind für Wimpfen am Berg ein bedeutungsvoller Schmuck. Wimpfen im Tal aber hat an seiner Kirche ein Gebäude vom Rang eines großen Denkmals.« Er fügt eine ausführliche Beschreibung des im Tal befindlichen Wimpfen an, das alles andere als ein »unten am Fluß

gelegener Stadtteil« sei: »Es ist ein Ort für sich, durch eine Strecke freien Landes von Wimpfen am Berg geschieden. Das ganze Rechteck des Marktfleckens wird ebenmäßig von Mauern umzogen, es gibt keine Ausbuchtungen und Vorsprünge, der ebene Boden hat nirgends ein Abweichen von diesem merkwürdigen Regelmaß bedingt. Ein oberes, ein unteres Tor, beide im Zuge der Landstraße, führen herein und hinaus, und in diesem kleinen, dorfartigen, von einem halben Tausend Menschen bewohnten Ort steht herrlich und einsam die Kirche des Ritterstifts zu St. Peter und Paul.« Die so herrlich und einsam da stehende Ritterstiftskirche befindet sich nicht nur im unteren, sondern zugleich auch im älteren Wimpfen, denn

Fasziniert vom Vogelnest im Kreuzgang und hingemähten Menschen im Friedhof – Nikolaus Lenau (1802–1850)

hier siedelten schon Steinzeitmenschen und Kelten und hier errichteten die Römer ein bedeutendes Kastell. Den Römern folgten die Alemannen, den Alemannen die Franken, und mit diesen hielt das Christentum Einzug. Auf den Überresten des Römerkastells und möglicherweise eines Tempels wurden schon früh eine erste Kirche und eventuell auch ein Kloster errichtet, das allerdings erst ab 965 in Urkunden auftaucht. Damals gehörte es zum Bistum von Worms und wurde zu einem weltlichen Chorherrenstift umgewandelt. Die Stiftskirche, eine dreischiffige Basilika, erfuhr mehrmals grundlegende Veränderungen, doch, so Bergengruen, »noch sind die Fundamente des uralten Zentralbaus kenntlich, noch hat die Westfassade die wunderbare Reinheit ihrer romanischen Formen bewahrt. Und dazu gesellt sich der noch zögernd hingenommene Reichtum der ersten gotischen Zeit, eine frühe Vorblüte des großen Sommers mittelalterlicher Baukunst.« Für Edschmid stellt »die erste gotische Kirche im Neckarland« einen »überaus edlen Bau« dar, »zu dem ein Kreuzgang gehört, der wie aus einem Märchen wirkt«. Dieser märchenhafte Kreuzgang hatte es ebenso wie der Friedhof dem unglücklichen Dichter Nikolaus Lenau angetan, der im Sommer 1840, »es war eben die schönste Abendbeleuchtung im letzten Ausglühen«, »eine schöne halbe Stunde« lang »in dem stillen Klostergemäuer zugebracht«, von »den hingemähten Menschen einer alten und bessern Zeit« geträumt und sich romantischer Mittelalterstim-

mung hingegeben hatte: »Das herrliche und gottdurchdrungne Mittelalter umschlang mich mit seinen Armen und reichte mir den Trunk Frieden aus seinem tiefen Brunnen herauf.« Die schöne Stimmung und ein in Stein gehauenes Vogelnest im Kreuzgang inspirierten ihn in seinem 1842 erschienenen Versepos *Die Albigenser* zu dem Bild »Das Vogelnest«:

An eine Kirche kam ich einst zu wallen, / Mit Klosterzellen, längstverlassnen Hallen; / Ich trat hinein, und fühlte schier Bedauern / Und wie geheime Scheu vor den Erbauern, / Daß mir in ihrem Haus der Glaube fehlte, / Der sie so fromm zum schönen Werk beseelte.

Wo waren sie? – ich trat auf ihre Grüfte; / Gemähtes Gras auf allen Hügeln lag, / Zum Abend neigte sich der Sommertag, / Die Luft war lieblich von dem Heugedüfte. / Ein zitternd Spiel ergriff das Laub der Linde, / Ganz ruhig lag das Heu im Abendwinde, / Da war kein leichtes Schwanken mehr und Beben, / Still drunter das gemähte Menschenleben.

Der Kirchhof ist vom Kreuzgang eingeschlossen, / Wo Efeuranken an den Fenstern sprossen; / Die schlanken Pfeiler sind so fest gestellt, / Die Bögen leicht und kühn emporgeschnellt, / Hoch, luftig ragt der fromme Bau noch spät, / Die Mönche einst in keuscher Himmelskühle / Bewahrend vor der dumpfen Erdenschwüle; / Der Geist der so gebaut ist längst verweht.

An spitzgebognen Fenstern ist zu schauen / Laubwerk und manche Blum' in Stein gehauen; / Vor allen Bildern zierlich, wahr und lebend / Ein steinern Vogelnest am Aste schwebend. / Der Jungen Schnäblein heischend aufgerissen, / Die Mutter sie zu atzen hold beflissen, / Sie wärmend mit den aufgespreizten Schwingen; / Die Kleinen werden fliegen bald und singen.

Als im Weiteren das lyrische Ich sich vergegenwärtigt, was wohl das Motiv für dieses in Stein gehaue Bild gewesen sein mag, wendet sich die so idyllische Szene ins Düstere. Ein frommer und milder Mönch des Klosters habe, entsetzt über die Gräuel, die die »Kreuzgeschmückten« gegenüber den häretischen Albigensern, »der Freiheit kühne Fechter«, verübten, in seiner eigenen Seele nach möglichen Abgründen gesucht und sich dabei erinnert, als Junge durch einen Steinwurf mutwillig ein Vogelnest und damit das Leben der beiden Jungen zerstört zu haben. Den »Klagepfiff« der Mutter glaubte er noch immer zu hören, und um »das Zerstörte wieder aufzubauen, / Hat er das Nest im Felsen ausgehauen.«

Ebenfalls in blutiger Zeit, im Dreißigjährigen Krieg, ging die Cornelienkirche, im Bereich des Osttors des ehemaligen Römerkastells und am tiefsten Punkt des unteren Wimpfen gelegen, in Geschichte und Dichtung ein. General Tilly soll 1622 vor der verheerenden Schlacht bei Wimpfen in ihr seinen Kriegsrat gehalten haben, laut Bergengruen allerdings – und

Himmlische Wirkung auf den Neckarraum – gotisches Südportal von St. Peter mit Kreuzigungsszene im Tympanon, Steinfiguren und Maßwerkfenster

hier kommt die Überlieferung mit den Klöstern oben und unten offensichtlich durcheinander – weiß es »die fromme Legende« anders: »Tilly so heißt es, sei vor Beginn des Kampfes bei den Wimpfener Dominikanern vor dem Muttergottesaltar niedergekniet und so innig in sein Gebet entrückt worden, daß alles Irdische hinter ihm blieb, alle Zeit ihm schwand. Da trat ein Engel an seine Stelle, in Tillys Gestalt gewann er für ihn den Sieg.« Glücklich, wer mit Wimpfener Engeln im Bunde steht.

Mit Wimpfener Engeln im Bunde waren nach heimatloser Zeit vermutlich auch die Benediktiner von Grüssau. Unter dem NS-Regime hatten sie 1940 ihr Kloster in Schlesien aufgeben müssen, da dort ein Durchgangslager eingerichtet wurde, und auch nach dem Zweiten Weltkrieg war kein langes Verbleiben, weil polnische Benediktiner einzogen. 1947 schließlich kamen die Grüssauer Mönche in dem 1802 säkularisierten Chorherrenstift in Wimpfen unter und gründeten die Abtei Grüssau, die sie bis 2004 unterhielten, dann aber wegen Nachwuchsmangels aufgeben mussten. 2008 übernahmen die Gebäude die Malteser, die sie für ein Exerzitien- und Bildungszentrum nutzen.

Oben und Unten sind heute in Bad Wimpfen zusammengewachsen und bilden die turmreiche Stadt, von der Kasimir Edschmid behauptet, sie sei »die schönste, die Vergangenheit am tiefsten und traumhaftesten spiegelnde, unvergleichlich gelegene Stadt am Neckar«.

Beuron und Inzigkofen –
Vorhof des Himmels und Bücherparadies

»Wie der Vorhof des Himmels«, so erschien Edith Stein die Benediktinerabtei Beuron, obwohl die Philosophin und Autorin geistlicher Werke nie daran dachte, Benediktinerin zu werden, sondern den Eindruck hatte, »als hätte

der Herr mir etwas aufgespart, was ich nur hier [im Karmel] finden konnte«. Die aus jüdischer Familie stammende Breslauerin, die unter Edmund Husserl studierte und promovierte, als Frau aber nicht zur Habilitation zugelassen wurde, bekannte sich nach der Lektüre einer Biographie über die Unbeschuhte Karmeliterin Teresa von Ávila zum katholischen Glauben und ließ sich 1922 taufen. Acht Jahre lang unterrichtete sie an einer von Dominikanerinnen geleiteten Mädchenschule in Speyer, anschließend arbeitete sie für kurze Zeit an einem katholischen Institut für Pädagogik in Münster, bevor sie im Oktober 1933 in den Kölner Karmel »Maria vom Frieden« eintrat und ein halbes Jahr später als Teresia Benedicta a Cruce eingekleidet wurde. Ihre Einschleierung nahm der Beuroner Erzabt Raphael Walzer vor, mit dem sie seit 1928 in Verbindung stand. Bis zum Jahr 1933 besuchte Edith Stein mehrfach das Benediktinerkloster Beuron »zur stillen Einkehr«. Edith Stein, die heute als Heilige und Märtyrerin verehrt wird, wurde am 9. August 1942 als Jüdin in den Gaskammern des KZ Auschwitz-Birkenau ermordet. Raphael Walzer, der seit 1918 der Erzabtei Beuron vorstand, musste aufgrund seiner offen geäußerten Opposition zum Nationalsozialismus 1935 zunächst nach Frankreich, dann nach Algerien fliehen. Erst 1964 kam er nach Deutschland zurück, zwei Jahre später verstarb er in der Heidelberger Abtei Neuburg. Unter ihm war Beuron modernisiert und ausgebaut worden.

Ein erstes Kloster befand sich eventuell schon in der zweiten Hälfte des

Der »Vorhof des Himmels« von oben – 1080 als Augustiner-Chorherrenstift gegründet, heute Benediktiner-Erzabtei St. Martin zu Beuron im Donautal

8. Jahrhunderts auf der Anhöhe, wurde aber wohl von den Ungarn zerstört. Stattdessen wurde um 1080 im Tal ein Augustiner-Chorherrenstift gegründet, das aber 1802 im Zuge der Säkularisation an das Haus Hohenzollern-Sigmaringen fiel. 1863 erwachte dank einer Stiftung der Fürstin Katharina von Hohenzollern neues geistliches Leben innerhalb der alten, inzwischen barock umgestalteten Mauern, diesmal unter den Benediktinern. Im Mai 1868 besuchte Joseph Victor von Scheffel die Gegend: »Im stillen von Felsen umschlossenen Donautal zu Beuron haben sich wieder Benedictiner ins verlassene Kloster eingenistet; ihr Orgelspiel und Horasingen tönt wundersam durch das Wiesengeländ der einsamen Felsbucht.« Genau dreizehn Jahre später kam er erneut und be-

suchte jetzt auch das Kloster: »Einen landschaftlich überaus schönen und wildeinsamen Aufenthalt hatte ich im Mai an der obern Donau im Sigmaringer Land zu Beuron, wo die Mönche in Nazarener Malerei eigenthümlich Bedeutsames geleistet haben.« Die Bibliothek der Augustiner-Chorherren war weitgehend verloren gegangen, die Benediktiner mussten mit dem Sammeln neu anfangen, unter Abt Walzer wurden Bestände und Bibliotheksbauten stark ausgeweitet. Heute darf sich die Bibliothek rühmen, mit rund 405 000 Bänden, darunter Handschriften, Inkunabeln und Zeitschriften, die größte Klosterbibliothek Deutschlands zu sein.

Gut zwanzig Kilometer von Beuron entfernt, existierte bis zur Säkularisation eine weitere bedeutende Kloster-

»Miniatur-Friedhof der Nonnen« – Blick in Klostergarten und Friedhof des ehemaligen Augustiner-Chorfrauenstifts im oberschwäbischen Inzigkofen

bibliothek, nämlich im Augustiner-Chorfrauenstift Inzigkofen. 1354 von zwei Schwestern einer Sigmaringer Bürgerfamilie als kleine Klause gegründet, traten die Beginen 1394 auf eigenen Wunsch den Augustiner-Chorfrauen bei und unterwarfen sich damit einem strengen monastischen Leben. Kloster Inzigkofen, das aufgrund der Reformwilligkeit seiner Schwestern nicht wie so viele andere Klöster in den Ruf geistlichen Niedergangs geriet und sich seit dem 15. Jahrhundert einer stark mystisch geprägten Frömmigkeit hingab, wurde zum Anziehungspunkt für viele bürgerliche und adelige Frauen und Mädchen. Entsprechend reich waren die Stiftungen und Schenkungen, die dem Kloster eine

große wirtschaftliche Blüte bescherten und damit auch die Anlage einer bedeutenden Bibliothek ermöglichten, in der vor allem mystische Werke gesammelt wurden. Im Gegensatz zu vielen anderen Bibliotheken ließen es die Chorfrauen allerdings nicht beim bloßen Ankauf bewenden, in ihrem Skriptorium fertigten sie Bücher zu eigenem Gebrauch wie zum Verkauf. Der Reichtum des Klosters machte es besonders interessant, als die Fürsten von Hohenzollern-Sigmaringen 1802/03 für den Verlust linksrheinischer Besitzungen entschädigt werden sollten: Den Augustiner-Chorfrauen wurden Wohnrecht und Pension eingeräumt, aber die Schätze des Klosters, allen voran die der Bibliothek, wurden zum großen Teil verkauft und in alle Winde verstreut. 1948 richtete der Volkshochschulheim Inzigkofen e. V. innerhalb der klösterlichen Mauern eine Bildungsstätte ein, deren Räumlichkeiten die Gruppe 47 im Frühjahr 1950 für eine ihrer berühmt-berüchtigten Tagungen nutzte. Hier wurde zum erstenmal der als Förderpreis für junge Talente gedachte Literaturpreis der Gruppe verliehen, und zwar an Günter Eich. Während die Teilnehmer heiß diskutierten, war es, wie Albrecht Knaus am 16. Mai 1950 in der *Neuen Zeitung* konstatierte, »kühl [...] innerhalb der Mauern«. Ihm hatte es besonders die Begräbnisstätte der Augustinerchorfrauen angetan: »Zu den idyllischen Plätzen des Klosters gehört der Miniatur-Friedhof der Nonnen, in dem ein Dutzend bescheidener rostiger Kreuzchen aus dem Gras wachsen.« Das Kloster selbst, das von den Fürsten umgestaltet und teilweise als Sommerresidenz genutzt worden war, erschien ihm als »eine weitläufige Bauanlage aus der Gegenreformation von gemütlichen Ausmaßen und duodezfürstlicher Wucht«. Seit 2002 befindet sich das verweltlichte Kloster im Besitz der Gemeinde Inzigkofen, die die Gebäude aufwändig renovierte. Eine Bildungsstätte der Volkshochschulen ist es geblieben, und so tanzen, werkeln, malen, musizieren in Klosterküche, Refektorium, Kapitelsaal fleißige Kursteilnehmer, um sich nach vollbrachter Anstrengung in den Zellen zur Ruhe zu betten – im Übrigen können sie sich in Schreibwerkstätten auch literarisch betätigen.

Bad Buchau, Bad Schussenried, Obermarchtal – Lesende Chorfrauen, leere Bücherschränke und ein schwäbelnder Chorherr

Als sich Herzog Carl Eugen von Württemberg 1787 aufmachte, dem Federsee und diversen Klöstern in Oberschwaben seinen hochherrschaftlichen Besuch abzustatten, stand am 16. Dezember auch das Adelige Chorfrauenstift Buchau am Federsee auf dem Programm. Obwohl oder vielleicht auch gerade weil er es hier nur mit hohen und höchsten adeligen Damen zu tun hatte, zeigte er sich von dem Besuch eher gelangweilt, nur eine einzige der Chorfrauen hielt er für eine interessante Gesprächspartnerin. Die Äbtissin Maria Maximiliana Esther von Stadion dagegen schien ihm eine Person zu sein, »die viel spricht, Einbildung auff sich hat und die Geschäffte und Processe ihres Stiffts auswendig herzubeten weiß«. Die gebildete und dem Herzog offenbar zu selbstbewusste Gräfin war die Tochter von Friedrich Graf von Stadion, der auf dem nahen Schloss Warthausen einen Musenhof unterhalten hatte, den auch der Biberacher Dichter Christoph Martin Wieland oft besuchte. Eingeführt wurde er dort von seiner ehemaligen Verlobten, Sophie von LaRoche, die mit einem Sohn Stadions verheiratet war und auf Warthausen ihren berühmten Briefroman *Die Geschichte des Fräuleins von Sternheim* begann. Es blieb nicht aus,

Früher Klassizismus in Süddeutschland – die Buchauer Stiftskirche St. Cornelius und Cyprianus nach dem Umbau der gotischen Vorgängerkirche

dass Wieland in dem geselligen Kreis die Buchauer Äbtissin kennenlernte. In einem Brief an Johann Georg Zimmermann aus dem Jahr 1762 heißt es: »Zu dieser kleinen Gesellschaft, die vielleicht einzigartig in ihrer Weise ist, gesellt sich manchmal die jüngere Tochter Seiner Exzellenz, die Kanonissin in Buchau ist, eine liebenswürdige Nonne dank der heiteren und unbefangenen Anmut ihres Geistes und der Leichtigkeit und Freundlichkeit ihres Benehmens.« Anlässlich des Erscheinens seiner Verserzählung *Musarion*, einem Stück Rokokopoesie in künstlerischer Vollendung, schrieb Wieland 1768: »Haben Sie die Gütigkeit, mir von *Musarion* einige Exemplare zu schicken, sobald sie aus der Presse kommt. Ich habe unter meinen Nachbarn ein

paar hochgebohrne Damen, welche, ungeachtet sie Stiftsdamen sind, in meine Erzählungen verliebt sind, und mit Sehnsucht auf *Musarion* warten.« Die ebenso schöne wie kluge und liebenswerte Musarion holt ihren Freund Phanias, der sich hinter einem sinnenfeindlichen, kalten Philosophentum verschanzt, ins heitere Leben zurück, in dem »ernstes Denken oft mit leichtem Scherz sich gattet«. Den Chorfrauen dürfte diese Einstellung zugesagt haben, waren doch auch sie nicht in ein streng geistliches, von der Welt abgekehrtes Leben entschwunden.

Den historischen Fakten nach gründete Adelindis, die Frau eines Grafen Warin, zusammen mit diesem um 770 am Federsee ein Frauenkloster, das der Herrschaftssicherung der Franken in Alemannien dienen sollte. Der Legende nach soll es Adelindis, Tochter des Herzogs von Schwaben und der Herzogin von Bayern, gewesen sein, die an der Stelle, an der ihr Mann Atto im Kampf gegen die Hunnen gefallen war, das Buchauer Kloster gründete, dem sie selbst bis zu ihrem Tod um 809 vorstand. Diese Adelindis lebte allerdings in Wahrheit etwa hundert Jahre später. Welcher Ordensregel das Stift zunächst unterstand, ist unklar, erst 1417 wurde mittels einer päpstlichen Urkunde festgelegt, dass es sich um ein weltliches Stift handle, in dem die dem Hochadel zugehörigen Damen ein vergleichsweise freies Leben mit zum Teil eigenen Wohnungen, Dienerinnen, eigenem Vermögen und der Möglichkeit zum Austritt und zur Heirat führen konnten. Schon vorher, im Jahr 1347, war die Äbtissin als Reichsfürstin bezeichnet worden, Ende des 16. Jahrhunderts wurde das Reichsstift dem schwäbischen Reichsgrafenkollegium zugerechnet. Die Stellung der Äbtissin war somit keine geringe, auch wenn ihr vier weltliche Chorherren zur Seite gestellt waren. Gerade in der Zeit des Barock wollte diese Macht auch nach außen demonstriert werden, und da die Gebäude im Dreißigjährigen Krieg stark gelitten hatten und einer groß angelegten Renovierung bedurften, wurden sie ab 1657 in mehreren Stufen erneuert, wobei der repräsentative »Fürstenbau«, Sitz der Äbtissin, in den Mittelpunkt rückte. Die seit etwa 1000 bestehende, 1032 abgebrannte, bald wieder auf- und des Öfteren umgebaute Stiftskirche St. Cornelius und Cyprianus erfuhr 1770 eine fast vollständige Umgestaltung, sodass heute ein dem Klassizismus verpflichteter Kirchenbau zu bewundern ist.

Weniger bewundernswert war allerdings das Wirtschaften des Konvents. Als Stift Buchau 1803 den Fürsten Thurn und Taxis zufiel, wies es gewaltige Schulden auf. Vielleicht ist es deshalb auch kein Wunder, dass manche Literaten dem Treiben der Damen von Stift Buchau skeptisch gegenüberstanden. Der österreichische Jurist und Autor Alexander Schindler etwa veröffentlichte 1876 unter seinem Pseudonym Julius von der Traun die Novelle *Die Äbtissin von Buchau*. Den Anfang macht eine Beschreibung des Konvents, wie er sich im Hochamt zum Dreikönigstag 1713 zeigt. Im Anschluss an die Messe begeben sich die prächtig

gekleidete Äbtissin, die Stiftsdamen und ihre Gäste zur opulenten Tafel: »Die Äbtissin und der ganze fürstliche Damenconvent waren unter Vortritt der galonirten Thürhüter, der fackeltragenden Pagen, des Hofmeisters, des Hofrichters und der übrigen schwarzgekleideten Stiftsbeamten, von denen die Ersteren in weißwolkigen Allongeperücken prangten, bei Paukenschall und silbernem Trompetenklang in den Kreuzgang und hinüber in die Prälatur gezogen.« Es folgt eine Schilderung des winterlichen Hofes: »Im weiten Stifthofe draußen war es leer und still. Die in besserer Jahreszeit Tag und Nacht so munter plaudernden Springstrahlen des bildnißreichen Brunnens waren eingefroren, die Tauben saßen mit gesträubten Federn unter dem Dache und die Hunde lagen um den Ofen der Gesindestube. Nur aus der Hofküche vernahm man von Zeit zu Zeit das Schnarren der Bratmaschine, die der Küchenjunge aufzog, oder den Schall des Stößels, der an die wohltönenden Wände des Messingmörsers schlug.«

Nachdem die Zeit barocker Hofhaltung im Stift Buchau zu Ende, die Stiftsdamen versehen mit einer Pension aus-, das Haus Thurn und Taxis, dem die Gebäude bis 1937 gehörten, eingezogen und 1806 das Königreich Württemberg zum Territorialherren geworden war, wurde das Kloster, in dem heute eine private Klinik untergebracht ist, unter anderem zum Amtsgebäude. In den 1820er-Jahren lebte dort ein Vetter Eduard Mörikes als Bezirksamtmann. Der Dichter hatte im Herbst 1826 sein Tübinger Theologiestudium beendet und wanderte, mit seiner Berufswahl alles andere als glücklich, von einer Vikariatsstelle zur nächsten. 1828 schaffte er es, dem »unerträglichen Joch« dank einer Beurlaubung wenigstens auf ein paar Monate zu entkommen. Diese für ihn so schöne Zeit verbrachte er an verschiedenen Orten in Oberschwaben, zu denen eben auch Buchau gehörte, wo es ihm nach ein paar Wochen »noch immer zu wohl« gefiel, um »ganz gerne« nach Stuttgart zu gehen. Hier entstanden die *Neuen Weltlichen Lieder*, die er zum Abschied der Frau des gastfreundlichen Vetters mit der Widmung schenkte: »Just nicht fürs Clavier aber zum geringen Beweiß dass die Stadt Buchau keinen unpoëtischen Himmel habe; wurden nämlich sammtlich gedichtet im dortigen Park so wie im Badgarten nunmehr dankbarlichst gewidmet der hochgeschätzten lieben Frauen Adelheid, von ihrem Vetter, dem dermalgen vagirenden bey Grazien und Musen vicarirenden Vicar Eduard Mörike, den 19. Juni 1828.« Es gelang dem auf literarischen Abwegen vagirenden Vikar damals nicht, für seinen Broterwerb auf eben diesen Abwegen und damit außerhalb des Pfarrdienstes aufzukommen, und so kehrte er ins ungeliebte Joch zurück.

Nachdem er das Buchauer Stift besucht hatte, reiste Herzog Carl Eugen weiter nach Schussenried. Sein Urteil über das allgemein bewunderte Kloster war kühl: Die Kirche sei »mittelmäßig«, die Bibliothek habe zwar viele neue Bücher, »der Saal an sich ist hübsch, nur sehr geziert«. Auch Fritz Alexander Kauffmann geriet bei der Besichtigung des Klosters am Fluss Schussen nicht gerade ins Schwärmen. »Die spätgotische Kirche von Schussenried in ihrer jetzigen Barockausstattung« weckte in ihm die »Ahnung einer Höhle. Dämmriges webt vom Chor her Rätsel über den Gast.« Das Grün der Fensterleibungen tauche den Raum in gespenstische Farbtöne: »Das Rosa der Wände ist voll krankem Grau, das reichgeschnitzte mattbraune Stuhlwerk ist im allverbindenden Staubanflug der schimmeligen Atmosphäre magisch zugehörig. In den Glasgehäusen links und rechts vom Chor liegen Reliquien – Mumien mit dämonischen Aztekengesichtern und verblaßtem Königsprunk der Röcke und Westen. Vergraute Spitzen, Samtschimmel, Spukgold, Grünliches wie uralte Haararbeiten, Edelsteine, falsche Blumen –. Die Beseelung der wächsernen Hände ist voll Grauen –, unter dem losen Jabot gähnt das bräunliche Gerippe. Man trägt den morbiden Anhauch des Orts noch lange wie einen Seelenmantel auf den Schultern mit sich herum.« Man möchte fast glauben, er schreibt von einem anderen Kloster und nicht dem vielgepriesenen Schussenried. Immerhin klingt der folgende Satz fast nach einem Aufatmen: »Dafür herrscht leichteste Aufklärung in der Bücherei.« Hier erwecken »lichtfarben getönte Füllungen mit Goldgeschnitz, auf Postamenten große allegorische Gestalten und dazwischen Putten, die vielerlei bedeuten«, einen ganz anderen Eindruck als den, der in der Kirche herrscht – allerdings nur auf den ersten Blick, denn der »Saal dient dem

Beinahe eines der schönsten Klöster Deutschlands – das ehemalige Prämonstratenserstift in Bad Schussenried mit Kirche und Neuem Kloster

Gottesdienst der Geisteskranken«, was ihm einen »gespenstischen Nebensinn« verleihe: »Das harte Weiß der Figuren, gewisse Kleinlichkeiten der Verhältnisse, predigende Leere der Hände und der Falten vermitteln plötzlich ernüchternd die heillose Seelenspur, die hier umgeistert.« Otto Rombach konnte ebenfalls nicht ganz an der Tatsache vorbeisehen, dass das ehemalige Kloster inzwischen einem anderen Zweck zugeführt wurde: »Auch befällt den Besucher ein eigentümlicher Zwiespalt, wenn er unfern der Kirche über die Stiegen hinaufgeht, wo nun die stille Betreuung einer Heilanstalt spürbar wird. Zimmerpflanzen stehen auf den Gängen, Blumensträuße. Als möchten sie uns den Blick in ihre erschütternde Welt ersparen, schließen die Pflegerinnen nachsichtig die Türen.«

1183 vermachten die unverheirateten Brüder Konrad und Beringer, ihres Zeichens stauffische Edelfreie, ihren Herrensitz »Shutzenried« den Prämonstratensern und traten gleich selbst dem Konvent bei. Beringer wurde zum Priester geweiht und konnte ebenso wie später sein Bruder schon in der ab etwa 1185 erbauten ersten Kirche beigesetzt werden. Was klein anfing, wurde groß, Schussenried entwickelte sich zu einem blühenden, ab Ende des 15. Jahrhunderts reichsunmittelbaren Kloster, das mehrmals umgestaltet wurde. Der Dreißigjährige Krieg allerdings setzte ihm schwer zu, nur langsam konnte es sich von den Zerstörungen erholen: Zwar wurde zwischen 1710 und 1746 die Magnuskirche, die spätromanische und spätgotische Elemente aufwies, nun in spätem Barock umgestaltet, doch erst 1748 erhielt Dominikus Zimmermann den Auftrag zur Planung einer neuen Anlage. Dem Modell nach stellte sich der Wessobrunner Baumeister einen symmetrischen zweiflügeligen Gebäudekomplex vor, in dessen Zentrum die Kirche liegen sollte. Die Zeitgenossen

Das »jubilierende Marchtall«, einst Prämonstratenserstift, heute katholisches Tagungshaus – Kloster Obermarchtal mit den Türmen des Münsters

waren sich einig, und Otto Rombach stimmte ihnen zweihundert Jahre später noch immer zu, dass das neue Kloster nach diesem Plan zu einem »der schönsten Klöster Deutschlands« hätte werden können. Aber eben nur »hätte werden können«, denn wegen Geldmangel konnten rund zwei Drittel des Bauvorhabens nicht umgesetzt werden. Glücklicherweise war im Konventbau noch der neue Bibliothekssaal realisiert worden, der heute das eigentliche Kleinod Schussenrieds darstellt. Der rechteckige, zweigeschossige Raum, der zugleich als Festsaal konzipiert wurde, zieht den Besucher allein schon durch seine Helligkeit, seine Verspieltheit und geradezu »himmlische Farbgebung« in den Bann. Besondere Bedeutung gewinnt er aber durch sein Bildprogramm: Deckenfresko, kleinere Reliefs, Statuen – alles ist aufeinander bezogen und soll nach dem Wunsch des Auftraggebers, Abt Nikolaus, »den Sitz der Weisheit verherrlichen« – »Sedes sapientiae magnificata«. Neben der weltlichen und geistlichen Geschichte, der Theologie, der Medizin, Philosophie, Jurisprudenz und Rhetorik wird im Deckengemälde auch der Dichtkunst ein Platz und damit eine zentrale Bedeutung eingeräumt. Um Maria gruppieren sich geistliche Schriftsteller, wobei zu den Größen dieser Zunft und gleich über Bernhard von Clairvaux der Reichenauer Mönch Hermann der Lahme gezählt wird. Obwohl sie nicht an derart zentraler Stelle stehen und nicht immer eindeutig zuzuordnen sind, fehlen auch die weltlichen, insbesondere die griechischen und römischen Dichter mit ihren Figuren nicht: Homer, Cicero, Ovid, Aesop, die griechischen Götter, dazu »Romanzen«, womit vermutlich die neuere Literatur gemeint ist, und der ganze Bereich der Buchkunst – »Typographia«, »Gutenberg«, »Orthographia« – erfuhren in der Schussenrieder Bibliothek Wertschätzung. Allerdings muss man sich heute tatsächlich mit den Gemälden zufriedengeben, denn in den Bücherschränken finden sich längst keine Bücher mehr – ein Glück, dass sie wenigstens auf den Türen der Bücherschränke aufgemalt wurden. Theodor Heuss geht in seinem Essay *Oberschwäbischer Barock* auf die barocken Klosterbibliotheken im Allgemeinen und die Schussenrieder Bibliothek im Besonderen ein: »Nirgends ist uns dieses Barock-Mönchstum so nahe wie in diesen Bücherzimmern, selbst wenn wie im besten (zu Schussenried) alle Pergamente und Folianten nur des Farbenwitzes wegen auf die Schranktüren gemalt sind. Domenikus Zimmermann wollte nicht, daß Unordnung und schlechte Farben den edlen Akkord seiner Schöpfung stören; so hat er in Grau und Rot sich eine ganze ungeheure, schwindelhafte Bibliothek perspektivisch auf die Wandschränke gemalt!« Dass die Bücherschränke im Grunde nur noch Illusion sind, hat einen äußerst weltlichen Grund: Vierzig Jahre nach Beendigung der Bauarbeiten sollte es nämlich vorbei sein mit der klösterlichen Herrlichkeit, die Abtei Schussenried wurde säkularisiert, kam wie Kloster Weißenau an das Haus Sternberg-Manderscheid, wurde 1806 dem Territorium Württembergs einverleibt und 1835 ganz an das Königreich verkauft. Die Bücher der Bibliothek wurden in alle Winde zerstreut, ein Teil der

Gebäude wurde abgerissen, ein Teil mit der Einrichtung eines Eisenschmelzwerks industriell und der übrige als königliche »Irrenanstalt« genutzt. Aus der Zeit dieser »Heil- und Pflegeanstalt« stammen die Darstellungen von Kauffmann und Rombach, die eine Atmosphäre schildern, wie sie sich heute nicht mehr nachvollziehen lässt, denn es hat sich vieles verändert. Inzwischen wurde die Nachfolgeinstitution, das Schussenrieder Zentrum für Psychiatrie, in neue Gebäude ausgelagert, stattdessen richtete man Tagungs- und Ausstellungsräume, ein Klostermuseum und das »Zentrale württembergische Mundartarchiv und Museum« im ehemaligen Klosterkomplex ein.

Dass ein schwäbisches Mundartarchiv sich ausgerechnet in einem Kloster, wo ja eigentlich das Lateinische hochgehalten wurde, niederlässt, ist nicht ganz abwegig, hat die Mundart in diesem Fall doch einen berühmten Ansatzpunkt. 1743 brachte in der Abtei Schussenried der Obermarchtaler Prämonstratenser und Schriftsteller Sebastian Sailer sein wohl berühmtestes Stück auf die Bühne: *Die Schöpfung der ersten Menschen, der Sündenfall und dessen Strafe*, besser bekannt unter dem Titel *Schwäbische Schöpfung*. Tatsächlich setzt das heitere Fastnachtspiel mit einem lateinischen Prolog ein, der aber schnell ins Hochdeutsche übersetzt wird. Darin ist unter anderem zu lesen: »Das Eine bitt' ich euch: glaubet um alles nicht, ich wolle dem allerbesten, allerhöchsten Gott, den wir mit dienendem Knie anbeten, ein Unrecht zufügen; noch Adam und Evä, unsren

Voreltern, die nach ernstlicher Bereuung ihres Fehltritts für alle Ewigkeit im Himmel weilen. / Um es kurz zu machen: ich erzähle den ganzen Handel in bäuerlicher Mundart, auf daß ihn die Einfältigen betrachten mögen, ohne Schaden zu nehmen, und er denen Weisen eine Erquickung sei.« Danach spricht an erster Stelle, wie sollte, dürfte es anders sein, »Gott Vater«:

Nuits ischt Nuits und wead Nuits weara, / drum hau-n-i wölla a Wealt gebäara, / grad um dui Zeit, / wo's nimma viel schneit / und bessare Lüftla geit. / I bi' schau' längscht mit deam Weasa-n-umganga, / dô denk i endli, will's gauh' nu' im Früehling a'fanga, / wenn d'Lercha singat und kummat dia Schwalma, / wenn dar Schnai vergôht und blühat dia Palma. Nôhdeam i g'schlôfa wenig Nächt, hau-n-i dächt: / Jetz will i gauh' dra', weil's an mar ischt, / im Nama des gekreuzigta Hearra Jesa Chrischt.

Nicht die Schöpfungsgeschichte, aber Sailers *Sämtliche Schriften* wurden im Übrigen im Verlag von Dionys Kuen, seines Zeichens ebenfalls Mundartdichter, in Buchau veröffentlicht. Die Buchdruckerei war 1779 unter Maximiliane von Stadion im Buchauer Stift eingerichtet worden und existierte als »Fürstlich Thurn und Taxische Schloßdruckerei« auch nach der Säkularisierung weiter. Sailer, der in Schussenried aufgeführte, in Buchau gedruckte und in Obermarchtal lebende und wirkende Mundartdichter und Chorherr kann somit getrost als literarisches Bindeglied zwischen den drei Klöstern gelten.

Geboren 1714 als Sohn eines Amtsschreibers in Weißenhorn, trat Sebastian Sailer schon jung in das Prämonstratenserkloster Obermarchtal ein, 1730 wurde er hier eingekleidet, acht Jahre später zum Priester geweiht. Zu seinen Lebzeiten war er ein außerordentlich beliebter Prediger und kam auf diese Weise viel herum. Eine seiner Reisen führte ihn nach Wien, wo er Audienz bei Maria Theresia erhielt. Als ihre Tochter, die spätere französische Königin Marie Antoinette, 1770 zu ihrer Hochzeit nach Frankreich unterwegs war, besuchte sie Obermarchtal, wo man ihr mit einer von Sailer gedichteten Festkantate huldigte. Der Prediger, der mehrmals am Warthausener Musenhof zu Gast war und Wieland sowie Sophie LaRoche kannte, war mit seiner *Schwäbischen Schöpfung* 1743 zum ersten Mal als Dichter in die Öffentlichkeit getreten, neben geistlichen Werken schrieb er in der Folge Kantaten, Komödien, Singspiele, Gedichte – nicht alles, aber vieles davon in schwäbischer Mundart. Auch historische Abhandlungen fehlten nicht, und so blieb es nicht aus, dass Sebastian Sailer sich mit dem Werk *Das jubilierende Marchtall* auch der Geschichte des Klosters widmete, dem er bis zu seinem Tod 1777 treu blieb und in dessen Mönchsgruft er begraben liegt.

Das jubilierende Marchtall erschien 1771 zur Sechshundertjahrfeier des Klosters, dabei konnte die reichsunmittelbare Abtei damals schon auf eine rund tausendjährige Geschichte zurückblicken. Am Anfang standen Namen, die gut und gern aus althochdeutscher Dichtung stammen könnten: Halaholf und seine Frau Hildiberga aus dem Haus des schwäbischen Geschlechts der Alaholfinger gründeten im 8. Jahrhundert das auf einem Felsen über der Donau gelegene Kloster St. Peter »zu Marhctala«, ihr Sohn Agylolf übertrug es 776 den Benediktinern von St. Gallen. Möglicherweise verhinderten Verwandtschaftszwiste, dass es in Schwung kam, denn noch vor 805 verschwand der Name des Klosters wieder aus den Annalen. Ein zweiter Anlauf unter Herzog Hermann II. von Schwaben und seiner Frau Gerberga, die vor 993 ein weltliches Stift einrichteten, war ebenfalls nicht von Erfolg, erst im dritten Anlauf sollte es glücken, das Kloster dauerhaft zu etablieren. Pfalzgraf Hugo II. von Tübingen übergab auf die Initiative seiner Frau Elisabeth von Bregenz hin das säkulare Stift den Prämonstratensern, die 1171 einen Gründungskonvent aus Rot an der Rot schickten und ein Doppelkloster einrichteten. Den Frauenkonvent ließ man gut hundert Jahre später eingehen, das Männerstift erhob man 1440 zur Abtei. In der ersten Hälfte des 18. Jahrhunderts wurde die gesamte Anlage nach frühbarocken Vorgaben erneuert, wobei die Prämonstratenser etwas schafften, was Buchau, Schussenried und manch anderem Kloster nicht glückte: Sie konnten ihr Bauvorhaben vollständig umsetzen. Somit kann sich Obermarchtal heute rühmen, »die einzige architektonisch in sich geschlossene, vollendete und komplett

Schwäbelnder Chorherr,
begnadeter Prediger –
Sebastian Sailer (1714–1777)

erhaltene barocke Klosteranlage Oberschwabens« zu besitzen. 1802 ereilte die Abtei allerdings das übliche Schicksal, sie wurde säkularisiert und kam wie Buchau in den Besitz des Hauses Thurn und Taxis, 1806 schlug man sie dem neuen Flächenstaat Württemberg zu, 1973 erwarb die Diözese Rottenburg-Stuttgart die Konventsgebäude, in denen sie heute unter anderem eine Akademie zur Lehrerfortbildung unterhält.

Die neue Herrschaft der Thurn und Taxis ließ der alten nicht viel Zeit, innerhalb von wenigen Monaten mussten die Prämonstratenser aus Obermarchtal ausziehen, das zu einem Schloss umgewandelt wurde. In der Folge kamen auch Verwaltungsbeamte hierher, was wie in Buchau zu einem Aufenthalt Eduard Mörikes führte. 1828 weilte er zum ersten Mal hier, in der »herrlichsten Landschaft«, 1831 kam er erneut. In einem langen Brief an seine Verlobte Luise Rau vom 17. Juli 1831 schwärmt er über die »weitläufgen« Gebäude und Gärten: »Welch eine Lust, so ein paar Zimmer nur einen Sommer lang mit Dir bewohnen zu dürfen! Dabey sind vortreffliche Gartenanlagen von denen man auf Einer Seite jäh in ein malerisch Thälchen blickt, wo sich die Donau, unter schöner Krümmung und mit breitem Wörth, zwischen Mühlen und bebuschten Felsen durchzieht.« Einer der Spaziergänge führte durch einen englischen und einen »im altfranzösischen Geschmack« gehaltenen Garten, und Mörike löste sich von seiner Gesellschaft, »um in den Schauern dieser fürstlichen Einsamkeit zwischen hohen Tannen und blühendem Jasmin der Muse wieder zu begegnen, der ich vor drey Jahren auf dem selben Platz ein klein Sonett (an Maler Wächter) verdankt hatte; doch forderte ich ihr diesmal nichts ab.« Vermutlich war der Dichter zu sehr mit den Schönheiten der Natur und den Gedanken an Luise beschäftigt, um ans Reimen zu denken: »Wie feierlich rauschten die Wipfel der schlanken Forchen; man glaubte den Adel eines edlen Fürstenhauses in der Bewegung dieser Zweige zu erkennen. Wie sanft der Strom dazwischen sich vernehmen ließ! Wie weckte dies Alles die Sehnsucht nach Dir! – – In einigen Bosquets erging ich mich wohl eine halbe Stunde ganz mit

den Empfindungen eines Parisers aus dem Zeitalter LUDWIGS des XIV; da sind die dichten Laubwände glatt nach dem Scheerenschnitt gewachsen und man geht wie durch lauter saubere Gemächer die in höchster Symmetrie einander correspondiren.« Mörike, der sich in Oberschwaben so wohl fühlte und manches der Klöster zumindest streifte, sollte allerdings auf Dauer dort nicht unterkommen, auch ehelichte er nicht die Plattenhardter Pfarrerstochter Luise Rau. Stattdessen sollte ihm Jahre später eine sehr viel weiter nördlich gelegene Klosterstadt zum Schicksal werden.

Gengenbach, Bad Säckingen, Hohentwiel, Radolfzell – Ein Dichter scheffelt Klosterorte

Der 1884 in Freiburg geborene, 1970 in Gengenbach verstorbene Schriftsteller Otto Ernst Sutter, dessen Werke vorzugsweise in Südbaden angesiedelt sind, beruft sich in der Einleitung zu seinem *Schwarzwaldbuch* (1956) auf Fürstabt Martin Gerbert von St. Blasien und seine *Historia silvae nigrae*, worin dieser selbstbewusst den Schwarzwald »als eine Kolonie, als Siedlung seines Ordens, der Benediktiner, charakterisiert«. Bei allem Eigenlob gab ihm Sutter durchaus recht, »die hohen, unvergänglichen Verdienste der Abtei St. Blasien um die Seßhaftmachung abendländischer Kultur im oberrheinischen Bergland« brauchen »fürwahr nicht bestritten zu werden«. Im Folgenden widmet er sich den Einflüssen, die die Schwarzwaldklöster insgesamt auf die Kultivierung dieser einst alles andere als leicht zugänglichen Gegend im Südwesten Deutschlands hatten. Ob bäuerliches Kleinhandwerk, Glasbläser oder Uhrmacher – sie alle dürften von den geistlichen Herren profitiert haben. Vom Einfluss der Klöster auf die Literatur ist bei Sutter nicht die Rede. Warum auch? Schließlich weiß man ja seit Karl dem Großen um die Bedeutung der klösterlichen Schreibstuben und Schulen, und dass die Dichter zuzeiten geradezu magisch von Klöstern angezogen werden, war spätestens seit der Romantik offensichtlich. Einer, der als Spätromantiker gilt, scheint dieser Anziehungskraft ganz besonders unterlegen zu sein und es sich bewusst oder unbewusst zum Ziel gemacht zu haben, sein Leben fast von der Wiege bis fast zur Bahre mit Klosterstandorten im Schwarzwald in Verbindung zu bringen: Joseph Victor von Scheffel.

Geboren wurde der Sohn eines Majors und Baurats zwar 1826 in Karlsruhe, doch sein Großvater Magnus Scheffel war letzter Oberschaffner der Reichsabtei Gengenbach. Gegründet um 725 von Pirmin, der vorher in der Schlangen- und Krötengrube der Insel Reichenau die Grundlagen für ein blühendes Klostereiland gelegt hatte, machte die Benediktinerabtei mit ihrem Skriptorium und ihrer Schule dem Auftrag nach »Seßhaftmachung

Im Schatten der Reichsabtei Gengenbach verbrachte Joseph Victor von Scheffel so manche Sommerfrische.

abendländischer Kultur« alle Ehren. Im Skriptorium entstand im 12. Jahrhundert das bedeutende *Gengenbacher Evangeliar* mit farbenprächtigen Malereien, in der Schule erfand – allerdings Jahrhunderte später – Pater Friedrich Alois Quintenz, der 1774 in Gengenbach das Licht der Welt erblickte, die Dezimalwaage. Zu dieser Zeit hatten Kloster und Stadt Schweres hinter sich, sie waren im Dreißigjährigen Krieg und vor allem im Pfälzischen Erbfolgekrieg stark in Mitleidenschaft gezogen worden und mussten im 18. Jahrhundert neu aufgebaut werden. Doch kaum war die Benediktinerabtei unter Franz Beer in barocker Pracht erstanden, wurde sie 1803 auch schon säkularisiert und dem Herzogtum Baden einverleibt. Heute studieren in den Gebäuden keine angehenden Mönche der Benediktiner

Wo Hadwig lernte und Ekkehard lehrte – der Hohentwiel

mehr, sondern zukünftige Betriebswirtschaftler und Wirtschaftsingenieure der Hochschule Offenburg.

Der junge Scheffel weilte oft bei den Großeltern in der Höllengasse zu Besuch und fand in Carl Isenmann einen Freund, der später einige seiner berühmten Lieder, darunter *Gaudeamus igitur*, vertonte. Nicht sonderlich von seiner Studienwahl überzeugt, paukte Scheffel die Juristerei und bewarb sich 1850 als Rechtspraktikant nach Säckingen – bewusst weit weg von den badischen Zentren der gescheiterten Revolution von 1848/49 mit ihren »reaktionsfreudigen Staathämorrhoidariatsgesichtern« und dem »Preußenkult«. Wie im großelterlichen Gengenbach hatte er es mit einer Klosterstadt zu tun. Eine erste klösterliche Gemeinschaft gab es in Säckingen auf Initiative des Wandermönchs Frido

lin möglicherweise schon im 6. Jahrhundert, wahrscheinlich aber geht die Klostergründung auf das 7. Jahrhundert zurück. Zunächst als Doppelkloster gedacht, überlebte der Männerkonvent nicht lange, der Frauenkonvent dagegen, der in enger Verbindung zu den Karolingern stand, erblühte, sodass das zur Reichsabtei erhobene Chorfrauenstift zu nicht unerheblichem Einfluss gelangte. Dem Kloster, das auf einer Rheininsel erbaut worden war, setzten immer wieder Hochwasser und Brände zu, der Reformation konnte es knapp widerstehen, die Kriege des 17. und 18. Jahrhunderts führten aber zu einem aufreibenden Wechsel von Anwesenheit und Flucht der Bewohnerinnen samt des wertvollen Kirchenschatzes. Und doch schafften es die Chorfrauen, ihr Kloster durch die stürmischen Zeiten zu manövrieren.

Erst die napoleonischen Umwälzungen zwangen sie dazu, klein beizugeben: Einquartierungen, Plünderungen, Abtretungen wichtiger Territorien und schließlich die Säkularisierung im Jahr 1806 brachten das Ende.

Von den ehemaligen Klostergebäuden blieb wenig erhalten, sodass das 1360 eingeweihte gotische Fridolinsmünster, das nach kriegsbedingten Zerstörungen und einem Brand eine barocke Neugestaltung erfahren hatte, das eigentliche Erbe des Säckinger Klosters antrat. In einer Kapelle des Münsters wird der 1764 fertiggestellte, kostbar gearbeitete Silberschrein mit den Reliquien des heiligen Fridolin aufbewahrt.

Reinhold Schneider zeigte sich nicht so recht davon überzeugt, dass der Mönch damit einverstanden gewesen wäre: »Und was hätte er wohl empfunden, wenn man ihm als jungem Mann den Silberschrein gezeigt hätte, der vierzigtausend Gulden kostete und in dem seine Gebeine mit Silberbändern umschlungen und oben sein Schädel leer und grinsend unter einem seidenen Tuche ruhen?« 1347 war das erste Mal die Rede von einer Prozession zu Ehren des Ortsheiligen, und noch heute werden die Reliquien jedes Jahr am ersten Sonntag nach dem 6. März, dem Todestag Fridolins, in ihrem Schrein ausgestellt und in einer feierlichen Prozession durch die Straßen getragen. Scheffel beschrieb in seinen Briefen an die Eltern den langen Prozessionstag, der zu seiner Zeit um neun Uhr in einem übervollen Münster mit einer »gewaltigen« Predigt begann: Der Redner »donnerte und blitzte gegen das Treiben der Welt und die Hoffart und Freischärlerei und zeigte am Exempel Fridolini, der seinen irländischen Prinzentitel und allen Ruhm und heidnisches Wissen an den Nagel gehängt hatte, um zu Säckingen das Evangelium zu predigen, was wahre, christliche Größe sei, und polterte und lärmte und schlug die Kanzelbretter schier entzwei und sprach sich zuletzt ganz heiser; – o Fridolinus, Friedensprediger, zu deinen Ehren ward mit Pauken und Trompeten Krieg gepredigt!« Es folgte das feierliche Hochamt und schließlich um elf Uhr der Umgang mit dem Schrein, »voraus die weißgekleideten Mägdlein von Säckingen mit der großen Madonnafahne, dann die Kirchenältesten und die Geistlichkeit in Pontificalibus, und der Burgermeister[!], trotzdem er auch ein halber Ketzer ist, trug auch gar frömmiglich die weiße Kerze, und sogar die preußische Militärgewalt hatte 30 Jäger im Paradeanzug mit großem schwarzem Reiherbusch auf der Pickelhaube zur Begleitung der Prozession beigeordnet.« Am Ende »ward ein fröhlicher Tusch geblasen, und man zerstreute sich. [...] vorerst ging's nach germanischer Sitte nach allen Seiten hin in die Wirtshäuser.«

Scheffel zeichnete Säckingen, seine Umgebung, seine Bewohner in seinen Briefen und *Reisebildern* mit liebevollem Humor und erklärte später die Säckinger Zeit zur glücklichsten seines Lebens. Trotzdem blieb er nur zwei Jahre, unzufrieden mit seiner beruflichen Situation und unglücklich verliebt, brach er zu neuen Ufern auf, diesmal ans Bruchsaler Hofgericht. Nur wenige Monate später reiste er nach Italien, als er 1853 zurückkam, hatte er seine literarische Erstgeburt, ein Versepos mit dem Titel *Der Trompeter von Säckingen. Ein Sang vom Oberrhein*, im Gepäck. Werner Kirchhof, ein gescheiterter Heidelberger Studiosus der Rechtswissenschaften, kommt auf Rat eines Geistlichen nach Säckingen – der heilige Fridolin soll's richten und Werner auf eine gradlinige Lebensbahn führen. Dort beschützt er dank seiner Künste als Trompeter Hab und Gut eines ansässigen Freiherrn vor aufständischen Bauern, verliebt sich in dessen Tochter Margareta, die er aufgrund des Standesunterschieds nicht haben kann, und wandert resigniert nach Rom. Fünf Jahre später trifft ihn durch Zufall – oder höhere Fügung – die liebeskranke und treue Margareta als Kantor des Papstes wieder, der Heilige Vater erhebt den Trompeter zum Marchese Camposanto und verheiratet die beiden, denen jetzt kein Rangunterschied mehr im Wege steht. Angeregt wurde Scheffel durch die Geschichte eines im 17. Jahrhundert lebenden Säckinger Bürgersohns, der gegen alle Gesetze der Standespyramide ein adeliges Fräulein ehelichte, mit ihr als angesehener Bürger, fünffacher Familienvater und Chorleiter im Fridolinsmünster in seiner Geburtsstadt lebte und auch verstarb, wovon ein Epitaph am Münster kündet. Scheffel mag nur kurz in Säckingen gelebt haben, aber sein Aufenthalt war im wahrsten Sinn des Wortes nachhaltig. Zum einen für ihn, denn das Epos wurde zusammen mit seinen anderen Werken nach Anlauf-schwierigkeiten zu einem Bestseller, was ihm ein materiell unabhängiges Leben bescherte, zum anderen für Bad Säckingen, das bis heute vom Ruhm der Trompeter- oder Scheffelstadt zehrt. Reinhold Schneider hatte somit nicht ganz Unrecht, als er feststellte: »So glücklich wie Säckingen ist kaum eine zweite Stadt: es fand einen Heiligen und einen Dichter für seinen Ruhm.«

Doch nicht nur Säckingen, auch der Hohentwiel wurde von Scheffel mit literarischen Ehren bedacht. Die Burg auf dem 686 Meter hohen Singener Hausberg wurde als »castellum tuiel« zum ersten Mal in der *Casus Sancti Galli* des St. Gallener Mönchs Ekkehardt IV. erwähnt, die auch Scheffel bekannt war. Wann genau eine erste Besiedlung stattfand, ist nicht erwiesen, sicher aber ist, dass ab 914 unter Burchard II. der Berg eine Festung erhielt. Sein Sohn Burchard III. gründete zusammen mit seiner Frau Hadwig 970 ein dem heiligen Georg geweihtes Kloster, das eine Schule besaß und für das kulturelle und geistliche Leben von großer Bedeutung war. Als man es 1005 nach Stein am Rhein verlegte, wurde es auf dem Hohentwiel für lange Zeit still. Hadwig, Tochter des Herzogs von Bayern und seiner Frau Judith sowie Nichte Ottos I., wählte nach Burchards Tod den Hohentwiel zum Witwensitz. Die Herzogin von Schwaben, die erst 34 Jahre alt und kinderlos war, als ihr Mann starb, vermählte sich entgegen der üblichen Praxis nicht mehr, stach zwei legitime Schwaben-Erben aus und erwarb sich eine mächtige Stellung im Reich. Sie gilt als Förderin von Bildung und Kunst und beschränkte sich nicht etwa auf geistliche Bet- und Bußübungen, wie es einer Witwe aus damaliger Zeit angestanden hätte, sondern berief den jungen Mönch Ekkehard aus St. Gallen als Lateinlehrer zu sich. Eine schillernde und ungewöhnliche Erscheinung wie Hadwig musste zwangsläufig die Phantasie der Dichter wecken – insbesondere der Dichter der Romantik mit ihrem Hang zum deutschen Mittelalter. Scheffel kannte durch seine Zeit als Rechtspraktikant in Säckingen und seine häufigen Wanderungen die Gegend zwischen Schwarzwald und Bodensee, »dieses schöne Stück deutscher Erde«, wie es im *Ekkehard* heißt, sehr genau. Als er bei seinen Recherchen zum *Waltharius-Lied* in der Chronik von St. Gallen auf die Geschichte Hadwigs und Ekkehards stieß, konnte er nicht daran vorbeigehen und gestaltete sie in seinem 1855 erschienenem Roman *Ekkehard*. Der junge Mönch Ekkehard reist von St. Gallen zum Hohentwiel und erblickt noch vom Untersee aus den Berg, auf dem seine zukünftige Wirkungsstätte liegt: »Ekkehard's Blick haftete auf der Ferne, der er zusteuerte; groß, stolz, in steiler kecker Linie trat ein felsiger Bergrücken aus dem Gehügel des Ufers vor, gleich dem Gedanken eines Geistesgewaltigen der wuchtig und thatenschwer flache Umgebung überragt, die Frühsonne warf helle Streiflichter auf Felsenkanten und Gemäuer. Fern zur Rechten hoben sich etliche niedere Kuppen von gleicher Form, bescheiden, als wären sie Feldwachen, die der Große ausgesendet.

Ein Dichter, der Klöster scheffelte und einen Mönch erschuf – Joseph Victor von Scheffel (1826–1886)

Der Hohentwiel! sprach der Fährmann zu Ekkehard. Der hatte das Ziel seiner Fahrt in früheren Tagen noch niemals erschaut, aber es brauchte des Schiffers Wort nicht, um's ihm zu sagen. So mußte der Berg sein, den sie zu ihrem Sitze erkoren.«

Auf dem Weg dorthin kommen sie über Radolfzell oder auch »Radolf's Zelle«: »Wenig Häuser und schmucklose Fischerhütten standen um das Grabkirchlein, das Radolfs Gebeine birgt.« Das Kirchlein war das Werk des Veroneser Bischofs Ratold. Eigentlich hatte er auf der Reichenau unterkommen wollen, dort aber verwies man ihn aufs Festland, wo es, glaubt man einer Handschrift der Reichenau, fast so ausgesehen haben muss wie in Scheffels Beschreibung, nur dass eben noch keine Kirche stand. Auf dem von den Reichenauern zur Verfügung gestellten Grund errichtete Ratold eine Zelle, in der er um 826 einen Teil der Reliquien der Märtyrer Theopontus und Senesius bestattete. Als im Jahr 1052 auch noch die Gebeine des heiligen Zeno, Vorgänger Ratolds im Veroneser Bischofsamt, hinzukamen, konnte das Wallfahrtswesen seinen Aufschwung nehmen – bis heute wird den Heiligen alljährlich am dritten Juli-Sonntag mit dem »Hausherrenfest« Rechnung getragen. 1100 wurde zum ersten Mal die Existenz eines Chorherrenstifts erwähnt, ob es die direkte Nachfolgeschaft zur Urzelle angetreten hatte, ist allerdings nicht gesichert. Von der ursprünglichen Zelle ist nichts mehr erhalten, die dem heiligen Peter gewidmete Kirche Ratolds ersetzte man ab 1436 durch das heutige Münster Zu Unserer Lieben Frau. 1625/27 wurde, damals noch außerhalb der Stadtmauer gelegen, ein Kapuzinerkloster gegründet, das für genau 200 Jahre Bestand hatte, dann kaufte der Bürgermeister das Anwesen, die Konventgebäude wurden abgerissen, die Kirche zu einem Wohnhaus umgebaut. 1871 zog Geistiges in Form von Spirituosen in das ehemalige Kloster ein, zunächst war es Gaststätte, dann bis 1990 Weingroßhandel. Heute steht die Spiritualität wieder im Mittelpunkt, auf Initiative der Stadt Radolfzell wurde vor wenigen Jahren das »Weltkloster« dort eingerichtet, dessen Hauptziel der Dialog zwischen den verschiedenen Religionen und Kulturen sowie der »Aufbau einer interreligiös geprägten, in klosterähnlichen Strukturen lebenden Gemeinschaft auf Zeit« ist.

Als sich in dem Gebäude noch die Wirtschaft »Zum Kloster« befand, kehrte vielleicht – aber das ist reine Spekulation – auch Joseph Victor von Scheffel auf einen Schoppen dort ein, denn 1872, er war inzwischen dank seines *Trompeters von Säckingen*, seines *Ekkehard* und seiner *Gaudeamus*-Lieder ein deutschlandweit gefeierter Schriftsteller, ließ er sich in Radolfzell nieder. Er baute die Villa Seehalde und kaufte das nahe gelegene Gut Mettnau, wo er seine letzten Jahre verbrachte. Das Ende kam 1886 aber nicht in der Klosterstadt Radolfzell, sondern dort, wo er ins Leben gestartet war, in Karlsruhe.

Pfullingen – Sprechbarriere im Garten und Dichterklause unterm Dach

Der Westteil der Kirche, das Waschhaus, ein Stück Park und ein rostiges Gitter, viel ist von dem 1250 gegründeten Klarissenkloster in Pfullingen nicht auf die Nachwelt übergekommen. Doch auch wenn die Überreste quantitativ mager ausfallen, qualitativ haben sie viel zu bieten, und das nicht zuletzt in literarischer Hinsicht. Einst war es ein blühendes Kloster; ins Leben gerufen von Mechthild und Irmela aus dem Geschlecht der Edlen von Remp, zog es Frauen aus Adel und gehobenem Bür-

Unter der Obhut der heiligen Cäcilie –
Konzert auf dem ehemaligen Klosterareal

gertum an und konnte auf zahlreiche Schenkungen und somit auf beträchtlichen Besitz zurückgreifen. Dass das Leben der Schwestern im – nach Söflingen-Ulm – zweiten Klarissenkloster auf deutschem Boden nicht ganz so arm und kärglich war, wie gemeinhin geglaubt wird, dokumentiert eine Ausstellung im ehemaligen Waschhaus des Klosters. Die Klausur allerdings war streng, hätten sie es entsprechend der von Franz von Assisi niedergeschriebenen Ordensregel nicht selbst so gewollt, könnten böse Zungen behaupten, Geld und Einfluss der Nonnen seien der Grund gewesen, sie hinter Mauern einzusperren und nur durch ein Gitter mit der Außenwelt kommunizieren zu lassen. Gustav Schwab schrieb über das Kloster: »Seine Spuren sind sehenswerth; unter andern Überbleibseln ist mitten in dem jetzt zum Garten gewordenen Raum das

Sprachgitter stehen geblieben.« Dieses Gitter, das einzige in Europa erhaltene, hat nicht nur Schwab beeindruckt, eines Tages erreichte Paul Celan eine Postkarte des Gitters samt Einladung aus Pfullingen und regte den Lyriker postwendend zu einem viel beachteten Gedicht namens *Sprachgitter* an:

Augenrund zwischen den Stäben.

Flimmertier Lid
rudert nach oben,
gibt einen Blick frei.

Iris, Schwimmerin, traumlos und
*   trüb:*
der Himmel, herzgrau, muß nah sein.

Schräg, in der eisernen Tülle,
der blakende Span.
Am Lichtsinn
errätst du die Seele.

(Wär ich wie du. Wärst du wie ich.
Standen wir nicht
unter einem Passat?
Wir sind Fremde.)

Die Fliesen. Darauf,
dicht beieinander, die beiden
herzgrauen Lachen:
zwei
Mundvoll Schweigen.

Besagte Karte war mit »Pfullingen, Kloster / Pfingsten 1957« über-, mit »Günther Neske« unterschrieben und beinhaltete das Angebot zur Veröffentlichung eines Gedichtbändchens. Längst befand sich das Kloster nämlich nicht mehr im Besitz der Pfullinger Klarissen, denen mit der Reformation das Ordensleben schwer und schließlich unmöglich gemacht worden war. Teile der Klosterkirche, die bis heute frühgotische Wandmalereien aufweist, waren abgerissen, die Klausur aufgehoben und die Aufnahme neuer Schwestern verboten worden, das Aussterben des Klarissenklosters war nur eine Frage der Zeit – 1595 war es so weit, das Kirchenregister meldete den Tod der letzten Nonne. Im 19. Jahrhundert wurden die Gebäude und der Klostergarten veräußert und 1867 von der Familie Knapp-Gayler erworben, die hinter den Klostermauern Zwirne und Nähfäden herstellte. Zu deren Nachkommen zählte Brigitte Gayler, die später in Gedichten die Welt ihrer Kindheit und Jugend, der sie bis zu ihrem Tod 2007 treu blieb, auferstehen ließ. In dem 1967 erschienenen Lyrikbändchen *Erde mein Teil* findet sich

nicht nur ein Gedicht mit dem Titel *Das Sprechgitter,* sondern auch das Gedicht *Der Garten:*

Mein Garten ist niemands Land:
Es wächst in ihm, was auf
    Trümmern wächst.
Distel und Nessel begrub
längst das Gedächtnis der Saat.

Mein Niemandsland ist Cäcilia
    geweiht:
Blüten welken um Gitter und Kreuz.
Tausendstimmig steht
im Efeu der Orgelpunkt.

Die Heilige träumt von der Erde:
Rosenfeuer bricht aus dem Stein.
In Mauerwinkeln keimt
Erinnrung, verklungnes Geläut.

Meine Erde ist Niemandsland:
Ich irre wach durch Traum und Wort.
Einer Königskerze Licht
leuchtet zur Nacht mir heim.

Cäcilie, die Schutzheilige des Pfullinger Klarissenklosters, gilt als Patronin der Kirchenmusik, der Sänger, Musiker und Dichter – von Bücherproduzenten und Verlegern ist in den einschlägigen Lexika nicht die Rede, aber nimmt man Pfullingen als Beispiel, scheint sie auch für deren Wohl zuständig zu sein. Schon die Klarissen stellten in ihrem Skriptorium Bücher her und ließen offensichtlich auch in anderen klösterlichen Schreibstuben für sich produzieren. Viel blieb nicht erhalten, berühmt aber wurde die in der Württembergischen Landesbibliothek aufbewahrte

Pfullinger Liederhandschrift, die um 1470 im Elsass für das Pfullinger Kloster gefertigt wurde. Jahrhunderte später sollte in der »Arche«, ehemals die Klosterhofmeisterei und inzwischen das Wohnhaus der Familie Knapp-Gayler – sozusagen unter dem Schutz Cäcilies – ein modernes Skriptorium Einzug halten: der Neske-Verlag. Die Verwerfungen des Zweiten Weltkriegs hatten es mit sich gebracht, dass es den aus Schwetz an der Weichsel stammenden Günther Neske nach Tübingen verschlagen hatte, wo er sein abgebrochenes Philosophiestudium fortsetzte, mit einer Freundin das ehemalige Kloster in Pfullingen besuchte und bei dieser Gelegenheit seine spätere Frau Brigitte Gayler kennenlernte. Auf Anraten Ernst Jüngers, über dessen Werk er promovierte, beschloss Neske, einen Traum zu verwirklichen, den Traum, Verleger zu werden. 1951 ging das Ehepaar Neske ans Werk, tippte auf einer »vorsintflutlichen Schreibmaschine der Marke ›Urania‹« Manuskripte ab, schrieb Briefe und entwickelte allmählich aus den bescheidenen Anfängen einen »großen Kleinverlag«, wie es die »Zeit« 1997 im Nachruf auf Neske formulierte. In der Tat waren es große Namen, die der kleine Verlag im Programm hatte: darunter Ernst Jünger und Martin Heidegger, Walter Jens und George Lukács, Hans Arp und HAP Grieshaber, Nathalie Sarraute und Djuna Barnes. Als einer der ersten Verlage brachte Neske ab 1957 Sprechplatten heraus, und fast möchte man fragen, ob wohl das Sprechgitter im hauseigenen Garten auch dazu In-

Europaweit einzigartig –
das Sprechgitter des ehemaligen
Klarissenklosters Pfullingen

spiration gewesen sein mag. In den ersten Jahren war die Wohnung der Neskes zugleich Verlagsbüro; im obersten Stockwerk, dem Himmel und Cäcilie also am nächsten, nächtigte in der »Klause« manche Berühmtheit; die Privatbibliothek mit ihrem grünen Cordsofa war Ort vieler Begegnungen und Gespräche mit Künstlern, Politikern und Wissenschaftlern. Als Peter Härtling zu Gast war, erschien ihm alles »doch fast ein Traum: erst der Garten und das alte Kloster, wo man seinen Kinderträumen wieder begegnete, mit leisem Schmerz. Schwang noch nach, als ich mich dann oben wieder fand, in Ihrer Zauberklause, der Oase unter dem Dach.« Seit 2010 befindet sich in der ehemaligen Verlegerwohnung die »Neske-Bibliothek«, eine ebenso liebevoll wie kompetent zusammengetragene literarische Ausstellung, die mehr als vierzig Jahre Verlagsgeschichte und damit auch deutsche Nachkriegsgeschichte dokumentiert. Die heiligen Cäcilie dürfte mit Wohlgefallen diese Verbindung von Literatur mit dem ihr geweihten Kloster betrachten.

Salem – Ort des Friedens

»Da könnte man glauben, man sei in einer anderen Welt, ganz für sich.« So urteilte nicht etwa ein Literat über das Tal der Linzer Ach, in dem Salem liegt, sondern der Chauffeur eines Literaten, nämlich der von Thomas Mann. Als Manns Sohn Golo 1923 die Salemer Internatsschule besuchte, waren Tal und Kloster »noch nicht vom Tourismus überflutet, Stille draußen, Stille drinnen«. Auch Fritz Alexander Kauffmann muss Salem mit Stille assoziiert haben: »Wie sich hier leise von der Kirche ansteigend die Klostergebäude entwickeln!« Allerdings bringt er dann doch mehr Lautstärke ins Spiel: »Wie in Riesenausdehnung und noch erfüllt vom Lärm aller Handwerke die Wirtschaftsgebäude umringend einschwenken, wie die mächtig losgelösten Einzelgebäude gleich stampfenden Schiffen in der Unendlichkeit der Anlage treiben!«

Liest man Kauffmanns Schilderung, meint man die Zisterzienser, die 1134/37 beim Ort Salmansweiler ein Kloster gründeten und ihm den Namen Salem – »Ort des Friedens« – gaben, unmittelbar vor Augen zu haben. Die geschäftigen Laienbrüder und Mönche entwickelten diesen Ort und Hort des Friedens zu einem der bedeutendsten Klöster Süddeutschlands mit einer blühenden Kulturlandschaft, blieben dabei aber nicht von teilweise schweren Krisen finanzieller wie kriegerischer Art verschont. Das konnte Abt Thomas I. nicht daran hindern, ab 1615 die mittelalterliche Klosteranlage abzureißen und einen repräsentativen Neubau zu beginnen. Er hatte wenig Glück damit, denn 1697 wurde sein Werk durch einen Brand zerstört, nur das um 1285 begonnene, nach längerer Unterbrechung 1414 geweihte Münster sowie Bibliothek und Archiv ließen die Flammen verschont. Die Salemer vergaßen dieses vernichtende Ereignis nicht und begannen zu sammeln – alles, was zum Thema Feuerwehr aufzutreiben war, heute erfreuen sie sich eines europaweit bedeutenden Feuerwehrmuseums. Wie es sich für ein Kloster gehört, sammelten sie auch Bücher: Der größte Teil davon befindet sich inzwischen im Besitz der Universität Heidelberg, weshalb nur noch der Bibliothekssaal zu besichtigen ist. Dieser erinnert in keiner Weise an mittelalterliche Bibliotheksräume und Schreibstuben, sondern ist ganz dem 18. Jahrhundert verpflichtet. Herzog Carl Eugen von Württemberg, der das Kloster 1785 besuchte, urteilte über Kirche und Bibliothek, die damals noch ihre Bücher besaß: »Erstere ist noch gotisch aber durch Erneuerung recht schön und noble hergestellt, letztere ist die zahlreichste der besehenen Clöstere, doch in Manuscripten nicht so reich alß die von Weingarten.« Unmittelbar nach

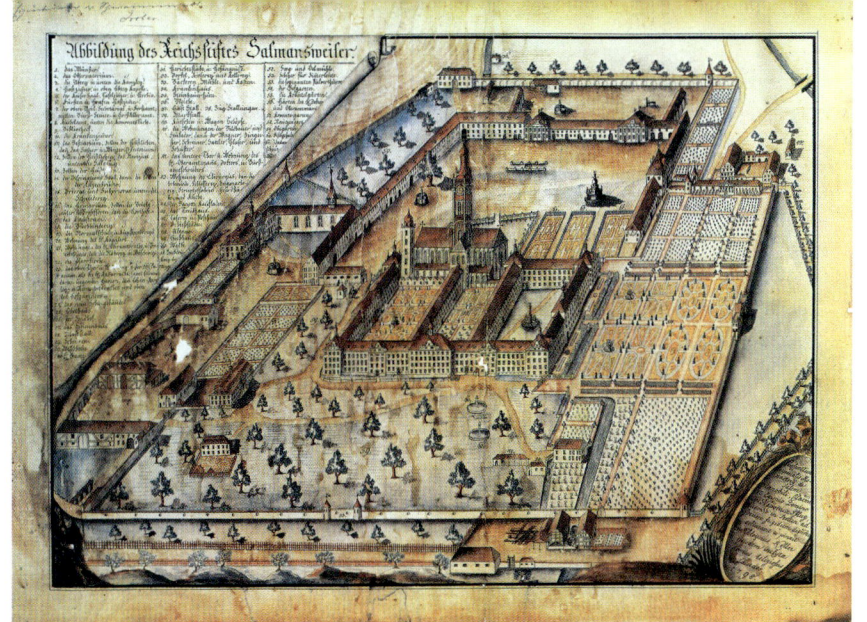

Barocke Klosteranlage par excellence – Idealplan der Reichsabtei Salem (1798), die nach einem Brand unter Franz Beer neu aufgebaut wurde

dem Brand und unabhängig von klammen Kassen begann Abt Stephan I. mit dem Bau einer großzügigen Klosteranlage. Er holte bedeutende Künstler seiner Zeit, etwa den Stuckateur Franz Joseph Feuchtmayer, und ließ einen Bau errichten, der zwar laut Theodor Heuss »eine herbe, steile Zisterziensergotik« aufweist, insgesamt aber doch vom Barock dominiert wird. Unter dem schillernden Abt Anselm II. Schwab, dem Hans Jensen mit seinem historischen Roman *Schach dem Abt* 1953 ein Denkmal setzte, wurde auch das Münster, das, wie Heuss feststellte, lange »unversehrt« geblieben war, aus »verspätetem Ergeiz« im Stil des Klassizismus umgestaltet und erhielt »eine Unzahl von Altären, Stühlen, Schranken, Vasen, Kartuschen und Epitaphen«. 1802 wurde das Kloster

säkularisiert und kam in den Besitz des Hauses Baden, wo es bis zur Übernahme durch das Land Baden-Württemberg im Jahr 2009 verblieb.

Nach dem Ende des Ersten Weltkriegs zog sich der letzte Thronfolger des Hauses Baden und der letzte Reichskanzler des Wilhelminischen Kaiserreichs, Max von Baden, auf Schloss Salem zurück, wo er 1920 mit den Reformpädagogen Kurt Martin Hahn und Karl Reinhardt Internat Schloss Salem gründete. Das Internat hat mancher spätere Schriftsteller, Verleger und Lektor besucht, wer es allerdings nicht besuchte, sondern sich nur dort vorstellte, war Klaus Mann, dem man stattdessen die Odenwaldschule empfahl, wogegen seine Geschwister Monika und Golo in Salem ihre Schullaufbahn beschlossen. Der für ihn so prägenden Salemer Zeit, insbesondere auch Kurt Hahns Persönlichkeit, widmet Golo Mann in seinen Memoiren *Erinnerungen und Gedanken. Eine Jugend in Deutschland* nicht wenig Raum. Der Großstadtjunge wurde nach eigener Aussage in Salem zum Wanderer: »Nun erst ging mir die Schönheit des Landes auf, dargeboten durch das Salemer Tal. [...] Nach beiden Seiten, wie nach oben hin, war es von bewaldeten Höhen umgeben, die von Salem aus gesehen, rechte oder östliche Höhe gekrönt von einem Schloß, Heiligenberg genannt. [...] Das Tal selbst, durchzogen von einem Flüßchen, der Aach, Felder Wiesen und Obstbäume, ein paar kleine Dörfer, einzelne Gehöfte, alles alt und im gleichen Stil, uralt kultivierte Landschaft, das Werk der Mönche, die hier durch Jahrhunderte geherrscht, gelehrt und gearbeitet haben.«

Blick über den Park
auf Schloss Salem

St. Blasien –
Rom in der wilden Einöde des Schwarzwalds

Die schönste Kirche in Deutschland – das war für Friedrich Nicolai der Dom von St. Blasien. Im Juli 1781 beschloss der Berliner Schriftsteller und Aufklärer, auf seiner Reise durch Deutschland und in die Schweiz, »wenn die Wege im Schwarzwalde nicht allzu unzugänglich wären, den kleinen Umweg bis nach St. Blasien zu machen«, um den auch in Norddeutschland durch seine historischen Werke bekannten Fürstabt Martin Gerbert zu treffen. Es war nicht leicht, Auskunft über die Straßenverhältnisse zu erlangen, aber als man Nicolai in Stuttgart versicherte, er könne mit einem leichten Wagen die Wege passieren, war er sofort unterwegs. Er sollte es nicht bereuen: »Einen so merkwürdigen Gelehrten persönlich zu kennen; und der ganz sonderbare Anblick, in einer wilden Einöde, von allen Menschen abgesondert, ein prächtiges Stift und eine Gesellschaft gelehrter Religiosen zu finden, war schon diese kleine Nebenreise wert.«

Die Anfänge des Klosters in der »wilden Einöde« des Schwarzwalds liegen im Dunkeln, vermutlich ging es im 9. Jahrhundert aus der »cella alba« des Hochrheinklosters Rheinau hervor. Sicher ist, dass es im 11. Jahrhundert selbständig war und sich schnell zu einem der führenden Reformklöster im südwestdeutschen Raum entwickelte,

Deutschlands schönste Kirche – für den Berliner Aufklärer Friedrich Nicolai war das der Dom von St. Blasien mit seiner imposanten Kuppel

von dem nicht wenige Klostergründungen ausgingen. Als die Mönche sich weniger aufs Missionieren und stärker auf das Arrondieren ihres Grundbesitzes verlegten, konnte St. Blasien sein Herrschaftsgebiet stark ausdehnen und an politischem Einfluss gewinnen, was ihm seit dem 12. Jahrhundert unter anderem die freie Wahl der Schutzvogtei erlaubte, die es Mitte des 13. Jahrhunderts den Habsburgern übertrug. Im 18. Jahrhundert erlebte das Schwarzwaldkloster seinen Höhepunkt: Unter besagtem Fürstabt Martin Gerbert, der mit der *Historia nigrae silvae*, der Geschichte des Schwarzwalds, selbst ein bedeutendes Geschichtswerk verfasste, entwickelte es sich zu einem Zentrum der Geschichtsforschung. Er schickte Mönche ins Pariser Kloster St. Germain, wo sie sich insbesondere in Fragen der Erziehung und Geschichtsforschung weiterbildeten, veranlasste die *Germania sacra*, eine Beschreibung der

deutschen Diözesen, trieb die Erforschung der Kirchenmusik voran, sorgte für geistliche Genüsse und wirtschaftliche Entwicklungshilfe, indem er 1791 die Rothaus-Brauerei gründete, und ließ nach einem verheerenden Brand im Jahr 1768 den Dom von St. Blasien errichten. Alles in allem war er ein Abt, auf den ein Aufklärer und auch Historiker wie Friedrich Nicolai äußerst neugierig sein musste. Tatsächlich sollte der Berliner für seine nicht ganz mühelose Reise nicht nur durch die Begegnung mit dem Abt und den gelehrten Mönchen belohnt werden: »Staunen und Bewunderung ergreift den Wanderer, wenn er [...] weiter nichts als nahe an beiden Seiten des Weges die hohen dicht mit Tannen bewachsenen Berge siehet, und dann bey Wendung des Weges mit Einem Male die Aussicht sich erweitert, und plötzlich – in einem engen Thale zwischen hohen Bergen mit düstern Fichtenbäumen

Dem Himmel ein Stück näher – schwindelnder Blick in die mit 36 Metern Durchmesser bei ihrer Entstehung 1783 drittgrößte Kirchenkuppel Europas

bewachsen, – das große majestätische Gebäude dasteht. Der Eindruck ist unbeschreiblich, in dieser rauhen Gegend ein so weitläufiges, so wohl geordnetes Gebäude zu erblicken.« Vor Ort angelangt war Nicolai besonders von der Kirche angetan, aber auch sonst studierte er Gebäude wie Lebensweise der Mönche sehr genau und bedauerte, nur einen Tag bleiben zu können: »Eine Klostereinrichtung ist für einen Protestanten etwas ganz neues, und es ist ihm also alles daran bemerkenswert. [...] Ein großes Stift, ein herrliches Gebäude, eine Menge gelehrter und schätzbarer Männer würden hier einen lehrreichen Aufenthalt zugleich angenehm gemacht haben.« Der Abt seinerseits wollte den Besuch auch nicht gern ziehen lassen, musste aber die Notwendigkeit einsehen: »Er entließ uns mit so gütigen Äußerungen, als hätten wir Ihm durch unsern Besuch einen

Dienst gethan, da doch der Vortheil, St. Blasien und die würdigen Männer, die es einschließt, kennen gelernt zu haben, ganz auf unserer Seite war.« Zurück in Berlin brauchte Nicolai für die ausführliche Darstellung St. Blasiens in seinem Werk *Beschreibung einer Reise durch Deutschland und die Schweiz im Jahre 1781* weiteres Material, weswegen er sich an den Archivar des Klosters wandte, was zu einem Briefverkehr zwischen der preußischen Hauptstadt und dem Schwarzwaldkloster St. Blasien führte, der zwar nicht frei von Spannungen, aber insgesamt doch von einem sehr freundschaftlichen Verhältnis geprägt war.

Die Herrlichkeit hatte mit der Säkularisation 1806, die im Gegensatz zur Reformation an der wilden Einöde des Schwarzwalds und seinen Klöstern nicht vorbeiging, ein Ende. Die Mönche, die zuvor zahlreiche Bücher und Kunstschätze in die Schweiz geschafft hatten, zogen mit ihrem Abt Berthold Rottler nach Österreich um, während die Klostergebäude zum Teil schwer beschädigt und schließlich von Industriebetrieben genutzt wurden. Seit 1934 ist das insgesamt dreimal von großen Bränden heimgesuchte Kloster im Besitz der Jesuiten, die dort ein Gymnasium betreiben. Von 1974 bis 1984 war der Rechtsanwalt und Schriftsteller Ferdinand von Schirach, der 2010 mit dem Kleist-Preis ausgezeichnet wurde, hier Internatsschüler. Angesichts von Missbrauchsvorwürfen gegen einen früheren Pater des Instituts veröffentlichte er im *Spiegel* seine Erinnerungen an St. Blasien und seine Schulzeit: »In meiner Erinnerung ist St. Blasien ein kalter Ort. Vier Monate lag Schnee, an den Bäumen hingen Eiszapfen, und weil nachts die Fenster offen blieben, wurde es so kalt, dass wir uns morgens unter der Bettdecke anziehen mussten. Ich schrieb oft nach Hause, dass ich nicht mehr dort sein wolle, ich fror fürchterlich.« Der Tagesablauf war streng geregelt, unweigerlich denkt man an die Erzählungen von Absolventen der württembergischen Klosterschulen des 18. und 19. Jahrhunderts. Und wie bei jenen war auch jetzt nicht alles schrecklich: Freundschaften fürs Leben entstanden, und dank der Langweile entwickelte sich ein kreativer Umgang mit freier Zeit; im Fall Schirachs führte er zur Lektüre: »Ich habe damals mit dem Lesen begonnen [...]. Ich erinnere mich an Gespräche über Bücher und über das Theater, und ich weiß, dass es sie ohne St. Blasien nicht gegeben hätte oder zumindest nicht so intensiv.« Vieles aus jener Zeit kommt dem Autor in den Sinn, darunter »die Zugfahrten nach den Ferien ins Kolleg, an das Dunkle des Schwarzwaldtals«. Ob er ähnlich wie Friedrich Nicolai und auch Wilhelm Hausenstein im Anblick des aus dem Wald auftauchenden Doms restlos in Erstaunen versetzt wurde, darf bezweifelt werden.

Hausenstein, der als »moderner« Reisender gut hundertfünfzig Jahre nach Nicolai und knapp fünfzig Jahre vor Schirach nicht mehr mit leichtem Wagen und auch nicht mit dem Zug, sondern mit schwerem Omnibus durch den Schwarzwald tuckerte, sollte ein solches Überraschungsmoment beschert sein: »Im Ziel des Auf und Ab, das wiederum von der Größe und vom Charme romantischer Szenerie umgeistert war, inmitten eines dunkelgrünen Beckens aus waldigen Höhenzügen, das wie der innerste Bezirk der Erde anmutete, wölbte sich die Kuppel von Sankt Blasien – unbegreiflich und selbstverständlich, überraschend und zwingend, willkürlich und notwendig zur nämlichen Stunde.« Hausenstein beschäftigte in erster Linie die Kirche, in der er einen »antikischen Tempel« zu sehen glaubte, der in ihm die Frage aufwarf: »Vermag einen Tempel, dem gar noch der Anspruch eines Palastes

Im Kontakt mit St. Blasien – Friedrich Nicolai (1733–1811), Aufklärer, Schriftsteller und Historiker

FR. NICOLAI.

innewohnt, just der Schwarzwald aufzunehmen und zu tragen?« Zwar findet er, dass sich dieser Tempel der Natur einfüge und ihre Formen aufnehme, doch blieb die Frage: »Braucht es das? Ist nicht Wahrheit, was vorhin notiert wurde: daß die Tannen des Schwarzwalds senkrecht, stark und rein sind wie Säulen nach der Weise der Alten [...]? Auch der Schwarzwald enthält Architektur in sich selbst – und auch sie ist klassisch.«

Wiblingen und Söflingen –
Im finstersten katholischen Winkel Schwabens?

Die bekanntesten literarischen Reminiszenzen, die sich mit Kloster Wiblingen verbinden, sind recht düsterer Natur: Am 1. Juni 1776 vollzog man dort eine Hinrichtung, die in die Literaturgeschichte eingehen sollte und von Christian Friedrich Daniel Schubart »eine schreckliche Begebenheit« genannt wurde, »die nur im finstersten Winkel des katholischen Schwabens geschehen konnte«. Dabei machte Wiblingen gerade im 18. Jahrhundert alles andere als den Eindruck eines »finsteren« katholischen Winkels, immerhin entfaltete sich innerhalb der Klostermauern in jener Zeit reges geistiges Leben.

1093 holten zwei Brüder, die Grafen Hartmann und Otto von Kirchberg, Benediktinermönche aus St. Blasien in das Dreieck, das Iller und Donau unmittelbar vor ihrem Zusammenfluss bilden. Sie stifteten damit Kloster Wiblingen samt einer dem heiligen Martin geweihten Kirche, statteten es mit einer Heilig-Kreuz-Reliquie und einem Schutzbrief des Papstes Urban II. aus und machten es zu ihrer Grablege. Großzügige Schenkungen und Privilegien förderten einen anhaltenden Aufstieg des Klosters, bis es 1271 einem Brand zum Opfer fiel und danach – nicht zuletzt auch behindert durch einen allgemeinen Verfall des klösterlichen Lebens – nur mühsam wieder auf die Beine kam. Erst durch die Melker Klosterreform, die der zunehmenden Verweltlichung der Klöster entgegenstrebte, gelangte Wiblingen in der zweiten Hälfte des 15. Jahrhunderts zu neuer Blüte, entwickelte sich zu einem der wichtigsten Reformzentren in Süddeutschland und wurde sowohl in Sachen Klosterzucht als auch geistlicher Gelehrsamkeit zum Vorbild. Der Klosterbrand vernichtete leider die Zeugnisse, aber vermutlich hatten schon die Mönche aus St. Blasien ein Skriptorium eingerichtet; ab dem 15. Jahrhundert entwickelte sich die klösterliche Schreibstube zu einer veritablen Schreibwerkstatt, für die allein zu jener Zeit über fünfundzwanzig uns namentlich bekannte Schreiber arbeiteten und zahlreiche Prachthandschriften entstanden.

Die Eigenproduktion von Büchern sowie Ankauf und Schenkungen führten trotz eines vorübergehenden wirtschaftlichen Niedergangs während Pestzeit, Bauernkrieg und Dreißigjäh-

Links: Das ehemalige Benediktinerkloster Wiblingen mit der Basilika St. Martin. Rechts: Christian Friedrich Daniel Schubart (1739–1791)

rigem Krieg dazu, dass eine Kloster-bibliothek aufgebaut wurde, die im Jahr 1757 mit 15 000 Bänden mancher Universitätsbibliothek den Rang ablaufen konnte. Die Loslösung von der Vogtherrschaft der Fugger im Jahr 1701, die Wiblingen zum selbstständigen Territorium innerhalb Vorderösterreichs machte, und sein guter Ruf in Sachen Schulwesen und Bildung brachten dem Kloster großen Zulauf und beengte räumliche Verhältnisse. So begann man 1714 mit einem Jahrzehnte dauernden spätbarocken Neubau, der nicht gerade benediktinische Bescheidenheit, sondern mit seiner Orientierung am spanischen Escorial Größe und Macht der Abtei widerspiegelt. Nach Fritz Alexander Kauffmann handelt es sich um den »originalsten Bau der Spätzeit« und, was die im Zentrum der vierflügeligen Anlage stehende Kir-

che betraf, um »die letzte Kirche von solcher Bedeutung in Württemberg bis heute«. Doch Wiblingen wartet noch mit einem ganz anderen Kleinod auf: »Reicher und gewichtiger als all die schönsten Dinge, abgesehen von den Kirchen, als die Gastzimmer in Salem, die Ochsenhausener Treppe, ebenbürtig den schönsten frühbarocken Räumen, ist nun noch eine Schöpfung, die in dem unheimlich großgeballten Bauganzen von Wiblingen steckt. Kirchen sind Dinge für sich. Letzte Steigerung ist hier selbstverständlich, aber in Kirchen kann man nicht leben. Ein praktischer Raum, welcher ohne Einbuße völlig dem höchstgespannten künstlerischen Durchgriff unterliegt, ist vielleicht doch noch die höhere Leistung.« Gemeint ist »die Welt der beleibten Schweinslederbände«: »So ist die schönste Saalschöpfung des späteren Barock in Oberschwaben die Bücherei von Wiblingen.« Zwischen 1737 und 1740 wurde der Nordflügel des Klosters erbaut, der die aufblühende Schule beherbergte und in dessen Mitte sich der repräsentative Bibliothekssaal befindet. Ausgehend von der göttlichen Weisheit als Maß aller Dinge im Zentrum des Deckenfreskos entfaltet sich im Bildprogramm der gesamte Kosmos geistlicher und weltlicher Wissenschaft und Gelehrsamkeit, in dem auch der Dichtkunst ein Platz zugewiesen ist, allerdings nicht von solcher Bedeutung wie etwa in der Klosterbibliothek von Schussenried. Für Kauffmann stellt der Wiblinger Bibliothekssaal die Krönung dar, während die anderen Bibliotheken »das Geistige eigentlich immer logisch steril, höchstens aufgeklärt, nüchtern« deuten würden, gestalte sich hier »gelebtes Leben«: »Die Wiblinger Werkleute wußten es – Christian Widemann hieß der Baumeister –: Ihr Bibliothekssaal ist erfüllt von dunklem Murmeln geistiger Brunnen.« Lange vor Kauffmann, im Jahr 1783, verfasste der geistliche Schriftsteller Johann Friedrich Gaum, der zu jener Zeit an der evangelischen Klosterschule Blaubeuren unterrichtete, eine anonyme Schrift mit dem Titel *Es leben die Prälaten*, in der er seine Erlebnisse einer Reise durch verschiedene bayerische und schwäbische Klöster verarbeitete. Auch Wiblingen, das prächtig ausgestattete Räumlichkeiten für Gäste bereithielt, stand auf seinem Programm. Die Bibliothek entlockte dem ansonsten scharfzüngigen und kritischen Autor Lobeshymnen

als »vortrefflicher Saal, im besten Geschmak erbaut, in dem man beynahe von den Schönheiten der Baukunst, in Ansehung des angebrachten Marmors, der Bildhauer-Arbeit und der Malereyen, die Hauptsache, nämlich die Bücher vergißt«. Dennoch warf Gaum einen Blick auf die Werke, beurteilte die Sammlung als »ansehnlich«, »die Anlage« als »sehr gut«. Auf sein »halb duzend Fragen« erhielt er vom Bibliothekar »zuviel und allzugründlichen Bescheid«, was ihn immerhin so sehr beeindruckte, dass er versprach, ihm ein »seltenes Manuskript aus dem eilften Jahrhundert« zu verehren. Eine Kritik gab es dann doch: Als er einige Bücher herauszog, musste er feststellen, dass er »mit Kreide überzogene Finger davon trug«. Der Grund war der Ästhetik geschuldet: »Diese Patres sind im Binden der Bücher eigene Leute. Der Band soll bey allen schneeweiß seyn. Bey neuen Büchern kann ihnen der Buchbinder allemal zu Willen werden. Aber, wenn sie schon gebundene Bücher kaufen, so schmieren sie solche mit Kalch, oder überfärben sie mit Kreide.« Gefallen fand Gaum nicht daran, doch wichtiger sei ja, dass sie »auch gebraucht werden!« An Letzterem zweifelte er nicht, denn die Wiblinger Benediktiner »geben sich mit dem Unterricht junger Leute in den ihnen nöthigen Kenntnissen, auch so gar in der Musik ab, und sie haben von manchen ihrer Schüler schon Ehre gehabt.«

Gaum besuchte noch weitere Klöster im Umkreis von Ulm, darunter auch das Klarissenkloster von Söflingen, heute zur Stadt Ulm gehörig, zu dem er als Mann allerdings keinen Zutritt erhielt, »so begnügte ich mich, das Kloster von aussen anzusehen«, wobei er zu dem Urteil kam, das sich ein Besuch sowieso nicht gelohnt hätte, obwohl das Gebäude »nicht unfein« ausgesehen habe und die Lage »angenehm« sei. Im Gegensatz zu den Benediktinern finden die Klarissen aufgrund ihrer strengen Klausur keine Gnade in den Augen des Theologen und Lehrers: »Was sollen Karthäuser, männlichen und weiblichen Geschlechts, der Welt nüzen, da sie führwahr sich selbst nicht nüze sind? Je weniger sie reden, desto mehr unnüzes denken sie.« Das Kloster war vom »Gries bei Ulm«, wo es 1237 zum ersten Mal urkundlich erwähnt wurde, Anfang der 1250er-Jahre nach »Sevelingen«, Söflingen, umgezogen, wo es dank großzügiger Schenkungen des Hauses Dillingen ein umfangreiches Territorium besaß. Obwohl durch ihr Gelübde an die strenge Klausur gebunden, konnten die Klarissen ihr Herrschaftsgebiet weit nach Württemberg und bis in die Gegend von Augsburg ausdehnen – so gründeten sie zum Beispiel ein Filialkloster in Pfullingen – und erhielten vom Papst umfangreiche Privilegien wie Abgabefreiheit, Vogtfreiheit, Zutritt zu den Reichstagen und schließlich im 18. Jahrhundert die Reichsunmittelbarkeit. Die Klarissen stellten eine bedeutende und zahlungskräftige Macht dar, was ihnen Ende des 15. Jahrhunderts den Neubau der Konventgebäude und Ende des 17. Jahrhunderts auch den der Kirche erlaubte. Auch sonst waren sie nicht so nutzlos, wie Gaum die Leser glauben lassen wollte. So unterrichteten und erzogen sie junge Mädchen, die zu ihnen ins Kloster gebracht wurden. Von einem regen geistigen und geistli-

Söflingen, Geburtsort eines Minnesängers und letzte Ruhestätte eines vermeintlichen Dichters – Kirche des ehemaligen Klarissenklosters

Im Dienst von Minne und schönen Damen – Meinloh von Sevelingen, ältester schwäbischer Minnesänger, in einer Darstellung aus dem Codex Manesse

ern und 1810 dem Königreich Württemberg unterstellt wurden, was 1814 zur völligen Auflösung führte. In dieser Umbruchzeit, genauer im Jahr 1805, widmete sich ein Korrespondenzbericht aus Ulm, der im »Intelligenzblatt« von Friedrich Nicolais *Neuer Allgemeinen Deutschen Bibliothek* erschien, der »Antiquität«, als die der Berichterstatter das Kloster zum einen in Bezug auf »Entstehung und Einrichtung« empfand, zum anderen weil diese Institutionen »vorzüglich durch die allmächtig eingreifende Hand der Politik in Deutschland immer seltener werden«. Offensichtlich zog die »Antiquität«, nachdem sich durch die Säkularisierung die Tore für Außenstehende geöffnet hatten, Schaulustige an, was eine gewisse Gefahr barg, denn »der Zulauf der Neugierigen [war] im Anfange auch so stark, daß die frommen Frauen [...] dadurch fast zu sehr verweltlicht zu werden anfingen«.

Kurz zuvor war in einer anderen Korrespondenz aus Nicolais Periodikum an den am 24. Dezember 1804 in Ulm verstorbenen Ludwig Ferdinand Huber, Journalist, Schriftsteller, Übersetzer und Jugendfreund Schillers, erinnert worden. Neben seinen nur wenige Monate zuvor verstorbenen Töchtern Adele und Clemence war er auf dem Söflinger Klosterfriedhof beigesetzt worden, was dem Korrespondenten als seltsame Laune des Schicksals erschien: »Wer hätte sich wohl denken können, daß der Herausgeber der allgemeinen Zeitung, der Verfasser des heimlichen Gerichts, kurz einer der Lieblingsschriftsteller Deutschlands

chen Leben zeugen auch die zwischen 1467 und 1483 von und für die Klarissen verfassten *Söflinger Briefe und Lieder*, in denen ganz alltägliche Dinge ihre Arbeit betreffend angesprochen, aber auch Themen wie Liebe, Freundschaft und Tod aufgegriffen werden. Trotz aller Anfechtungen während des Dreißigjährigen Krieges, in dem sie im wahrsten Sinn des Wortes zwischen die Fronten der beiden kriegführenden Parteien gerieten, trotz der Versuche der Stadt Ulm, die Hand auf das lukrative Kloster zu legen, schafften es die Chorfrauen, unabhängig zu bleiben, bis sie 1802 dem Kurfürstentum Bayin dem unbedeutenden Söflingen modern würde? So sonderbar und seltsam spielt das Schicksal mit den armen Sterblichen.« Im Anschluss ruft er zu einer Wallfahrt nach Söflingen und zum Grab Hubers auf, »um dem Manne eine dankbare Thräne zu weihen, der sie durch seine reizende Erzählungen [...] so oft gerührt und erbaut hat«. Die Zeiten hatten sich geändert, nicht mehr zu den Reliquien der Heiligen und christlichen Märtyrer, zu Kreuzesspänen und Jesu Blutstropfen sollte gewallfahrtet werden, sondern zu den sterblichen Überresten eines Dichters. Was die Leserschaft damals allerdings nicht wusste (der Korrespondent vielleicht schon): Zwar lag Huber in dem Grab, nicht aber der besagte »Lieblingsschriftsteller Deutschlands«, denn der war in Wirklichkeit seine Witwe, Therese Huber, die jahrelang unter seinem Namen ihre Werke veröffentlicht hatte und erst 1829 in Augsburg verstarb und beerdigt wurde.

Von Liebe und Freundschaft sang auch einer, der aus Söflingen stammt: Meinloh von Sevelingen, der älteste Minnesänger aus Schwaben und Angehöriger eines ortsansässigen Ministerialengeschlechts, das dem Haus Dillingen diente. Und noch einer kam aus Söflingen, und hier schließt sich der Kreis zu Wiblingen: ein Jurastudent namens Josef Nickel. Obwohl katholisch, besuchte er die Universität des evangelischen Tübingen und kam dabei in Berührung mit den Schriften Voltaires; zurück in Söflingen, traf er im Frühjahr 1776 Christian Friedrich Daniel Schubart in Ulm, der sich 1775 in der freien Reichsstadt niedergelassen hatte, nachdem er in Württemberg und später auch in Augsburg wegen seiner scharfen Feder bei der weltlichen wie geistlichen Obrigkeit in Ungnade gefallen war. In Ulm gab er die *Teutsche Chronik* heraus, was ihm aufs Neue Feinde und strenge Beobachtung einbrachte. Als Nickel ihn besuchte, lieh Schubart ihm ein Buch, »einen sehr unschuldigen Roman« – eine Großzügigkeit, die ihm schlaflose Nächte einbrachte: »Der junge Mensch begieng nun die Unvorsichtigkeit, einige Voltärsche Maximen, die er vielleicht zu Tübingen gehört haben mochte, in einem katholischen Wirthshause heraus zu plaudern. Er ward angegeben, im Kloster *Wiblingen* ins scheußlichste Gefängnis gelegt, und – wie sein Urteil lautete – aus Gnaden und Barmherzigkeit, als ein Lästerer Gottes und der Heiligen, enthauptet, verbrannt, und seine Asche auf die Iler[!] gestreut!« Bei der Festnahme war Schubarts Buch gefunden worden, was diesen in höchste Gefahr brachte. Wenig später erfolgte seine Festnahme in Blaubeuren, die der Klosterstadt am Blautopf ein dunkles Kapitel in der Literaturgeschichte bescherte. Die Hinrichtung Nickels dagegen, von der auch einer der Wiblinger Mönche berichtet, verleiht der literarischen Spurensuche in den Klöstern Söflingen und vor allem Wiblingen eine düstere Note. So verwundert es vielleicht nicht, dass Schubart, als er seine Memoiren schrieb, zu dem Schluss kam, dass das alles »nur im finstersten Winkel des katholischen Schwaben geschehen konnte«.

Zwiefalten –
Asterix und Obelix
in Oberschwaben

Hätte es zurzeit von Reformation und Dreißigjährigem Krieg schon *Asterix* gegeben, wären die Württemberger sicher der Meinung gewesen, dass die Benediktinermönche von Zwiefalten eifrige Leser und Anhänger der gallischen Widerständler seien. Den Zwiefaltenern gelang nämlich, was so vielen anderen verwehrt blieb: sich den Württembergern, deren Territorialansprüchen und Säkularisierungswünschen sehr lange erfolgreich zu widersetzen. 1089 war Kloster Zwiefalten von den Brüdern Graf Kuno von Wülflingen und Graf Liutold von Achalm gegründet und mit einem Konvent aus Hirsau besetzt worden. Schon in den ersten Jahren und noch vor der Wahl des ersten Abtes im Jahr 1095 hatten die Mönche ein Skriptorium eingerichtet, dass dank der wirtschaftlichen Blüte des Klosters eine ansehnliche Menge reich illuminierter Handschriften fertigte. 1111 gesellte sich ein Frauenkloster hinzu, das von Adelheid von Gammertingen gestiftet und lange Zeit auch geleitet wurde. Die Benediktinerinnen unterhielten ebenfalls ein Skriptorium und arbeiteten eng mit dem ihrer Mönchskollegen zusammen. Das Nebeneinander nicht nur der Schreibstuben, sondern überhaupt der beiden Geschlechter und ihrer Klöster muss zu einigen Problemen geführt haben, die die große Hildegard von Bingen zum

Eingreifen veranlassten. Die Äbtissin stand in freundschaftlichem Verhältnis mit dem Zwiefaltener Abt Berthold. Als dieser Probleme mit dem Konvent bekam und sein Amt vorübergehend niederlegte, hielt er sich zwischen 1152 und 1158 möglicherweise im Doppelkloster auf dem Bingener Rupertsberg auf. Genau aus dieser Zeit stammt ein Kodex mit über 130 Briefen, die unter anderem aus Zwiefaltener Hand, darunter wohl auch der Bertholds, kamen. Es scheint nicht abwegig, dass der seiner Autorität verlustig gegangene Abt die angesehene Äbtissin, Mystikerin und auch Dichterin Hildegard bat, ein Machtwort zu sprechen oder vielmehr zu schreiben. Denn das tat sie: In strengen Worten rief sie die Zwiefaltener Brüder und Schwestern zu mehr klösterlichem Leben und zur Sittenstrenge auf. Ihre Briefe scheinen gefruchtet zu haben, denn Berthold kehrte zu seinem oberschwäbischen Konvent zurück. Hildegard aber ließ es nicht bei den Briefen bewenden, noch als über Siebzigjährige besuchte sie das Doppelkloster – vielleicht um nach dem Rechten zu sehen ...

Obwohl der Konvent des Frauenklosters zeitweise wohl größer war als der der Männer, wurde es allmählich still um die Nonnen, und nach 1358 verschwanden sie schließlich ganz aus den Urkunden, die Männer dagegen konnten ihr Gut redlich mehren. Angewiesen auf Schutzvögte, übertrugen sie die Vogtei 1303 den Habsburgern, die nichts Besseres zu tun hatten, als wenig später Teile davon an die Württemberger abzutreten – allerdings vertrags-

Wohn- und Wirkungsort oberschwäbischer Widerständler – das ehemalige Benediktinerkloster Zwiefalten mit der Abteikirche im Hintergrund

widrig, sodass sie dem Recht nach die eigentlichen Vögte blieben. An ebendiesem Rechtsstand sollten sich die württembergischen Herzöge die Zähne ausbeißen, sie schafften es nicht, sich das oberschwäbische Widerstandsnest einzuverleiben und im Zuge der Reformation nach 1534 aufzuheben. Wie zum Hohn setzten die Zwiefaltener Benediktiner, die sich im 18. Jahrhundert sogar ganz freikauften, den pietistischen Württembergern mit ihrer ab 1668 neu gebauten Klosteranlage verschwenderische barocke Pracht entgegen. Insbesondere das Münster, das zwischen 1739 und 1765 unter der Leitung des Münchner Baumeisters Johann Michael Fischer anstelle des alten romanischgotischen Münsters errichtet wurde, spottet mit seiner Rokoko-Architektur jeglichem Bescheidenheitsgebot. Der Brackenheimer Theodor Heuss kam

als Zwölfjähriger nach Zwiefalten und war schwer beeindruckt: »Hier nun, in Zwiefalten, traf mich zum ersten Male die bestürzende Gewalt eines weiten, lichtdurchfluteten Raumes mit einer Fülle bunter konzertierender Details an Altären, den Beichtstühlen, der Kanzel, verwirrend und hinreißend in einem.« Der Eindruck war nachhaltig: »Von dem Besuch her blieb eine Melodie in den Sinnen, die mich, so neu und unverständlich mir das Liturgische der Anlage war, bescheiden machte« – womit bei aller Pracht dem Bescheidenheitsgebot auf Umwegen doch noch Genüge getan wäre. Als Student veranlasste ihn eben diese Erinnerung dazu, »auf einer wundersamen Wallfahrt allen Kirchen und Klöstern Oberschwabens die Huldigungen einer dankbaren Entzückung darzubringen«. 1918 widmete er sich in einem Essay dem »oberschwäbischen

Der junge Theodor Heuss (1884–1964)

Barock«, und erneut ließ er sich von seiner Begeisterung davontragen: »Unerhört, verwirrend und berauschend, hinreißend im ganzen und oft erschreckend im einzelnen, ist der farbige Glanz, die zerrissene Beweglichkeit, das Springende, Hängende, Kecke, Freche und doch wieder im malerischen Kontrast unendlich Sichere der Rokokodekoration, der Figuren aus Altären und Gesimsen, der Blumengewinde und Puppenspiele, der Arabesken und wuchernden Formenwelt um Beichtstuhl und Kanzel.« Auch Fritz Alexander Kauffmann empfand das Hinreißende, Überwältigende des Münsters, nicht ohne aber auch die Feinheiten auf sich wirken zu lassen: »Auf und nieder strotzt ein maßloser Prunk, um uns zu berauschen. Der Pomp ist gleichsam paukend hörbar. Aber kein Einwand hat Bestand, er wird überlegen beschwichtigt durch die schmelzend köstliche Zartheit alles Einzelnen, in den Blumenkörbchen der Altäre und des golden harfenden Chorgitters, in der Anmut der Engelsgesichter, in der schier zerbrechlichen Grazie der Stuckierung.« Auf Dauer auszuhalten vermag er, der in der ganz anders gearteten Denkendorfer Klosterwelt aufgewachsen ist, den Reichtum nicht: »Ein Glück, daß aus dieser Welt der tausend Wunder die wohltuend einfache rahmfarbene Vorhalle auf den Kirchplatz hinausführt! Dort draußen kühlt zwischen gradlinigen Steinrändern das klare Vorgelege eines Wasserspiegels – jenseits Gärten von leicht angedeuteter Strenge – und links und rechts spannen ernstgraue Brücken, aus Stein geschnitten, mit drei engen Bögen, wie Raupen auf Stummelfüßen über die Kieselflut. Ein stimmungsvoller Platz, bis auf wenig Störendes, in den die Kirchenfassade mit zartem Anlauf mächtig hinausschwingt, während hoch, im Osten, die Doppeltürme wie eine hohe Laube schwindeln.«

Kein Wunder, dass die Württemberger auf das reiche Zwiefalten spekulierten. Hatten sie es nicht allein geschafft, die renitenten oberschwäbischen Gallier zu bezwingen, kam ihnen schließlich ein Franzose zu Hilfe: Napoleon. Seine Neuordnung Europas machte vor den Zwiefaltener Toren nicht Halt, 1802 wurde das Benediktinerkloster säkularisiert, ab 1806 konnte sich das neu geschaffene Königreich Württemberg dessen Besitz einverleiben. So wurde die Orgel des Münsters, ein Nachbau der Weingartner Gablerorgel, abmontiert und nach Stuttgart in die Stiftskirche versetzt. Dort stand sie nicht am richtigen Ort, klang nicht, wie sie klingen sollte, bescherte der Stadt viel Streit und Kosten und wurde im Zweiten Weltkrieg zerstört – manche behaupten, hier sei göttliche Rache am Werk gewesen. Literarisch gesehen verdankt Zwiefalten der Säkularisation immerhin die Tatsache, für kurze Zeit Wirkungsstätte Eduard Mörikes gewesen zu sein. Von Februar bis Mai

1829 weilte er als Pfarrverweser in Pflummern, zu dem auch die kleine evangelische Gemeinde von Zwiefalten gehörte. Mangels einer eigenen evangelischen Kirche hielt er im Klostergebäude seine Predigten.

Heute befindet sich in den Räumlichkeiten die Münsterklinik Zwiefalten und damit ein Zweig der »Zentren für Psychiatrie Südwürttemberg«, eine Nachfolgeinstitution der 1812 eingerichteten königlich-württembergischen »Irrenanstalt«. Nicht immer begegnete man hier allerdings christlicher Nächstenliebe und Ärzten, die sich dem Eid des Hippokrates verpflichtet fühlten: Während der Zeit des Nationalsozialismus wurden in Zwiefalten wie auch in Weißenau und Schussenried psychisch Kranke unter unsäglichen Bedingungen zusammengepfercht und, sofern sie dieses Elend überlebten und auch nicht zu Tode gespritzt wurden, in den sogenannten Grauen Bussen, die gleich auf dem Klostergelände beladen wurden, zur »Euthanasie« nach Grafeneck abtransportiert. Dieser dunklen Seite des Klosters und der deutschen Psychiatrie wird heute neben vielen anderen Aspekten der Psychiatriegeschichte im Württembergischen Psychiatriemuseum gedacht, das in der ehemaligen Friedhofskapelle untergebracht ist. Auch eine Art Skriptorium gibt es wieder auf dem Klosterareal, den »Verlag Psychiatrie und Geschichte« des Psychiatriezentrums Zwiefalten, womit sich in gewisser Weise der Kreis schließt.

Kirchenfassade mit zartem Anlauf und mächtigem Schwung – Westfassade des Münsters Zu unserer Lieben Frau im Zentrum des Klosters Zwiefalten

Nützliche Informationen und Adressen

Allerheiligen

Tourist-Information, Allmendplatz 3, 77728 Oppenau, Telefon (07804) 91 08 30, info@oppenau.de, www.oppenau.de
Öffnungszeiten: Klosterruine ist frei zugänglich.
Führungen: auf Anfrage.

Baden-Baden

Tourist Informationen, Schwarzwaldstraße 52 oder Kaiserallee 3 (Trinkhalle), 76530 Baden-Baden, Telefon (0 72 21) 27 52 00-1, info@baden-baden.com, www.baden-baden.de

Cistercienserinnen-Abtei Lichtenthal, Hauptstraße 40, 76534 Baden-Baden, Telefon (0 72 21) 50 49 10, kontakt@abtei-lichtenthal.de, www.abtei-lichtenthal.de
Öffnungszeiten: Von der Klosteranlage sind Klosterhof und Abteikirche tagsüber frei zugänglich. Die Fürstenkapelle und das kleine Museum können im Rahmen einer Führung besichtigt werden.
Führungen: So, Mi, Sa 15 Uhr, Gruppen nach Voranmeldung auch zu anderen Zeiten. Nach Absprache ist auch Bewirtung möglich.

Bad Buchau

Tourist-Information im »Haus des Gastes«, Marktplatz 6, 88422 Bad Buchau, Telefon (0 75 82) 93 36-0, info@bad-buchau.de, www.bad-buchau.de

Adeliges Chorfrauenstift Buchau, Kath. Pfarramt St. Cornelius und Cyprianus, Telefon (0 75 82) 9 12 00.
Öffnungszeiten: täglich 8 Uhr bis Einbruch der Dunkelheit; während des Sommers Besichtigung der Krypta mit dem Sarkophag der Seligen Adelindis: Sa, So und an den Feiertagen.

Bad Mergentheim

Tourist-Information, Marktplatz 1, 97980 Bad Mergentheim, Telefon (0 79 31) 57-48 15, tourismus@bad-mergentheim.de, www.bad-mergentheim.de

Deutschordensmuseum GmbH, Schloß 16, 97980 Bad Mergentheim, Telefon (0 79 31) 5 22 12, info@deutschordensmuseum.de, www.deutschordensmuseum.de
Öffnungszeiten: April bis Oktober, Di–So, Feiertage 10.30–17 Uhr, November bis März, Di–Sa 14–17 Uhr, So, Feiertage 10.30–17 Uhr, am 24./25. und 31. Dezember hat das Museum geschlossen.

Kapuzinerkloster Bad Mergentheim, Würzburger Straße 3, 97980 Bad Mergentheim, Telefon (0 79 31) 47 95-0
Öffnungszeiten: auf Anfrage bei der Klosterverwaltung.
Führungen: alle 14 Tage im Rahmen der Kurseelsorge (genaue Termine erfra-

gen). Führungen für Gruppen auf Anfrage bei der Klosterverwaltung.

Bad Säckingen

Tourismus GmbH Bad Säckingen, Waldshuter Straße 20, 79713 Bad Säckingen, Telefon (0 77 61) 56 83-0, tourismus@bad-saeckingen.de, www.bad-saeckingen-tourismus.de

Münsterpfarramt St. Fridolin, Frau Monika Kreutz, Münsterplatz 8, 79713 Bad Säckingen, Telefon (07761) 5 68 19-0, Sekretariat@ seelsorgeeinheit-badsaeckingen.de, www.kath-pfarreien-bad-saeckingen.de Führungen: einmal im Monat.

Bad Schussenried

Tourist-Information, Wilhelm-Schussen-Straße 36, 88427 Bad Schussenried, Telefon (0 75 83) 94 01 71, info@touristinfo-bs.de, www.bad-schussenried.de

Barocker Bibliothekssaal und Museum, Klosterverwaltung, Neues Kloster 1, 88427 Bad Schussenried, Telefon (0 75 83) 9 26 90 83, info@kloster-schussenried.de

Öffnungszeiten: April bis Oktober, Di–Fr 10–13, 14–17 Uhr, Sa, So, Feiertage 10–17 Uhr, November bis März, Sa, So, Feiertage 13–16 Uhr, 24., 25., 31. Dezember, 1. Januar geschlossen.

Führungen: So 14.30 Uhr öffentliche Führung für Einzelbesucher.

Klostermuseum in der Pfarrkirche St. Magnus, Klosterhof 7, 88427 Bad Schussenried, Telefon (0 75 83) 2240 oder 2542.

Öffnungszeiten: Ostern bis Allerheiligen, täglich 13.30–17.30 Uhr, außer Mo.

Führungen: Das ganze Jahr über gibt es nach Anmeldung an allen Tagen Führungen für Gruppen ab 10 Personen.

Bad Urach/Güterstein

Kurverwaltung Bad Urach, Bei den Thermen 4, 72574 Bad Urach, Telefon (0 71 25) 94 32-0, info@badurach.de, www.badurach.de

Einkehrhaus der Evangelischen Landeskirche in Württemberg, Bismarckstraße 12, 72574 Bad Urach, Telefon (0 71 25) 94 99-0, info@stifturach.de, www.stifturach.de

Bad Wimpfen

Tourist-Information Bad Wimpfen, Carl-Ulrich-Straße 1, 74206 Bad Wimpfen. Telefon (0 70 63) 9 72 00, info@badwimpfen.org, www.badwimpfen.de

Stadtpfarrkirche zum Heiligen Kreuz, Klostergasse 13, 74206 Bad Wimpfen, Telefon (0 70 63) 85 46, www.hlkreuz-badwimpfen.de

Öffnungszeiten: So 15–17 Uhr, Feiertage 14–16 Uhr.

Führungen: über Tourist-Information buchbar.

Ritterstiftskirche St. Peter, Kloster Bad Wimpfen, Lindenplatz 7, Telefon (0 70 63) 97 04-0, info@kloster-bad-wimpfen.de, www.kloster-bad-wimpfen.de

Öffnungszeiten Ritterstiftskirche: täglich von 7.30–18 Uhr (im Sommer 19 Uhr), ausgenommen in den Gebetszeiten.

Öffnungszeiten Kreuzgang: nach Ostern bis Mitte Oktober, Di–Fr 10.30–11.45 Uhr, So 15–17 Uhr. Gruppen nach Voranmeldung So–Mi 16–17 Uhr.

Führungen: Kreuzgang und Ritterstiftskirche: zu buchen über Klostersekretariat
oder Tourist-Information.

Bebenhausen

Schloss und Kloster Bebenhausen, Im
Schloss, 72074 Tübingen-Bebenhausen,
Telefon (0 70 71) 60 28-02,
info@kloster-bebenhausen.de,
www.kloster-bebenhausen.de
Öffnungszeiten Kloster: ganzjährig
geöffnet, außer am 24., 25., 31. Dezember
und 1. Januar, die Kirche ist zeitweise
geschlossen. April bis Oktober, Mo 9–12,
13–18 Uhr, Di–So 9–18 Uhr, November
bis März, Di–So 10–12 Uhr, 13–17 Uhr.
Führungen Kloster: April bis Oktober: Sa, So, Feiertage 10, 11, 12, 14, 15,
16 und 17 Uhr. Audioguide-Touren für
Erwachsene und Kinder. Gruppenführungen ganzjährig nach Vereinbarung (mind.
10 Personen). Sonderführungen laut
Programm und nach Vereinbarung.
Führungen Schloss: Das Schloss ist nur
mit Führung zugänglich. April bis Oktober, außer Mo, um 10, 12, 14, 15, 16 und
17 Uhr, November bis März: um 11, 14,
15 und 16 Uhr, an Sonn- und Feiertagen
auch um 12 Uhr. Gruppenführungen nach
Vereinbarung. Sonderführungen laut Programm und nach Vereinbarung. 24., 25.,
31. Dezember, 1. Januar geschlossen.
Schlossküche: April bis Oktober, Sa, So,
Feiertage 11–17 Uhr.

Beuron

Tourist-Information, Bürgermeisteramt
Beuron, Kirchstraße 18, 88631 Beuron,
Telefon (0 75 79) 9 21 00,
info@beuron.de, www.beuron.de

Erzabtei St. Martin zu Beuron, Abtei-
straße 2, 88631 Beuron, Telefon (0 74 66)
17-0, www.erzabtei-beuron.de

Bibliothek, Telefon (0 74 66) 17-1 56,
bibliothek@erzabtei-beuron.de

Blaubeuren

Touristinformation Rathaus,
Karlstaße 2, 89143 Blaubeuren,
Telefon (0 73 44) 96 69-0,
touristinformation@blaubeuren.de,
www.blaubeuren.de

Kloster Blaubeuren, Evangelisches
Seminar Blaubeuren, Klosterhof 2,
89143 Blaubeuren, Telefon (0 73 44)
96 26 10, ephorat@seminar-blaubeuren.de,
www.seminar-blaubeuren.de
Öffnungszeiten: 1. März bis 31.Ok-
tober, täglich 10–18 Uhr, 1. November
bis Samstag vor Palmsonntag, Mo–Fr
14–16 Uhr, Sa, So, Feiertag 11–16 Uhr,
am 24. Dezember und 1. Januar geschlossen. Für Gruppen ab acht Personen ist die
Besichtigung nach vorheriger Anmeldung
möglich.

Denkendorf

Evangelische Kirche Denkendorf,
Gemeindebüro, Klosterhof 8,
73770 Denkendorf, Telefon (07 11)
3 46 11 60, gemeindebuero@
klosterkirche-denkendorf.de,
www.ev-kirche-denkendorf.de
Öffnungszeiten und Führungen: Kirche
tagsüber geöffnet, Führungen für Gruppen
über Gemeindebüro.

Gengenbach

Kultur- und Tourismus GmbH, Im
Winzerhof, 77723 Gengenbach, Telefon
(0 78 03) 93 01 43 oder 1 94 33,
tourist-info@stadt-gengenbach.de,
www.gengenbach.de

Katholische Kirchengemeinde St. Marien, Benedikt-von-Nursia-Straße 1, 77723 Gengenbach, Telefon (0 78 03) 22 74, gengenbach@kath-vorderes-kinzigtal.de, www.kath-vorderes-kinzigtal.de

Hohentwiel

Tourist Information, Marktpassage, August-Ruf-Straße 13, 78224 Singen (Hohentwiel), Telefon (0 77 31) 85-2 62, tourist-info.stadt@singen.de, www.in-singen.de

Festungsruine Hohentwiel, Auf dem Hohentwiel 2a, 78224 Singen (Hohentwiel), Telefon (0 77 31) 6 91 78, info@festungsruine-hohentwiel.de, www.schloesser-und-gaerten.de
Öffnungszeiten: 16. bis 31. März, täglich 10–18 Uhr, 1. April bis 15. September, täglich 9–19.30 Uhr, 16. September bis 31. Oktober, täglich 10–18 Uhr, 1. November bis 15. März, täglich 11–16 Uhr. Letzter Einlass eine Stunde vor Ende der jeweiligen Öffnungszeit.
Führungen: Gruppen nach Vereinbarung.

Inzigkofen

Gemeinde Inzigkofen, Ziegelweg 2, 72514 Inzigkofen, Telefon (0 75 71) 73 07-0, post@inzigkofen.de, www.inzigkofen.de

Volkshochschulheim Inzigkofen e. V., Parkweg 3, 72514 Inzigkofen, Telefon (0 75 71) 7 39 80, info@vhs-heim.de, www.vhs-heim.de
Öffnungszeiten: Klostermuseum: an jedem 1. und 3. Sonntag im Monat von 14–17 Uhr.

Führungen Klostermuseum: können beim Volkshochschulheim vereinbart werden.

Lorch

Touristikbüro Kloster Lorch, Klosterstraße 2, 73547 Lorch, Telefon (0 71 72) 92 84 97, info@kloster-lorch.com, www.kloster-lorch.com
Öffnungszeiten Klosteranlage, Dauerausstellung und Staufer-Rundbild: 1. April bis 31. Oktober, 10–18 Uhr, 1. November bis 31. März, 10–17 Uhr. Am 24. und 31. Dezember geschlossen.
Führungen: für Einzelpersonen und Gruppen nach vorheriger Anmeldung.

Maulbronn

Kloster Maulbronn, Klosterhof 5, 75433 Maulbronn, Telefon (0 70 43) 92 66 10, info@kloster-maulbronn.de, www.kloster-maulbronn.de
Öffnungszeiten: 1. November bis 28. Februar, Di–So 9.30–17 Uhr, 1. März bis 31. Oktober, täglich 9–17.30 Uhr.
Führungen: 11.15, 15 Uhr und nach Vereinbarung. Führungen nach Voranmeldung in englischer, französischer, russischer und spanischer Sprache für Gruppen möglich. Sonderführungen nach Vereinbarung.

Murrhardt

Tourist Info, Marktplatz 8, 71540 Murrhardt, Telefon (0 71 92) 21 37 77, touristik@murrhardt.de, www.murrhardt.de

Obermarchtal

Gemeinde Obermarchtal, Hauptstraße 21, 89611 Obermarchtal, Telefon

(0 73 75) 2 05, gemeinde@obermarchtal.
de, www.obermarchtal.de

Kloster Obermarchtal, Klosteranlage 2/1,
89611 Obermarchtal, Telefon (0 73 75)
95 05-20, obermarchtal@tagungshaus.net,
www.kloster-obermarchtal.de
Öffnungszeiten: Münster tagsüber
zugänglich.
Führungen: durch Münster, Kapitelsaal,
alte Sakristei und Spiegelsaal nach vorheriger Anmeldung.

Pfullingen

Tourist-Info, Rathaus I, Zimmer 4,
Marktplatz 5, 72793 Pfullingen,
Telefon (0 71 21) 7 03-2 08,
tourismus@pfullingen, www.pfullingen.de

Klosterkirche, Klostergarten 2,
72793 Pfullingen
Öffnungszeiten: nicht frei zugänglich.
Führungen: über Tourist-Info buchbar.

Neskebibliothek, Klosterstraße 28,
72793 Pfullingen
Kontakt: Felicitas Vogel, Am
Steinenberg 35, 72793 Pfullin-
gen, Telefon (0 71 21) 75 44 43,
neske-bibliothek@web.de
Öffnungszeiten: Mai (Maimarkt) bis
Oktober (Kirbemarkt), So, Feiertage
14–17 Uhr.
Führungen: bis max. 15 Personen nach
Vereinbarung.

Radolfzell

Tourist-Information, Bahnhofplatz 2,
78315 Radolfzell, Telefon (0 77 32)
81-5 00, touristinfo@radolfzell.de,
www.radolfzell.de

**Kath. Kirchengemeinde U.L.F. Radolf-
zell,** Marktplatz 7, 78315 Radolfzell,
Telefon (0 77 32) 20 16,

pfarramt@muenster-ulf-radolfzell.de,
www.muenster-ulf-radolfzell.de

Weltkloster Radolfzell, Obertorstraße 10,
78315 Radolfzell, Telefon (0 77 32)
8 15 50, info@weltkloster.de,
www.weltkloster.de

Reichenau

Tourist-Information Reichenau,
Pirminstraße 145, 78479 Reichenau,
Telefon (0 75 34) 92 07-0,
info@reichenau-tourismus.de,
fuehrungen@reichenau-tourismus.de,
www.reichenau.de
Führungen: Von Mai bis September
finden regelmäßig wiederkehrende Veranstaltungen und Führungen für Einzelrei-
sende statt. Für Gruppen Führungen nach
Vereinbarung.

Museum Reichenau, Ergat 1 + 3,
78479 Reichenau, Telefon (0 75 34)
99 93 21, info@museumreichenau.de,
www.museumreichenau.de
Öffnungszeiten: April bis Oktober,
Di–So 10.30–16.30 Uhr, Juli und August,
Di–So 10.30–17.30 Uhr, November bis
März, Sa, So, Feiertage 14–17 Uhr.

Salem

Bodensee-Linzgau Tourismus, Schloss
Salem, 88682 Salem, Telefon (0 75 53)
9 16 53-36, schloss@salem.de,
www.gemeinde-salem.de
Öffnungszeiten: 1. November bis
30. März, jeden Sonntag Führungen
in Schloss Salem (Münster mit Chorgestühl, Kreuzgang und Sommerrefektorium), 1. April bis 1. November, Mo–Sa
9.30–18 Uhr, So, Feiertage 10.30–18 Uhr.
Führungen: für Einzelgäste täglich ohne
Voranmeldung, für Gruppen Voranmeldung erforderlich.

Schöntal

Bildungshaus Kloster Schöntal, Klosterhof 6, 74214 Schöntal, Telefon (0 79 43) 8 94-0, bildungshaus@kloster-schoental.de, www.kloster-schoental.de
Führungen und Öffnungszeiten: durch die Neue Abtei täglich nach Vereinbarung; Sonderführungen laut Pogramm und nach Vereinbarung über das Bildungshaus. Informationszentrum in der Alten Abtei mit Dauerausstellung (frei zugänglich), Mai bis September Di–Sa 11–16 Uhr, So 13–18 Uhr.

Klosterkirche, kath. Kirchengemeinde St. Joseph, Kloster Schöntal, Klosterhof 18, 74214 Schöntal, Telefon (0 79 43) 24 06, klosterschoental@se-schoental.de, www.klosterkircheschoental.de
Öffnungszeiten: Winterhalbjahr 8–17 Uhr, Sommerhalbjahr 8–20 Uhr.
Führungen: Mai bis September, So, Feiertage 15 Uhr und nach Voranmeldung über das kath. Pfarramt.

Heiliggrabkapelle: Sonderführungen nach Vereinbarung mit dem kath. Pfarramt Schöntal.

Marienwallfahrtskirche Neusass: täglich von 8–18 Uhr geöffnet.

Söflingen

Tourist Information Ulm/Neu-Ulm, Münsterplatz 50, 89073 Ulm, Telefon (07 31) 1 61-28 30, info@tourismus.ulm.de, www.ulm.de

Kath. Kirchengemeinde Mariä Himmelfahrt, Klosterhof 20, 89077 Ulm, Telefon (07 31) 9 38 63 90, www.mh-soeflingen.de

St. Blasien

Tourist-Info St. Blasien, Am Kurgarten 1–3, 79837 St. Blasien, Telefon (0 76 72) 4 14 30, tourismus@stblasien.de, www.stblasien.de

Kolleg St. Blasien, Fürstabt Gerbertstraße 14, 79837 St. Blasien, Telefon (0 76 72) 2 70.
Öffnungszeiten: Das Kloster und seine historischen Räume können zu festen Zeiten besichtigt werden.

Katholische Kirchengemeinde St. Blasius, Im Kurgarten 13, 79837 St. Blasien, Telefon (0 76 72) 6 78, info@dom-st-blasien.de, www.dom-st-blasien.de
Öffnungszeiten: Während Gottesdiensten oder Veranstaltungen ist eine Besichtigung nicht möglich, ansonsten ist der Dom geöffnet: Winterzeit 8.30–17 Uhr, Sommerzeit 8–18.30 Uhr.
Führungen: Durch den Blasiusdom finden regelmäßig Führungen statt, Termine sind dem Programm der Touristinformation zu entnehmen. Domführungen von Reisegruppen sind stets zuvor im kath. Pfarramt telefonisch anzumelden.

Stift Neuburg

Heidelberg Marketing GmbH, Ziegelhäuser Landstraße 3, 69120 Heidelberg, Telefon (0 62 21) 14 22-0, info@heidelberg-marketing.de, www.heidelberg-marketing.de

Abtei Neuburg, Stiftweg 2, 69118 Heidelberg, Telefon (0 62 21) 8 95-0, www.stift-neuburg.de

Weingarten

Amt für Kultur und Tourismus, Münsterplatz 1, 88250 Weingarten, Telefon (07 51) 4 05-2 32, akt@weingarten-online.de, www.weingarten-online.de

Kath. Pfarramt St. Martin, Kirchplatz 6, 88250 Weingarten, Telefon (07 51) 5 61 27-0, pfarramt@st-martin-weingarten.de, www.st-martin-weingarten.de
Öffnungszeiten der Basilika: täglich 8–18 Uhr.
Führungen: Außerhalb angemeldeter Führungen sind keine Führungen möglich. Für Führungen und Orgelvorführungen Anmeldung erforderlich.

Weißenau

Tourist Information, Kirchstraße 16, 88212 Ravensburg, Telefon (07 51) 82-8 00, tourist-info@ravensburg.de, www.ravensburg.de
Öffnungszeiten: ganzjährig etwa 8.30–18 Uhr.
Führungen: zu buchen über Kulturkreis Eschach e. V. Ravensburg, Dr. Ulrich Höflacher, Telefon (07 51) 6 62 38.

Wiblingen

Tourist Information Ulm/Neu-Ulm, Münsterplatz 50, 89073 Ulm, Telefon (07 31) 1 61-28 30, info@tourismus.ulm.de, www.ulm.de

Kloster Wiblingen, Schlossstraße 38, 89079 Ulm-Wiblingen
Kontakt: Staatliche Schlösser und Gärten Baden-Württemberg, Telefon (07 31) 5 02 89 75, info@kloster-wiblingen.de, www.schloesser-und-gaerten.de
Öffnungszeiten: Museum im Konventbau mit Bibliothekssaal: 1. April bis

31. Oktober, Di–So, Feiertage 10–17 Uhr, 1. November bis 31. März, Sa, So, Feiertage 13–16 Uhr, 24., 25., 31. Dezember und 1. Januar geschlossen. Basilika St. Martin: täglich 9–18 Uhr, im Winter 9–17 Uhr.
Führungen: Für Einzelbesucher stehen für den Bibliothekssaal Audioguide-Führungen zur Verfügung. Gruppenführungen sowie fremdsprachige Führungen nach Vereinbarung auch außerhalb der Öffnungszeiten möglich. Sonderführungen laut Programm und nach Vereinbarung.

Zwiefalten

Touristinformation im Rathaus, Marktplatz 3, 88529 Zwiefalten, Telefon (0 73 73) 2 05-20, info@zwiefalten.de, www.zwiefalten.de

Kath. Münsterpfarramt Zwiefalten, Beda-Sommerberger-Straße 5, 88529 Zwiefalten, Telefon (0 73 73) 22 52, Muensterpfarramt.Zwiefalten@drs.de
Öffnungszeiten: von Beginn der Sommerzeit bis nach den Herbstferien, 9.30–18 Uhr; Winterhalbjahr, So, Feiertage 9.30–16 Uhr, Mo–Sa 10–16 Uhr ist nur die Vorhalle zugänglich. Besichtigungen des Chorraums (ganzjährig) nur im Rahmen von Münsterführungen. Während der Gottesdienste sind keine Besichtigungen möglich.
Führungen: Anmeldung beim Münsterpfarramt.

Nützliche Internetadressen

www.kloester-bw.de
www.schloesser-magazin.de
www.literaturland-bw.be

Benutzte Literatur

Allgemein

Carl Eugen, Herzog von Württemberg: Tagbücher seiner Rayßen [...]. Hrsg. von Robert Uhland. Tübingen: Wunderlich/ Leins, 1968. [Buchau, Salem, Schussenried, Weingarten.]
Evangelische Klosterschulen und Seminare in Württemberg. 1556–2006. Im Auftrag der Evangelischen Seminarstiftung Württemberg, hrsg. von Hermann Ehmer, Martin Klumpp und Ulrich Ott. Stuttgart: Theiss, 2006.
Bergengruen, Werner: Deutsche Reise. München: Nymphenburger Verlagshandlung, 1959. [Bad Wimpfen, Stift Neuburg.]
Edschmid, Kasimir: Auto-Reisebuch. Schönes altes Deutschland. Ferienreisen durch deutsche Flußtäler und Gebirge. 2. Aufl. Hannover: Beeck, 1953. [Bad Mergentheim, Bad Wimpfen.]
Ferchl, Irene/Setzler, Wilfried: Mit Mörike von Ort zu Ort. Lebensstationen des Dichters in Baden-Württemberg. Tübingen: Silberburg, 2004. [Bad Urach, Bad Mergentheim, Bebenhausen, Buchau, Lorch, Zwiefalten.]
– Landpartien in die Romantik. Auf den Spuren der Dichter durch Baden-Württemberg. Tübingen: Silberburg, 2006. [Baden-Baden, Gengenbach, Säckingen, Hohentwiel, Radolfzell, Stift Neuburg.]
Hausenstein, Wilhelm: Abendländische Wanderungen. Städte und Kirchen, Landschaften und Figuren in Reisebildern. München: Schnell & Steiner, 1951. [Salem, Weingarten.]

Heuss, Theodor: Von Ort zu Ort. Wanderungen mit Stift und Feder. Hrsg. von Friedrich Kaufmann und Hermann Leins. Tübingen: Wunderlich/Leins, 1959. [Salem, Schussenried, Zwiefalten.]
Lettau, Reinhard (Hrsg.): Die Gruppe 47. Bericht – Kritik – Polemik. Ein Handbuch. Neuwied: Luchterhand, 1967. [Bebenhausen, Inzigkofen. Darin Text von Albrecht Knaus.]
Kauffmann, Fritz Alexander: Kirchen und Klöster des oberschwäbischen Barock. Der Versuch einer Gestaltung. Freiburg i. Br.: Badischer Verlag, 1949. [Salem, Weingarten, Wiblingen, Zwiefalten.]
Kerner, Justinus: Gesamtwerke. In 4 Bdn. Hrsg. vom Justinus Kerner-Verein in Weinsberg. Bd. 3. Weinsberg: Eigenverlag, [1909]. [Lorch, Hirsau, Lichtenthal.]
Müller, Hartmut: Literaturreisen. Der Neckar. Stuttgart/Dresden: Ernst Klett, 1994. [Bebenhausen, Stift Neuburg.]
Mörike, Eduard: Werke und Briefe. Hrsg. von Hubert Arbogast [u. a.]. Stuttgart: Klett-Cotta, 1967 ff. [Bad Buchau, Bad Mergentheim, Bebenhausen, Denkendorf, Lorch, Obermarchtal, Weingarten, Zwiefalten.]
Mörike, Eduard: Sämtliche Werke. Aufgrund der Originaldrucke hrsg. von Herbert G. Göpfert. Nachw. von Georg Britting. 5., neu durchges. Aufl. München: Hanser, 1976. [Bad Mergentheim, Bebenhausen, Blaubeuren.]
Oberhauser, Fred/Kahrs, Axel: Literarischer Führer Deutschland. Frankfurt a. M.: Insel Verlag, 2008.

Richter, Toni: Die Gruppe 47 in Bildern und Texten. Köln: Kiepenheuer & Witsch, 1997. [Bebenhausen, Inzigkofen.]

Rombach, Otto: Atem des Neckars. Heimatliches Reisebuch. Landschaften, Menschen und Städte. Stuttgart: Deutsche Verlags-Anstalt. 1970. [Lorch, Schussenried.]

Scheffel, Joseph Victor von: Ekkehard. Mit einem Nachw. des Autors. Zürich: Diogenes, 1984. [Gengenbach, Säckingen, Hohentwiel, Radolfzell, Reichenau.]

[Schlegel-Schelling], Caroline: Briefe aus der Frühromantik. Nach Georg Waitz verm. hrsg. von Erich Schmidt. Leipzig: Insel-Verlag, 1913. [Bebenhausen, Maulbronn, Murrhardt.]

Schneider, Reinhold: Schicksal und Landschaft. Hrsg. von Curt Winterhalter. Freiburg i. Br.: Herder, 1960. [Allerheiligen, Säckingen.]

Schubart's Leben und Gesinnungen. Von ihm selbst, im Kerker aufgesetzt. Bd. 2. Hrsg. von Ludwig Schubart. Stuttgart: Mäntler, 1793. [Blaubeuren, Wiblingen, Söflingen.]

Schwab, Gustav: Die Neckarseite der Schwäbischen Alb. Neudr. der Ausg. von 1823 mit einer Einf. von Hans Widmann. Tübingen: Buske, 1960. [Bad Urach, Güterstein, Pfullingen.]

– Wanderungen durch Schwaben. Mit 30 Stahlstichen. Leipzig: Wigand, 1837. [Bad Wimpfen, Bebenhausen, Hirsau, Bad Urach.]

Twain, Mark: Ein Bummel durch Europa. [Übers. von Ulrich Steidorff Carington.] Frankfurt a. M. / Berlin: Ullstein, 1991. [Allerheiligen, Bad Wimpfen.]

Uhland, Ludwig, Werke. Hrsg. von Hartmut Fröschle und Walter Scheffler, Bd. 1: Sämtliche Gedichte. München: Winkler, 1980. [Bebenhausen, Hirsau.]

Weber, Carl Julius: Deutschland, oder Briefe eines in Deutschland reisenden Deutschen. Bd. 1. 3. Aufl. Stuttgart:

Hallberger, 1955. [Bad Mergentheim, Bad Wimpfen.]

Württembergisches Klosterbuch. Klöster, Stifte und Ordensgemeinschaften von den Anfängen bis in die Gegenwart. Hrsg. von Wolfgang Zimmermann und Nicole Priesching im Auftrag des Geschichtsvereins der Diözese Rottenburg-Stuttgart. Ostfildern: Thorbecke, 2003.

Zeller, Bernhard [u. a.]: Eduard Mörike 1804 – 1875 – 1975. Gedenkausstellung zum 100. Todestag im Schiller-Nationalmuseum Marbach a. N. Texte und Dokumente. Marbach a. N.: Deutsche Schillergesellschaft, 1975.

Allerheiligen

Grimmelshausen, Hans Jacob Christoffel von: Das Wunderbarliche Vogel-Nest. In: H. J. Ch. v. G.: Werke. Bd. 1.2. Hrsg. von Dieter Breuer. Frankfurt a. M.: Deutscher Klassiker Verlag, 1992.

Breuer, Dieter: Grimmelshausen und das Kloster Allerheiligen. In: Simpliciana 25 (2003). S. 143–175.

Baden-Baden

Bergengruen, Werner: Badekur des Herzens. Ein Reiseverführer. München: Nymphenburger Verlagshandlung, 1956.

–/Schneider, Reinhold: Briefwechsel. Mit zwei Handschriftenproben, drei Abbildungen und einem Nachw. hrsg. von N. Luise Hackelsberger-Bergengruen. Freiburg i. Br. [u. a.]: Herder, 1966.

Flake, Otto: Hortense oder die Rückkehr nach Baden-Baden. Roman. Berlin: Fischer, 1933.

Frommel, Emil: Am Kreuz des Klosters Fremersberg. [...]. Erzählungen. Schwerin: Bahn, [1917].

Nerval, Gérard de: Werke. Bd. 2. Hrsg. von Norbert Miller und Friedhelm Kemp.

Aus dem Franz. übers. von Anjuta Aigner-Dünnwald. München: Winkler, 1988.
Schneider, Reinhold: Der Balkon, Aufzeichnungen eines Müßiggängers in Baden-Baden. Nachw. von Pirmin A. Meier. Frankfurt a. M.: Suhrkamp Taschenbuch Verlag, 1978.
– Verhüllter Tag. Mit einem Nachw. von Josef Rast. Frankfurt a. M.: Suhrkamp, 1980.
Fischer, Bernhard (Bearb.): Der Badische Hof 1807–1830. Cottas Hotel in Baden-Baden. Marbach a. N.: Deutsche Schillergesellschaft, 1997.
Schindele, Maria Pia: Reinhold Schneiders Briefe an sein »Heimatkloster« Lichtenthal. In: Freiburger Diözesan-Archiv 59 (2007).
[Uhland, Emilie:] Ludwig Uhlands Leben. Aus dessen Nachlaß und aus eigener Erinnerung zs.gest. von seiner Witwe. Stuttgart: Cotta, 1974.

Bad Mergentheim

Bergengruen, Werner: Dichtergehäuse. Aus den autobiographischen Aufzeichnungen ausgew. und hrsg. von Charlotte Bergengruen. Zürich: Verlag der Arche [u. a.], 1966.
Ehrler, Hans Heinrich: Die Reise in die Heimat. Tübingen: Heos Verlag, 1958.
Mörike, Eduard: Haushaltungs-Buch. Wermutshausen – Hall – Mergentheim, 16. Oktober 1843 – 27. April 1847. Faks. der Handschrift. Erl. und eingef. von Hans-Ulrich Simon. Vorw. von Hermann Bausinger. Marbach a. N.: Deutsche Schillergesellschaft, 1994. (Marbacher Schriften. 40/41.)
Schefold, Max: Kirchen und Klöster in Württemberg und Hohenzollern. Nach alten Vorlagen. Frankfurt a. M.: Weidlich, 1961.

Bad Urach/Güterstein

Amelung, Peter: Bemerkungen zum frühen Buchdruck in Urach. In: Schwäbische Heimat 27 (1976).
Goes, Albrecht: Ein Abschiedswort. In: Blätter für württembergische Kirchengeschichte 77 (1977).
Weber, Karl Julius: Die Möncherey, oder geschichtliche Darstellung der Kloster-Welt. Bd. 2. Stuttgart: Metzler, 1819.

Bad Wimpfen

Heuss, Theodor/Knapp, Elly: So bist du mir Heimat geworden. Eine Liebesgeschichte in Briefen aus dem Anfang des Jahrhunderts. Stuttgart: Deutsche Verlags-Anstalt, 1986.
Lenau, Nicolaus: Die Albigenser. Freie Dichtungen. Stuttgart/Tübingen: Cotta, 1842.
– Sämtliche Werke und Briefe in 6 Bänden. Hrsg. von Eduard Castle. Bd. 4: Briefe. Zweiter Teil. Leipzig: Insel, 1912.

Bebenhausen

Boehringer, Robert. Drei Gedichte. Europa – Bebenhausen – An Ernst v. Weizsaecker. Genf: Küpper, 1948. S. 12–16.
Hoffmann, Wilhelm: Bebenhausen. In: Robert Boehringer. Eine Freundesgabe. Tübingen: Mohr, 1957.
Kurz, Isolde: Hermann Kurz. Ein Beitrag zu seiner Lebensgeschichte. München/Leipzig: Georg Müller, 1906.
Matthison, Friedrich von: Das Dianenfest bei Bebenhausen. Zürich: Orell, Füssli und Comp., 1813.
Pressel, Wilhelm: Bebenhausen. Ein Kranz von Romanzen aus seiner ältesten Geschichte. Tübingen: Osiander, 1885.

Schelling, Friedrich Wilhelm Joseph: Aus Schellings Leben in Briefen. [Hrsg. von G. L. Plitt.] Bd. 1. Leipzig: Hirzel, 1869.

Christmann, Helmut (Hrsg.): Schwäbische Lebensläufe. Bd. 5: Johann Valentin Andreä – ein schwäbischer Pfarrer im Dreißigjährigen Krieg. Heidenheim: Heidenheimer Verlagsanstalt, 1970.

Kelletat, Alfred: [Nachwort]. In: Eduard Mörike: Bilder aus Bebenhausen. Hrsg. von A. K. Privatdruck. Bebenhausen: Weise, 1951.

Köhler, Mathias [u. a.]: Kloster und Schloss Bebenhausen. München/Berlin: Deutscher Kunstverlag, 2005.

Köhrer, Alexander: Johann Valentin Andreae in Bebenhausen. www.evangelische-kirche-bebenhausen.de/texte/andreae.pdf.

– Schelling in Bebenhausen. www evangelische-kirche-bebenhausen.de/texte/schelling.pdf.

Sieburg, Friedrich: Literarischer Unfug. In: Die Gegenwart 7 (1952).

Beuron

Scheffel, Josef Victor von: Briefe an Anton von Werner 1863–1886. Mit Anm. vers. und hrsg. von dem Empfänger. Stuttgart: Bonz & Co., 1915

Stein, Edith: Briefe an Hedwig Conrad-Martius. Mit einem Essay über Edith Stein hrsg. von Hedwig Conrad-Martius. München: Kösel, 1960.

Blaubeuren

900 Jahre Kloster Blaubeuren. Benediktinisches Erbe und Evangelische Seminartradition. Kat. [Ausstellungskat.] Hrsg. im Auftrag der Evangelischen Seminarstiftung von Immo Eberl. 2. Aufl. Ostfildern: Thorbecke, 2003.

Eyth, Max: Der Schneider von Ulm. Geschichte eines zweihundert Jahre zu früh Geborenen. Stuttgart/Leipzig: Deutsche Verlags-Anstalt, [ca. 1910].

Doll, Karl: Schwäbische Balladen. Stuttgart: Kohlhammer, 1883.

Günther, Gerhard: Ich denke der alten Zeit, der vorigen Jahre. Agnes Günther in Briefen, Einnerungen, Berichten. Stuttgart: Steinkopf, 1972.

Hauff, Wilhelm: Sämmtliche Werke in zwei Bänden. Bd. 1. Leipzig: Reclam, [1870].

Hesse, Hermann: Die Nürnberger Reise. Berlin: Fischer 1927.

Reysmann, Theodor: Fons blavus. Poetische Beschreibung von Blautopf und Kloster Blaubeuren aus dem Jahre 1531. Ein Alter Druck wiederaufgefunden. Hrsg. und bearb. von Hans-Günter Bilger. Übers. von Joachim Walter. Tübingen: Fonsblavus-Verlag, 1986.

Sapper, Agnes: Ein geplagter Mann. Stuttgart: Gundert, [1916]. S. 3–49.

Seybold, David Christoph: Hartmann. Eine Wirtembergische Klostergeschichte. Hrsg. und komm. von Ulrich Stolte. Konstanz/Eggingen: Edition Isele, 2005.

Wanner, Paul: Seminarist in Blaubeuren in den Jahren 1911 bis 1913. In: Schwäbische Heimat 38 (1987).

Hahn, Andrea: Ludwigsburg. Literarische Spuren. Kerner, Mörike, Schiller, Tony Schumacher, Strauß und Vischer. Ludwigsburg: Hackenberg, 2004.

Herding-Sapper, Agnes: Agnes Sapper. Ihr Weg und ihr Wirken. Stuttgart: Gundert, 1936.

Hummel, Herbert: Geist und Kirche. Blaubeurer Klosterschüler und Seminaristen. Biographische Skizzen aus vier Jahrhunderten. 2 Bde. Hrsg. von Wolfgang Schürle. [Ulm]: Alb-Donau-Kreis, 1998/2004.

–/Thomas Scheuffelen: Schubarts Verhaftung in Blaubeuren. Marbach am

Neckar: Deutsche Schillergesellschaft, 1990. (Spuren. 8.)

Schahl, Adolf: Genialische Späße. In: Schwäbische Heimat 14 (1963). S. 225–230.

Zeller, Bernhard: Blaubeuren und die Literatur. In: Blaubeuren. Die Entwicklung einer Siedlung in Südwestdeutschland. Hrsg. von Hansmartin Decker-Hauff und Immo Eberl im Auftrag der Stadt Blaubeuren. Sigmaringen: Thorbecke, 1986. S. 871–890.

Buchau/Schussenried/ Obermarchtal

Bock, Heinrich/Radspieler, Hans (Bearb.): Gärten in Wielands Welt. Marbach a. N.: Deutsche Schillergesellschaft, 1986. (Marbacher Magazin. 40.)

Flad, Max: Dionys Kuen (1773–1852). Buchdrucker, Verleger, Mundartdichter und Maler aus Buchau. Buchau: Federsee-Verlag, 1991.

May, Johannes (Bearb.): Die himmlische Bibliothek im Prämonstratenserkloster Schussenried. Marbach a. N.: Deutsche Schillergesellschaft, 1999. (Marbacher Magazin. 87.)

Nölle, Hermann: Eine Göttin will ich lieben. Ein vielversprechender aber heiterer Roman des deutschen Rokoko um den Grafen Stadion, die Fürstäbtissin von Buchau und einen jungen Dichter [Wieland]. Stuttgart: Verlag Silberburg / Jäckh, 1955.

Oehler, Hans Albrecht (Bearb.): Sebastian Sailer, 1714–1777. Chorherr, Dorfpfarrer, Dichter. Marbach a. N.: Deutsche Schillergesellschaft, 1996. (Marbacher Magazin. 76.)

Sailer, Sebastian: Die Schwäbische Schöpfungsgeschichte. Mit einem Nachw. vers. von Matthias Gerster. Stuttgart: Günther, [1948].

Traun, Julius von der: Die Äbtissin von Buchau. Novelle. In: Deutsche Rundschau 7 (1876).

Wieland, C[hristoph] M[artin]: Auswahl denkwürdiger Briefe. Hrsg. von Ludwig Wieland. Wien: Gerold, 1815.

– Musarion. In: C. M. W.: Sämmtliche Werke. Bd. 9. Leipzig: Göschen, 1795.

Denkendorf

[Abel, Jakob Friedrich:] Nachlass des Prälaten Abel. Württembergische Landesbibliothek, cod. hist. 4° 436, Selbstbiographie, Fasz. 1, 1751–1790, Bl. 43 ff. Denkendorf.

Hölderlin, Friedrich: Sämtliche Werke. Hrsg. von Friedrich Beißner. Bd. 6.1: Briefe. Stuttgart: Kohlhammer, 1954. – Bd. 7.1: Dokumente. Ebd. 1968.

Kauffmann, Fritz Alexander: Leonhard. Chronik einer Kindheit. Nachw. von Joachim Moras. Zürich: Manesse Verlag, 1985.

[Magenau, Rudolf Friedrich Heinrich:] Skizzen des Pfarrers Rudolf Friedrich Heinrich Magenau. Württembergische Landesbibliothek, cod. hist. 4° 561.

Schiller, Johann Caspar: Meine Lebens-Geschichte. Mit einem Nachw. von Ulrich Ott. Marbach a. N.: Schillerverein, 1993. (Widerdrucke. 1.)

Hermann, Karl: Joh. Albrecht Bengel. Der Klosterpräzeptor von Denkendorf. Sein Werden und Wirken nach handschriftlichen Quellen. Hrsg. vom Calwer Verlagsverein. 2. Aufl. Stuttgart: Calwer Verlag, 1987.

Kauffmann, Kai: Ästhetische Gegenwelten. Fritz Alexander Kauffmann in Ebersbach/Fils. Marbach a. N.: Deutsche Schillergesellschaft, 2004. (Spuren. 65.)

Werner, Heinrich: Kloster Denkendorf. Ein Gang durch seine Bauten und seine Geschichte. Hrsg. von der evangelischen Kirchengemeinde Denkendorf. Denkendorf 2003.

Gengenbach/Bad Säckingen/ Hohentwiel/Radolfzell

Scheffel, Joseph Victor von: Reisebilder. Berlin: Volksverband der Bücherfreunde / Wegweiser-Verlag, [1926].
– Scheffel in Säckingen. Briefe ins Elternhaus. 1850–1851. Im Auftrage des Deutschen Scheffelbundes eingel. und hrsg. von Wilhelm Zentner. Karlsruhe: [Scheffelbund], 1927.
Sutter, Otto Ernst: Das Schwarzwaldbuch. Mit einer Einf. von O. E. S. Stuttgart: Strache, 1956.

Hirsau

Frauenwege durch Hirsau. Spaziergänge und Lebensgeschichten. Hrsg. von der Projektgruppe »Frauengeschichte in Calw« und der Großen Kreisstadt Calw. Calw: [Eigenverlag], 2007. [Darin u. a. Ingeborg Klett: Das Kloster zu Hirsau.]
Hesse, Hermann: Berthold. Erzählung: Frankfurt a. M.: Suhrkamp, 1985.
Irtenkauf, Wolfgang: Hirsau. Geschichte und Kultur. Sigmaringen: Thorbecke, 1978.
Kerner, Justinus: Das Wildbad im Königreich Württemberg, nebst Nachrichten über die benachbarten Heilquellen Liebenzell und Teinach und das Kloster Hirsau. 4., verb. und verm. Auflage. Tübingen: Osiander, 1839.
Lessing, Gotthold Ephraim: Ehemalige Fenstergemälde im Kloster Hirschau / Des Klosters Hirschau Gebäude, übrige Gemälde, Bibliothek und älteste Schriftsteller. In: G. E. L.: Werke. Bd. 6. Bearb. von Albert von Schirnding. München: Hanser, 1979.
Magenau, Rudolf Friedrich Heinrich: Poetische Volks-Sagen und Legenden größtentheils aus Schwaben nebst andern Erzählungen und einem Gesange an die Najade des Brenzflusses. Stuttgart: Löflund, 1825.
Schnierle-Lutz, Herbert: Hermann Hesse. Schauplätze seines Lebens. Frankfurt a. M. / Leipzig: Insel-Verlag, 1997.
Supper, A[uguste]: Der Mönch von Hirsau. Stuttgart: Greiner & Pfeiffer, 1898.

Lorch

Arnim, Achim von: Die Kronenwächter. Hrsg. von Wilhelm Grimm. Bd. 1. Berlin: Veit & Comp., 1840.
[Conz, Karl Philipp:] Conradin von Schwaben. Ein Drama in fünf Acten. Frankfurt a. M. / Leipzig, 1782.
Hartmann, Julius: Geschichte Schwabens im Munde der Dichter. Für Schule und Haus zs.gest. Mit 4 Zeichnungen von K. Häberlin. Stuttgart: Knapp, [1881].
Magazin 900 Jahre Kloster Lorch. Ein Rundgang durch die Geschichte des Klosters. Hrsg. im Auftrag der Staatlichen Schlösser und Gärten Baden-Württemberg. 2. Aufl. Stuttgart: Staatsanzeiger, 2006. [Darin u. a. Conz *Erinnerung an Lorch*.]
Mahr, Rosemarie: »Wenn die Amseln wieder singen«. Eduard Mörike in Lorch (1867–1869, 1873). Schwäbisch Gmünd: Eigenverlag, [o. J.].
Setzler, Wilfried: Mit Schiller von Ort zu Ort. Lebensstationen des Dichters in Baden-Württemberg. Tübingen: Silberburg, 2009.
Wolzogen, Caroline von: Schillers Leben verfaßt aus Erinnerungen der Familie, seinen eigenen Briefen und den Nachrichten seines Freundes Körner. Tl. 1. Stuttgart/Tübingen: Cotta, 1830.

Murrhardt

Huber, Therese, Briefe. Bd. 1. Bearb. von Magdalene Heuser in Zs.-Arb. mit Corinna Bergmann-Törner [u. a.], Tübingen: Niemeyer, 1999. [Orig. franz., Übers. von Elisabeth Hupfeld.]

Hölderlin, Friedrich: Sämtliche Werke und Briefe in drei Bänden. Hrsg. von Jochen Schmidt. Bd. 3. Frankfurt a. M.: Deutscher Klassiker Verlag, 1992. [Darin die Biefe F. W. J. Schellings über Hölderlins Besuch in Murrhardt.]

Murrhardt. Vergangenheit und Gegenwart. Mehr als 1200 Jahre Murrhardt im Schwäbischen Wald. Hrsg. von der Stadt Murrhardt. Horb a. N.: Geiger, 1993.

Schelling, Friedrich Wilhelm Joseph: Clara. Über den Zusammenhang der Natur mit der Geisterwelt. Andechs: Dingfelder Verlag, 1986.

Maulbronn

Ehlers, Martin: Maulbronn. Das Kloster und die Dichter. Mit einem Vorw. von Günther Mahal und Fotografien von Irmgard Troniarsky. Hrsg. von der Stadt Maulbronn. Horb a. N.: Geiger, 1996. [Darin u. a. Text von Hermann Kurz, Lisa Tetzner.]

Hesse, Hermann: Kindheit und Jugend vor Neunzehnhundert. Hermann Hesse in Briefen und Lebenszeugnissen 1877–1895. Frankfurt a. M.: Suhrkamp, 1973.

– Die Kunst des Müßiggangs. Kurze Prosa aus dem Nachlaß. Hrsg. und mit einem Nachw. von Volker Michels. Frankfurt a. M.: Suhrkamp, 1973. (suhrkamp taschenbuch. 100.)

– Die Romane und die großen Erzählungen. Jubiläumsausgabe zum 100. Geburtstag. Bd. 6: Narziß und Goldmund. Frankfurt a. M.: Suhrkamp, [1977].

Hölderlin, Friedrich: Gesammelte Briefe. Eingel. von Ernst Bertram. Leipzig: Insel-Verlag, 1935.

Kerner, Justinus: Ausgewählte Werke. Hrsg. von Gunter Grimm. Stuttgart: Reclam, 1981.

Kurz, Hermann: Jugenderinnerungen. Stuttgart: Kröner, 1874.

Mahal, Günther: Faust. Und Faust. Der Teufelsbündler in Knittlingen und Maulbronn. Tübingen: Attempto, 1997.

Scheffel, Victor von: Gaudeamus! Lieder aus dem Engeren und Weiteren. Stuttgart: Metzler, 1868.

Ziegler, Hansjörg: Maulbronner Köpfe. Vaihingen an der Enz: Melchior, 1987.

Kloster Maulbronn. 1178–1978. Hrsg. vom Seminarephorat Maulbronn und dem Landesdenkmalamt Baden-Württemberg. Maulbronn, 1978.

Pfullingen

Neske-Bibliothek. Literarische Ausstellung zum Verlag Günther Neske Pfullingen. [Info-Flyer.] – [Darin Zitat von Peter Härtling an Günther Neske vom 23. März 1957. Orig. im Nachlass Ernst-Klett AG Verlagsarchiv.]

Koldau, Linda Maria: Frauen – Musik – Kultur. Ein Handbuch zum deutschen Sprachgebiet der Frühen Neuzeit. Köln: Böhlau, 2005.

Neske, Brigitte: Erde mein Teil. Gedichte. Pfullingen: Neske, 1967.

Vierzig Jahre Verlag Günther Neske. 1951–1991. Pfullingen: Neske, 1991.

Wiedemann, Barbara: »Sprachgitter«. Paul Celan und das Sprechgitter des Pfullinger Klosters. Marbach a. N.: Deutsche Schillergesellschaft, 2007. (Spuren. 80.) [Daraus Zitat aus *Sprachgitter*.]

Reichenau

150 Bodensee-Gedichte aus zwölf Jahrhunderten. Zusammengest. von Christel Hierholzer. Eggingen: Isele, 2005. [Erich Bloch, Otto Heuschele, Reginbert, Konrad von Zimmern.]

Berschin, Walter: Eremus und Insula. St. Gallen und die Reichenau im Mittelalter. Modell einer lateinischen Literaturlandschaft. Wiesbaden: Reichert, 1987.

– Walahfrid Strabo und die Reichenau. Marbach a. N.: Deutsche Schillergesellschaft, 2000. (Spuren. 40.)

Bosch, Manfred: Bohème am Bodensee. Literarisches Leben am See von 1900 bis 1950. 3., erw. Aufl. Lengwil: Libelle, 2007. [U. a. Zitat von Horst Wolfram Geißler.]

Bunsen, Marie von: Auf der Reichenau. In: Die Zukunft 63 (1908). S. 13–22.

Hausenstein, Wilhelm: Wanderungen. Auf den Spuren der Zeiten. Frankfurt a. M.: Societäts-Verlag, 1935. S. 211–217.

Huch, Ricarda: Im alten Reich. Lebensbilder alter Städte. Der Süden. Bremen: Schünemann, 1927.

Motz, Jutta: Das Wunder von der Reichenau. In: Gefährliche Nachbarn. 22 Kurzkrimis aus dem deutsch-schweizerischen Grenzgebiet. Messkirch: Gmeiner, 2009. S. 195–216.

Spicker-Beck, Monika/Keller, Theo: Klosterinsel Reichenau. Kultur und Erbe. 2., durchges. Aufl. Ostfildern: Thorbecke, 2008. [Darin auch Walahfrid Strabos Gedicht über die »augia felix«, übers. von Paul von Winterfeld.]

Schwab, Gustav: Der Bodensee nebst dem Rheintale von St. Luziensteig bis Rheinegg. Handbuch für Reisende und Freunde der Natur, Geschichte und Poesie. Stuttgart/Tübingen: Cotta, 1827.

Stöffler, Hans-Dieter: Der Hortulus des Walahfrid Strabo. Aus dem Kräutergarten des Klosters Reichenau. Sigmaringen: Thorbecke, 1996.

Wieland, Vera-Maria: Die Reichenau. In: Kurzer Aufenthalt. Streifzüge durch literarische Orte. Hrsg. von Ute Harbusch und Gregor Wittkop. Göttingen: Wallstein, 2007. S. 63–69.

Salem

Jensen Hans: Schach dem Abt. Roman. Freiburg i. Br.: Herder, 1953.

Mann, Golo: Erinnerungen und Gedanken. Eine Jugend in Deutschland. Frankfurt a. M.: Fischer Taschenbuch Verlag, 1991.

Schöntal

Blumhardt, Johann Christoph: Briefe. Bd. 3. Hrsg. von Dieter Ising. Göttingen: Vandenhoeck & Ruprecht, 1997.

Eyth, Max: Briefe aus seiner Jugendzeit. Kirchheim u. T.: Heimatmuseum, [1936].

– Gesammelte Schriften. 6 Bde. Stuttgart/Berlin: Deutsche Verlags-Anstalt, 1909. Bd. 1: Hinter Pflug und Schraubstock. – Bd. 5: Im Strom unserer Zeit. Tl. 1/2: Wanderbuch eines Ingenieurs. In Briefen. – Bd. 6: Im Strom unserer Zeit. Tl.3: Meisterjahre. Aus den Briefen eines Ingenieurs.

Weihe, Carl: Max Eyth. Ein kurzgefasstes Lebensbild mit Auszügen aus seinen Schriften. Nebst einem Neudruck von *Wort und Werkzeug* von Max Eyth. Berlin: Selbstverlag des Vereines deutscher Ingenieure, 1916.

Harbusch, Ute: Mit Dampf und Phantasie. Max Eyth, Schriftsteller und Ingenieur (1836–1906). Kirchheim u. T.: Städtisches Museum, 2006.

Gaiser, Gerd: Ortskunde. München/Wien: Hanser, 1977.

Goes, Albrecht: Der Beutezug. Erzählung. In: Die neue Rundschau 48 (1937).

– Die Einladung. In: Die Neue Rundschau 50 (1939).

– Der Abschied. In: Neue Rundschau 51 (1940).

– Langenbeutingen, zum zweitenmal. In: Schwäbisches Land 24 (1977).

Albrecht, Friedrich (Bearb.): Abt Benedikt Knittel und das Kloster Schöntal als literarisches Denkmal. Hrsg. von Ulrich Ott. Marbach: Deutsche Schillergesellschaft, 1989. (Marbacher Magazin. 50.)

Brümmer, Johannes: Kunst und Herrschaftsanspruch. Abt Benedikt Knittel (1650–1732) und sein Wirken im Zisterzienserkloster Schöntal. Sigmaringen: Thorbecke, 1994.

St. Blasien

Nicolai, Friedrich: Beschreibung einer Reise durch Deutschland und die Schweiz im Jahre 1781. Nebst Bemerkungen über Gelehrsamkeit, Industrie, Religion und Sitten. Bd. 12. Berlin/Stettin: [Friedrich Nicolai], 1796.

Pfeilschifter, Georg: Friedrich Nicolais Briefwechsel mit St. Blasien. Ein Beitrag zur Beurteilung des Katholizismus auf Grund seiner süddeutschen Reise von 1781. München: Verlag der Bayerischen Akademie der Wissenschaften, 1935.

Schirach, Ferdinand von: Was übrig bleibt. Eine Jugend im Jesuiten-Internat St. Blasien. In: Der Spiegel (8. Februar 2010).

Stift Neuburg

Arnim, Bettine von: Goethes Briefwechsel mit einem Kinde. Hrsg. von Waldemar Oelke. Frankfurt a. M.: Insel Verlag, 1984.

Bernus, Alexander von: Stift Neuburg. Eine Gedichtfolge. Mit Holzschnitten von Joachim Lutz. Mannheim: Gengenbach & Hahn, 1926.

– In Memoriam Alexander von Bernus. Ausgewählte Prosa aus seinem Werk. Mit einem Vorw. von Kasimir Edschmid. Hrsg. und mit einem Nachw. vers. von Otto Heuschele. Heidelberg: Lambert Schneider, 1966.

– Wachsen am Wunder. Heidelberger Kindheit und Jugend. Mit einem Beitr. von Elmar Mittler. Bildauswahl Dorothea Hauck. Heidelberg: Heidelberger Verlagsanstalt und Druckerei, 1984.

– Wega, die himmlische Leyer. Gedichtkreise und Spiele des Aufbruchs 1909–1915. Nürnberg: Carl, 1963.

Brentano, Clemens: Gesammelte Schriften. Bd. 9: Gesammelte Briefe 2. Frankfurt a. M.: Sauerländer, 1855.

Buselmeier, Michal: Literarische Führungen durch Heidelberg. Eine Stadtgeschichte im Gehen. Heidelberg: Verlag das Wunderhorn, 1996.

– Der Untergang von Heidelberg. Frankfurt a. M.: Suhrkamp, 1981.

Egyptien, Jürgen: Stefan George auf Stift Neuburg. Marbach a. N.: Deutsche Schillergesellschaft, 1910. (Spuren. 85.) [Darin u.a. Text der Postkarte von Hanna Wolfskehl.]

Goethe, Johann Wolfgang: Werke. Hrsg. im Auftrage der Großherzogin Sophie von Sachsen. Abt. IV: Goethes Briefe. Bd. 47. Weimar 1909.

Günderode, Karoline: Melete. Berlin 1906.

Gutzkow, Karl: Reiseeindrücke. In: K. G.: Vermischte Schriften. Bd. 3. Leipzig: Weber, 1842.

Mann, Klaus: Der Wendepunkt. Ein Lebensbericht. Frankfurt a. M.: Fischer, 1952.

Krauß, Fritz: Stift Neuburg, eine Romantikerklause. In: Hochland 11.1 (1913/14).

Stolberg-Stolberg, Cajus zu: Briefe an Johann Friedrich Heinrich Schlosser. In: Jahrbuch der Sammlung Kippenberg N. F. 4 (1983).

Weingarten/Weißenau

Müller-Gögler, Maria: Erinnerungen. In:
M. M.-G.: Werkausgabe. Bd. 7. Sigmaringen: Thorbecke, 1980.
– Die Magd Juditha. In: Ebd. Bd. 2.
Lohengrin. Zum erstenmal krit. hrsg.
und mit Anm. vers. von Heinr[ich]
Rückert. Quedlinburg [u. a.]: Basse, 1858.
Rombach, Otto: Einst und heute eine
Metropole. Ravensburg und Umgebung.
In: Baden-Württemberg 24 (1977).
Schussen, Wilhelm: Zwischen Donau
und Bodensee. Ein Buch aus Oberschwaben. Tübingen: Fischer, 1924.
Walser, Martin: Mein Jenseits. Novelle.
Berlin: Berlin University Press, 2010.

Zwiefalten

Embach, Michael: Die Schriften Hildegards von Bingen. Studien zu ihrer Überlieferung und Rezeption im Mittelalter und
in der Frühen Neuzeit. Berlin: Akademie
Verlag, 2003.
Heuss, Theodor: Vorspiele des Lebens.
Jugenderinnerungen. Tübingen: Wunderlich/Leins, 1953.

Wiblingen/Söflingen

[Anon.:] Korrespondenz. Auszug eines
Schreibens aus Ulm vom 4ten Jenner 1805.
In: Neue Allgemeine Deutsche Bibliothek.
Bd. 96 (1805).
– Auszug eines Schreibens aus Ulm vom
31sten Jul. 1805. In: Ebd. Bd. 102 (1805).
[Gaum, Johann Ferdinand:] Es leben
die Prälaten! Beobachtungen auf einer
kleinen Reise in verschiedenen Prälaturen
in Bayern und Schwaben. In Briefen von einem Meklenburgischen Officier an seinen
Freund in Westphalen. [Ulm] 1783.
May, Johannes: Die Bibliothek des
Benediktinerklosters Wiblingen. Hrsg. von
Wolfgang Schürle und Friedrich Pfäfflin.
Ulm : Landratsamt Alb-Donau-Kreis,
2002.

Abdruckgenehmigungen

Werner Bergengruen, Deutsche Reise. © Buchverlage LangenMüller Herbig nymphenburger terra magica, München 1959.

Werner Bergengruen/Reinhold Schneider, Briefwechsel, hrsg. von N. L. Hackelsberger-Bergengruen. © Verlag Herder GmbH, Freiburg im Breisgau, 2. Auflage 1966.

Otto Flake, Hortense oder Die Rückkehr nach Baden-Baden. © S. Fischer Verlag GmbH, Frankfurt am Main 1970.

Wilhelm Hausenstein, Wanderungen. Auf den Spuren der Zeiten. © Societäts-Verlag, Frankfurt am Main 1935.

Wilhelm Hausenstein, Abendländische Wanderungen. Städte und Kirchen, Landschaften und Figuren in Reisebildern. © Verlag Schnell & Steiner, München 1951.

»Berthold« (Auszug), aus: Hermann Hesse, Sämtliche Werke, Band 7: Die Erzählungen 2. © Suhrkamp Verlag Frankfurt am Main 2001.

»Die Nürnberger Reise« (Auszug), aus: Hermann Hesse, Sämtliche Werke, Band 11: Autobiographische Schriften I. © Suhrkamp Verlag Frankfurt am Main 2003.

Textauszüge aus: Hermann Hesse, Die Kunst des Müßiggangs. Kurze Prosa aus dem Nachlaß. © Suhrkamp Verlag Frankfurt am Main 1973.

Textauszug aus: Hermann Hesse, Kindheit und Jugend vor Neunzehnhundert. Hermann Hesse in Briefen und Lebenszeugnissen 1877–1895. © Suhrkamp Verlag Frankfurt am Main 1973.

»Narziß und Goldmund« (Auszug), aus: Hermann Hesse, Sämtliche Werke, Band 4. © Suhrkamp Verlag Frankfurt am Main 2001.

Theodor Heuss, Vorspiele des Lebens. Jugenderinnerungen. © 1959, Deutsche Verlags-Anstalt, München, in der Verlagsgruppe Random House GmbH.

Theodor Heuss, Von Ort zu Ort. Wanderungen mit Stift und Feder. © 1959, Deutsche Verlags-Anstalt, München, in der Verlagsgruppe Random House GmbH.

Ricarda Huch, Im alten Reich. Lebensbilder deutscher Städte. Der Süden. © Carl Schünemann Verlag Bremen, Bremen 1953.

Fritz Alexander Kauffmann, Kirchen und Klöster des oberschwäbischen Barock. Der Versuch einer Gestaltung. © Rombach Verlag, Freiburg im Breisgau 1949.

Golo Mann, Erinnerungen und Gedanken. Eine Jugend in Deutschland. © S. Fischer Verlag GmbH, Frankfurt am Main 1986.

Otto Rombach, Atem des Neckars. Heimatliches Reisebuch. Landschaften, Menschen und Städte. © Deutsche Schillergesellschaft, Marbach am Neckar.

Reinhold Schneider, Schicksal und Landschaft, hrsg. von Curt Winterhalter. © Verlag Herder GmbH, Freiburg im Breisgau 1960.

»Der Balkon« (Auszug), »Verhüllter Tag«, aus: Reinhold Schneider, Gesammelte Werke. © Insel Verlag Frankfurt am Main und Leipzig 1981.

Der Silberburg-Verlag dankt den Rechteinhabern für die Abdruckgenehmigungen. In einigen Fällen konnten die Rechteinhaber nicht ermittelt werden. Hier ist der Verlag bereit, nach Anforderung rechtmäßige Ansprüche abzugelten.

Personenregister

Glasenapp, Imogen von s. Bernus,
    Imogen von
Gleit, Maria *22 f.*
Goes, Albrecht *8, 123 f., 162*
Goethe, Johann Wolfgang *72, 119, 128,
    130, 132 f., 137, 143 f.*
Götz von Berlichingen *119, 124*
Götz III., Pfalzgraf von Tübingen *44 f.*
Gok, Johanna Christiana *81, 108 f.*
Graevenitz, Fritz von *61 f.*
Grimmelshausen, Hans Jacob Christoffel
    von *155 f.*
Gruppe *47 54, 175*
Günderrode, Karoline von *126–128*
Günther, Agnes *64–66*
Günther, Gerhard *65 f.*
Gundert, Hermann *106 f.*
Gutzkow, Karl *129 f., 132–134*

Hadwig, Herzogin von Schwaben
    21 f., 186, 188 f.
Häcker, Wilhelm *62*
Härtling, Peter *193*
Hansjakob, Heinrich *22*
Hartlaub, Wilhelm *91, 161 f., 165*
Haselmeier, Maria Juliana *96 f.*
Haselmeier, Wilhelm Konrad *96 f.*
Hauff, Wilhelm *8, 56, 70*
Hausenstein, Wilhelm *12, 24, 28, 91,
    138, 199 f.*
Hegel, Georg Wilhelm Friedrich *97*
Heinrich III. Fabri,
    Abt von Blaubeuren *58 f.*
Heinrich von Rugge
    (Heinricus de Rugge) *58*
Helfrich, Gerhard *147*
Hermann der Lahme *19 f., 22, 180*
Hesse, Hermann *8, 42 f., 61 f., 101, 103 f.,
    106–110, 114, 123*
Heuschele, Otto *23*
Heuss, Theodor *167, 181, 195, 207 f.*
Heuss-Knapp, Elly *167*
Heyne, Therese s. Huber, Therese
Hildegard von Bingen *36, 206*
Hölderlin, Friedrich *8, 55, 74, 80–82, 97,
    101, 108–110*

Hölderlin, Johanna Christiane s. Gok,
    Johanna Christiana
Hoffmann, Wilhelm (Bebenhausen) *55*
Hoffmann, Wilhelm (Schöntal) *122*
Hrabanus Maurus *17–19*
Huber, Ludwig Ferdinand *97 f., 204 f.*
Huber, Therese *95, 97–99, 205*
Huch, Ricarda *12, 101–103, 135*

Irene von Byzanz,
    Herzogin von Schwaben *88 f.*
Isenmann, Carl *186*

Jacob I., Markgraf von Baden *144 f.*
Jensen, Hans *195*
Johannes VIII. Entenfuß,
    Abt von Maulbronn *105 f.*
Jünger, Ernst *193*

Karl der Große *15, 92 f., 185*
Kauffmann, Barbara *76 f.*
Kauffmann, Friedrich *76*
Kauffmann, Fritz Alexander *8, 24,
    28 f., 73–78, 82, 178 f., 181, 194,
    201 f., 208*
Kauffmann, Karl *76*
Kellner, Emilie *131 f.*
Kerner, Christoph Ludwig Kerner *112 f.*
Kerner, Justinus *8, 35, 38–40, 83, 88,
    93, 101, 104 f., 110–113, 119, 130,
    140, 152*
Klett, Ingeborg *41 f.*
Knapp, Elly s. Heuss-Knapp, Elly
Knaus, Albrecht *175*
Knittel, Benedikt, Abt von Schöntal
    116–119, 124
Könnemann, Miroslav *144*
Konrad von Zimmern *20 f.*
Konradin, Herzog von Schwaben *86 f.*
Krais, Friedrich Julius *70 f.*
Kuen, Dionys *182*
Kurz, Hermann *8, 101, 105 f., 109–111*
Kurz, Isolde *53 f.*

Lanner, Stephanie *149*
LaRoche, Sophie von *175 f., 182*

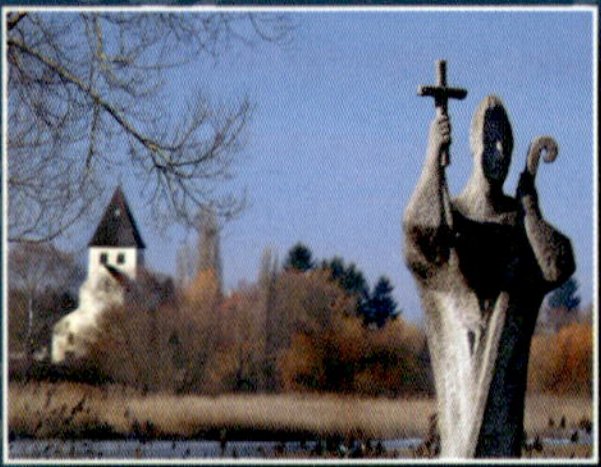
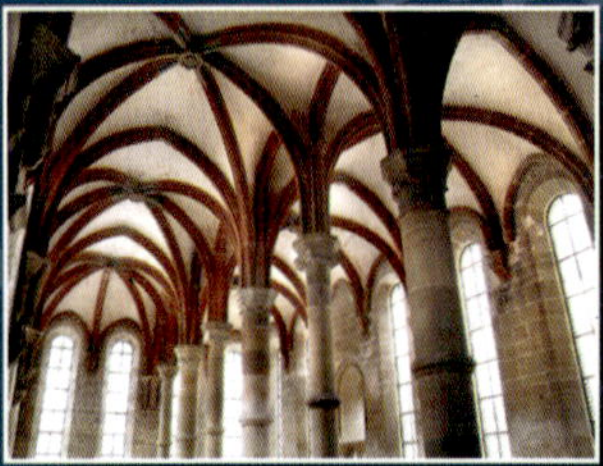
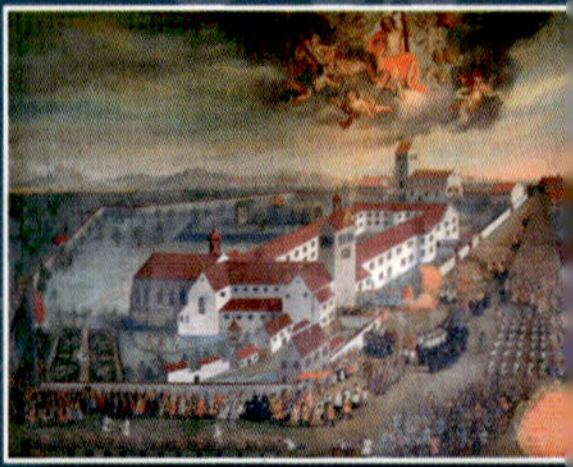